COMMENT WANTED A CHANGÉ MA VIE

Dans la même collection

les arènes
ILS CHANGENT LE MONDE

« Que chacun s'efforce dans le milieu où il se trouve de témoigner à d'autres une véritable humanité. C'est de cela que dépend l'avenir du monde. »
Albert Schweitzer

La Petite Fille à la balançoire, Frédérique Bedos, 2013.
Tous sont vivants, Klaus Vogel, 2017.
Fraternité radicale, Samuel Grzybowski, 2018.

Par souci d'authenticité, l'orthographe et la grammaire des posts Facebook n'ont pas été corrigées.
Le profil de certains auteurs de ces posts (prénom et image) a été modifié.

Les Arènes
17-19, rue Visconti, 75006 Paris
Tél. : 01 42 17 47 80
arenes@arenes.fr
www.arenes.fr

CHRISTIAN DELACHET
AVEC NICOLAS TORRENT

COMMENT WANTED A CHANGÉ MA VIE

les arènes
ILS CHANGENT LE MONDE

Voilà comment tout a commencé.

Tard dans la nuit, cinq potes autour d'une table, et un besoin primaire, presque préhistorique.

Jérémie Ballarin > Wanted Community Paris
25 novembre 2011

Quelqu'un a du feu par hasard s'il vous plaît ?

1 commentaire

Aujourd'hui, rien n'a changé, d'un côté un besoin, de l'autre une main tendue. On appelle cela l'entraide. Rien n'a changé sauf qu'autour de la table, il y a désormais plus d'un million de personnes. Dans ce livre, je vais vous raconter comment Wanted Community est devenu la plus grande communauté d'entraide sur Facebook, et comment cette aventure m'a piégé.

- 1 -

Un gosse de 3 ans à peine, en short et claquettes bleus, tend un sac de nourriture à un sans-abri. Sabrina a immortalisé l'instant avec son smartphone.

— Regarde mon fils, sourit-elle en me montrant la photo. Lui aussi il fait les maraudes !

Sabrina a changé ma vie. Depuis, on s'appelle, on échange, on se voit régulièrement. Pourtant je ne sais rien de sa vie. Qu'elle a quatre enfants. Qu'elle fait de la pâtisserie. Et c'est à peu près tout. Comment a-t-elle eu l'idée de faire des maraudes ? Pourquoi est-elle sensible à la cause des plus démunis ? Qui sont les personnes qui l'entourent ? Cette drôle de tribu de tous les âges, toutes les couleurs et toutes les religions distribue chaque vendredi des centaines de repas aux sans-abri de Paris. Ce soir, nous organisons un dîner au restaurant en l'honneur de ces bénévoles. L'occasion de lui poser enfin toutes mes questions. Heureusement, nous sommes assis.

— J'étais coach professionnel et coordinatrice de formation dans une entreprise où je gagnais assez bien ma vie. Un jour, alors que j'étais enceinte de mon troisième enfant, le boss m'a foutue à la porte. J'ai pris un avocat, je suis allée aux prud'hommes, mais ce sont des démarches très longues et je me suis retrouvée dans une situation financière vraiment très serrée.

— Ah ouais, t'es en train de me dire que toi aussi t'as été en situation de précarité ?

— Attends, écoute. Mon mari est chauffeur de taxi. Au moment où je me retrouve au RSA, Uber débarque à Paris. C'est le chaos, les gars pratiquent des prix très bas, cassent le marché, les Parisiens se détournent des taxis traditionnels. Et nous, on n'a plus un sou. Les mois passent, le couple bat de l'aile, on se sépare. Je me retrouve toute seule avec mes trois gosses dans mon HLM, incapable de payer les factures. Et bientôt menacée d'expulsion.

— Hein ? Quoi ? Tu t'es retrouvée à la rue ?

— Attends, laisse-moi finir. Un soir, je rentre chez moi, dans la cour de l'immeuble j'aperçois un corps allongé d'une drôle de manière. Je m'approche prudemment, il y a une cannette de bière à côté. Et alors que je suis à un mètre du type, même pas, je vois sa main bouger. Prise de panique, je m'enfuis en courant comme une dératée, grimpe les escaliers quatre à quatre, et m'enferme à double tour chez moi.

— Ah ouais, je comprends. Moi aussi, j'aurais fait pareil.

— Attends. Le lendemain matin, en ressortant je remarque que le type n'est plus là. Je croise une voisine et je lui dis : « Dis donc, tu as vu le gars hier soir qui dormait au milieu de la cour, il avait l'air complètement saoul ! — Ah ça oui je l'ai vu, me dit-elle. Mais il ne dormait pas. Il venait de sauter du 6e étage et il était mort. »

— …

— Ce jour-là, je peux te dire que j'ai cogité longtemps. Le mec était encore vivant quand je me suis approchée de lui. Si je n'avais pas eu peur, si j'avais appelé les secours, peut-être qu'il serait encore en vie. Alors depuis

Sabrina et des wantediens venus l'aider pour ses maraudes, gare d'Austerlitz.

ce jour-là je me suis juré de ne plus jamais détourner le regard d'un homme à terre.

L'histoire de Sabrina me laisse sans voix quelques instants. Je regarde ce petit bout de femme, tous ces gens qu'elle entraîne dans son sillage solidaire. Mais comment a-t-elle trouvé la force de générer un cercle aussi vertueux avec si peu ?

— Après cette histoire, j'étais toujours dans la merde. Mais je me suis dit : « Le meilleur moyen de rebondir, de retrouver goût à la vie, c'est de faire quelque chose de bien. *Va aider les autres et ça ira mieux.* » J'ai décidé de lancer une maraude dans un endroit que je connaissais bien puisque j'y passais tous les jours lorsque je travaillais : la gare d'Austerlitz. La suite, tu la connais. J'ai posté mon message et en quelques mois « Les Maraudeurs by Wanted Community » sont devenus une grande famille. Entre-temps, mon mari est revenu. Il a retrouvé du boulot. Moi, j'ai fait une formation en pâtisserie et j'ai de plus en plus de commandes, notamment grâce à mes contacts noués sur Wanted. Nous pouvons à nouveau payer nos factures. J'ai complètement changé de vie. Je ne cherche plus les sacs à main ou les chaussures à la mode, je ne vais au restaurant qu'une fois par mois, et encore si on m'invite. Je suis revenue à l'essentiel, une vie simple, tournée vers les autres, et c'est tellement plus agréable. Je suis cent fois plus heureuse qu'avant.

- 2 -

Cher wantedien ! Wawa ! W ! À travers ce livre, je vais te dévoiler mon histoire et celle de ta communauté préférée. Mais avant cela, pour tous ceux qui débutent, les Wanted Community level zéro, prenons le temps d'un petit chapitre de mise à niveau. Chaque membre peut avoir sa propre définition et c'est là toute la force de notre projet où l'intérêt collectif est nourri par une somme d'intérêts individuels. Pour moi, « Wanted est une communauté d'entraide ». Pour d'autres, « Wanted fait des miracles ! », « Wanted c'est 1 + 1 + 1 + 1 + 1… ». Mais si l'on veut raconter notre fonctionnement, il faut partir de la base.

Facebook met à disposition de ses utilisateurs quatre canaux de communication sur son réseau social. Le premier, l'historique, c'est le « profil ». C'est l'outil grâce auquel chacun peut raconter sa vie, son quotidien, ses humeurs, ses coups de gueule, ses coups de cœur et ses projets. C'est l'identité numérique que l'on partage avec son cercle proche (amis d'enfance, famille, collègues, connaissances). Il s'agit d'une communication autocentrée et verticale. Une mise en scène de soi glissant d'ailleurs de plus en plus vers d'autres réseaux plus visuels comme Instagram, racheté par Facebook en 2012 – tiens donc !

Le deuxième outil développé par Facebook et que tout le monde connaît, c'est « Messenger », dont les ancêtres sont MSN, ICQ, ou IRC pour les plus vieux. Il s'agit d'une messagerie instantanée, ou un « chat » comme on disait à l'époque du collège, qui permet d'avoir une conversation écrite instantanée avec un ami, un collègue et même des inconnus, comme on ferait un échange de SMS. À l'ère du tout conversationnel, cette messagerie instantanée à l'image de WhatsApp – également propriété de Facebook – connaît un véritable succès et ses usages en sont démultipliés. Maintenant, en plus de converser avec votre entourage, vous pouvez vous informer, échanger des fichiers audio et vidéo, faire du business et même discuter avec des robots en temps réel. En plus de l'intimité que procurent ces messageries, leur immédiateté représente la clé de leur succès. Facebook réduisant chaque année un peu plus le délai de réception de vos messages pour se rapprocher le plus possible de l'instantanéité.

Troisième outil, la « page » est un espace dédié à la communication verticale. Comme un média traditionnel, elle est suivie par des fans auprès desquels elle relaie toutes ses activités. Seul l'administrateur de la « page » a la possibilité de créer et partager du contenu. Les *followers* sont ainsi enfermés dans le carcan de la réaction (commentaires, « J'aime » ou « Je n'aime pas »). L'outil « page » offre aux marques la triste illusion de dialoguer avec leurs fans alors qu'elles se retrouvent le plus souvent, et ce par frilosité, dans un monologue sans contradicteurs.

Dernier-né des outils Facebook, le « groupe » n'est ni plus ni moins qu'un forum facilitant les échanges et les interactions entre les membres qui le composent. C'est le forum 2.0. Visuellement, l'interface ressemble à celle d'une « page » mais la communication y est horizontale. Le « groupe » rassemble et fédère une communauté autour d'un sujet, d'un centre d'intérêt. Un membre poste un message, un peu à la manière des petites annonces que l'on trouve dans les journaux, et les autres membres répondent, commentent, critiquent, approuvent ou réfutent. Comme « Messenger », le « groupe » représente l'outil conversationnel par excellence dont l'instantanéité n'a rien à envier au premier. La grande différence avec la « page », c'est que sur un « groupe » le contenu est produit par les membres. Quel que soit leur statut – « top contributeur », passif, modérateur, administrateur, créateur du groupe –, tous les membres sont égaux devant la publication de contenu. Sous ce régime d'égalité absolue, un « simple » membre peut sans problème toucher plus de personnes que le créateur du groupe lui-même. Il suffit pour cela que sa publication soit jugée plus pertinente par les membres. La démocratie à l'état pur. L'administrateur du groupe incarne tout de même une fonction régalienne indispensable à toute vie en groupe. Plus qu'un simple communicant, il devient un facilitateur, un encadrant, un modérateur, un administrateur de communauté. Toutes les publications rédigées par les membres passent par lui, il les autorise ou non. Il peut accepter l'entrée de nouveaux membres ou non, il a même le pouvoir de bannir ceux qui contreviendraient aux règles et valeurs régissant les interactions au sein de la communauté. Malgré toutes ces prérogatives et mesures coercitives à sa disposition, bien mal inspiré serait l'administrateur de groupe qui n'écouterait pas les aspirations de ses membres, véritables poumons de son agora digitale. Un groupe est un réseau social au cœur du réseau social. Voire un État indépendant au sein de la planète Facebook. Pour paraphraser Abraham Lincoln, le groupe Facebook c'est le gouvernement des membres, par les membres, pour les membres.

Mais comment accède-t-on au contenu d'un « groupe » ? Il faut commencer par être membre et donc être accepté par l'administrateur ou coopté par l'un de ses utilisateurs. Ensuite, lorsque vous consultez votre propre « fil d'actualité », les publications du « groupe » apparaissent au même titre que les photos de vacances de votre belle-sœur, la devinette de votre neveu ou le dernier sketch de Florence Foresti.

Au début des années 2010, l'algorithme de Facebook ne gérant pas encore les publications de groupes comme un élément central de la vie de ses usagers, l'outil « groupe » est encore très confidentiel. Ce n'est pas clair ? Petite explication. Lorsque l'on se connecte sur Facebook, les premières places tout en haut du fil d'actualité, ou *newsfeed* en anglais, sont occupées par les contenus publiés par nos amis sur leur profil personnel, ainsi que par les publications des « pages » que l'on *like* et commente le plus.

« Sympas les photos de Juliette à Marrakech, je *like.* » « Trop drôle la petite charade de Mathias, je *like.* » « Excellent le dernier clip de l'équipe de France de foot, je *like* et je partage. » Et voilà pourquoi lors de la connexion suivante, tout en haut de votre fil, vous retrouvez les publications de Juliette, de Mathias et de l'équipe de France.

Pour avoir accès aux contenus de son « groupe », il faut faire défiler un long moment son fil d'actualité, ou bien aller directement sur l'espace dédié au groupe. À ce moment, cette contrainte technique limite fortement la visibilité du contenu publié sur les groupes et par ricochet la pertinence de ce canal de diffusion. Il va falloir attendre 2017 et une prise de parole de Zuckerberg à Chicago pour voir la tendance s'inverser. J'y reviendrai.

Le premier groupe que nous créons avec Luc et Jérémie, mes deux futurs associés et frères de cœur, est né d'une conversation banale de fin de soirée, pour ne pas dire d'*after*.

— Gros, t'as écouté le dernier mix de Richie Hawtin au Sónar ?

— Non, trop pas…

— Vas-y, faut que je te l'envoie, c'est de la boulette !

— OK, tu me le balances par e-mail ?

— C'est quoi ton adresse ? Bogossdu33 arobaz gmail point com ?

— Ha, ha, ha ! Non, je ne l'utilise plus celle-là. Envoie-le-moi sur mon adresse pro.

— Vas-y donne-la-moi, je l'ai pas.

Et voilà comment est né « Échange de musique à distance ». Comme son nom l'indique, ce groupe Facebook répondait à un besoin essentiel : faciliter le partage de pépites musicales.

Comme moi, Luc habite à Paris où il fait des études d'architecture. Et comme tous les provinciaux installés dans la capitale, il est régulièrement contacté par des proches, des potes, des potes de potes, des proches de potes de potes, qui débarquent à Paname et qui galèrent pour trouver un appartement, un stage, un plan pour se faire un peu de tune. Tous les jours ou presque, on lui demande un coup de main. Et c'est comme cela que germe l'idée d'un groupe d'entraide pour les Bordelais à Paris. Nous sommes le 25 novembre 2011, très tard dans la nuit. Luc inaugure le groupe « Wanted Bons Plans » – le nom a changé depuis – et lance l'invitation à ses 600 *friends*, dont Jérémie et moi faisons partie. La description dit à peu près ceci : « Si tu cherches un bon plan, poste ton message, et si quelqu'un peut t'aider il te répondra. » D'où ce premier message posté par Jérémie : « Quelqu'un a du feu par hasard s'il vous plaît ? » Nous n'en avons pas conscience à cet instant, mais à ce premier message allaient succéder plusieurs millions d'autres, bouleversant au passage un paquet de vies, y compris les nôtres.

- 3 -

Dans les premiers mois, l'écrasante majorité des échanges sur Wanted concernent le besoin le plus compliqué à combler lorsque l'on pose ses valises à Paris : le logement. Il y a ceux qui quittent un appartement et qui le font savoir à ceux qui en cherchent. Il y a également les propositions de colocation. « Je quitte ma coloc dans deux mois, si ça intéresse quelqu'un. » « Je cherche trois personnes pour louer en colocation un grand appartement de 200 mètres carrés à Belleville. » Grâce au bouche-à-oreille, et aussi à la crise du logement qui s'intensifie, le groupe grossit assez vite. En l'espace de quelques mois, l'ensemble de mon réseau de potes à Paris a rejoint la communauté. En ce qui me concerne, et contrairement à Luc, je ne suis pas très actif. Mais Wanted me permet de suivre la vie de mes amis. Tiens, Anne-So a chopé un appart à Barbès et elle cherche une machine à laver : « Salut tout le monde. Je viens de m'installer dans mon studio. Il n'y a pas quelqu'un qui a un lave-linge dont il ne se sert pas ? » Souvent Luc accélère le processus d'entraide en mettant en relation directement la personne dans le besoin avec celle susceptible de l'aider : « Salut @Anne-So, il me semble que Yvan en a un qui prend la poussière au fond de sa cave. @Yvan tu confirmes ? » En tant qu'administrateur, Luc veille au bon esprit du groupe et guide la communauté d'amis d'amis comme un chef de gare. Une activité qui lui prend environ une heure par jour.

Quatre ans plus tard, Wanted n'est déjà plus le petit forum où se retrouvent tous nos potes. Nous sommes en mars 2015, il y a 4 000 membres sur le groupe. Et le contenu a beaucoup évolué. Il y a toujours les échanges d'appartements et de colocations. Mais, avec le temps, le concept d'entraide semble s'être élargi à tous les recoins et besoins de la vie quotidienne. Sur Wanted on peut proposer et trouver des vide-greniers, des offres d'emploi, des stages, des conseils de bricolage, des astuces informatiques, de l'aide pour un déménagement, un covoiturage, des critiques littéraires, des recettes de cuisine, des places de concert, et il y a même des petits malins qui s'en servent pour faire des rencontres et organiser des dîners. La liste n'est pas exhaustive, loin de là.

— T'as vu l'histoire du chien ? me demande Luc.

— Hein, non. Quel chien ?

— C'était hier soir. Un petit couple qui rentrait de soirée. Ils tombent sur un chien genre pitbull enfermé dans une camionnette.

— Mouais et…

— Le pauvre clébard n'a rien à boire, il est couvert de blessures, en détresse. Ils appellent le commissariat mais les flics ne bougent pas. Tess, la meuf, décide de poster une photo sur Wanted pour demander de l'aide. Et là, gars, c'est l'orgie !

— Comment ça ?

— Des centaines et des centaines de commentaires.

— Ah, c'est bon ça !

— Attends, c'est pas fini. Certains membres se

chauffent. Ils veulent péter la vitre de la caisse pour faire sortir le chien.

— Non, t'es sérieux ?!

— Je te jure. Au même moment, des dizaines de personnes appellent le commissariat pour passer un savon aux flics !

— Ha, ha, ha !

— Et finalement, devant l'avalanche de coups de fil, deux flics se pointent sur place et font sortir le clebs !

— Pouah, mais ça démonte !

— Oui, c'est tellement génial qu'un journaliste en a fait un article dans *20 Minutes* ! Et depuis je croule sous les demandes d'adhésion de nouveaux membres !

— Allez là ! 💪💪💪

Nous n'en prendrons conscience que bien des années plus tard, mais dans l'histoire de ce chien il y a déjà tout ce que va devenir Wanted et l'entraide spontanée et désintéressée qui en émanera. La suite de l'histoire d'ailleurs est très intéressante. Lorsque les policiers se pointent, une dizaine de wantediens ont déjà rejoint Morgan et Tess, le couple à l'origine du signalement. Une fois dehors, le chien marche sur trois pattes et fait ses besoins comme s'il s'était retenu pendant plusieurs jours. À l'aide de leur smartphone, les wantediens sur place continuent de relayer les faits en direct sur le groupe et l'interaction avec les autres membres se poursuit. Rebaptisé « Wanted », le toutou, qui dans un premier temps était tétanisé, finit par remuer la queue. Le lendemain, l'association Giapa, alertée par d'autres wantediens, le récupère et l'emmène chez le vétérinaire, où il est pris en charge pendant quarante-huit heures. Les jours suivants, toujours sur le groupe, les membres prennent des nouvelles. On apprend que, pour le préparer au combat, le propriétaire dressait l'animal à coups de barre de fer, lui causant au passage de nombreuses fractures. Morgan et Tess alimentent les échanges, ouvrent une cagnotte pour payer les frais vétérinaires et la pension, le temps de trouver une famille d'accueil pour que « Wanted puisse avoir un beau nouveau départ dans la vie », écrit Morgan. Luc, Jérémie et moi observons cet élan de générosité, à la fois émus et interloqués.

— C'est marrant quand même. Généralement quand les gens se parlent sur les réseaux sociaux c'est pour s'insulter, se menacer, comploter, ou invoquer Hitler. Et sur Wanted, ils se rassemblent pour aider un clebs !

— Ouais, c'est *ouf*. Mais bon, c'est pas tous les jours comme ça. Wanted c'est surtout des échanges d'appartements et de l'achat-vente entre particuliers.

— Ouais, c'est vrai. Mais quand même, regarde la quantité de *likes* et de commentaires que ça a générés, cette histoire.

Cette discussion avec Luc me met la puce à l'oreille. Le mois dernier, je fêtais mes 30 ans à Ibiza. Depuis je me traîne chaque matin à la Défense comme si j'allais à l'abattoir. Ma vie professionnelle n'a plus aucun sens. Et ce qu'il se passe sur Wanted m'intrigue et m'attire.

Un mois plus tard, le groupe a passé la barre des 60 000 membres. Et Luc donne une interview au *Parisien :* « Le principe est simple, écrit le journaliste, vous avez quelque chose à vendre, céder, échanger ? Vous avez un talent ? Vous connaissez "la" bonne adresse pour lever le coude ou casser la graine ? Alors, partagez, et postez votre message. » Je me rends compte que la mobilisation que nous avons vécue autour du chien battu échappe à cette description. Pourtant c'est la seule histoire qui a été relayée dans la presse, tant elle était touchante. Dans la suite de l'article, le journaliste fait intervenir un wantedien : « Je recherchais un appartement et suis tombé sur ce groupe. Depuis, j'y interviens tous les jours, témoigne Loïc, arrivé dans la capitale en 2014. Le cliché que l'on a des Parisiens est erroné. Ils sont attentionnés et à l'écoute. » Alors ça, c'est la meilleure ! Même pour une banale histoire d'appartement, le journaliste tombe sur un type qui depuis qu'il se sert de Wanted trouve les Parisiens « attentionnés ». Décidément, l'entraide à des vertus insoupçonnables.

Enfin, toujours dans cet article du *Parisien*, Luc parle de « monétiser » Wanted. Depuis la fin de ses études, il travaille comme directeur du café *L'Étienne Marcel* dans le 2e arrondissement de Paris. Un job à soixante-dix heures par semaine qui lui rapporte entre 5 000 et 6 000 euros par mois en fonction des pourboires. Luc n'a donc pas du tout besoin d'argent. En revanche, comme moi, il est épuisé par un boulot chronophage dont il ne perçoit plus du tout le sens. Et il se trouve que, le succès aidant, Wanted commence à attirer les marques qui souhaiteraient profiter de cette nouvelle vitrine. Le coup à jouer semble évident, la source de revenus à portée de main. Et pourtant Luc va décider de faire une croix sur la publicité. Pourquoi ? Parce que la publicité agirait comme un poison sur la communauté. Si n'importe quel professionnel pouvait débarquer sur Wanted en disant « venez chez moi, c'est mieux que chez le voisin », Luc perdrait ce qui fait l'essence même de Wanted : la crédibilité. Un wantedien peut évidemment conseiller une marque en réponse à une question. Par exemple, si quelqu'un demande quel siège bébé est le plus facile à installer dans une voiture à trois portes, les réponses vont forcément parler de marques. Mais si un fabricant entrait dans la discussion pour vanter les mérites de son produit, il ne serait pas crédible et cela viendrait polluer la conversation entre les membres. La mission de Luc sur Wanted consiste à éviter cela pour préserver l'atmosphère de confiance qui règne sur le groupe. Son travail d'ailleurs a beaucoup changé en quatre ans. De simple chef de gare, il est devenu scrutateur/modérateur/animateur et ambassadeur. La tâche la plus chronophage étant celle qui consiste à retirer tous les commentaires qui pourraient foutre une sale ambiance. Outre les attaques répétées de marques pour diffuser de la publicité, il y a aussi tous les propos haineux, racistes, sexistes ou homophobes qui arrivent sur Wanted comme partout ailleurs sur Internet. Et la politique de modération est en train de devenir l'élément central du succès de Wanted. Zéro pub et zéro violence, voilà ce que les membres viennent chercher. Un endroit où l'on peut s'entraider et se parler respectueusement. Mais ce point mérite d'être développé. J'y consacrerai un chapitre bien détaillé.

Pour le moment, la question qui traverse toutes nos discussions d'arsouilles et qui va hanter nos débats pendant de longs mois, c'est comment faire entrer des sous dans la caisse. Je propose donc à Luc un rendez-vous plus sérieux autour d'une table, de préférence de jour, et sobres, pour dessiner les contours de notre potentielle collaboration.

— Bon, si t'es d'accord, lui dis-je, moi j'ai bien envie de te rejoindre pour essayer de développer Wanted.

— Carrément. Je pense que ça peut bien marcher.

— Le problème, c'est : qu'est-ce qu'on fait ? Ça va nous prendre des plombes à développer. Si ça prend du temps, on va devoir réduire la voilure niveau boulot, voire carrément lâcher nos jobs. Et pour ça, il faut gagner du blé.

— Oui, c'est sûr, ça va prendre du temps pour trouver la meilleure solution, sans tuer le bébé. Il faut qu'on réfléchisse.

Luc et moi sommes motivés par une envie pressante de quitter nos jobs. Wanted nous semble être une excellente échappatoire à nos vies sans saveur. Une très belle porte de secours. Le problème, c'est que pour le moment nous tâtonnons dans le noir sans trouver la poignée.

Au mois de mai, Luc décide de prendre des congés pour souffler un peu et prendre le temps de réfléchir. Il part avec son sac à dos arpenter les plages du Costa

Rica. De mon côté, je continue de broyer du noir. Malgré les excès d'Ibiza et les bonnes résolutions que j'en avais tirées, je recommence à sortir le week-end. C'est terrible, je ne sais pas faire autre chose. Je ne connais pas d'autre recette pour soulager le dépit qui m'étouffe sans interruption du lundi au vendredi.

Deux semaines plus tard, Luc est de retour et il a pris sa décision.

— On y va, mon Glaude ! me lance-t-il dans une accolade aussi virile qu'une mêlée de rugby en troisième mi-temps.

— Allez là ! C'est génial ! Tu vas voir, on va tout casser !

Les jours suivants, nous tentons de réunir l'équipe de champions avec lesquels nous allons porter ce projet jusqu'au firmament. Nous ne savons toujours pas où nous allons, nous n'avons ni boussole ni compas, mais nous croyons fermement au « potentiel » de Wanted. Ce qui, il faut bien l'avouer, est un peu léger. C'est la raison pour laquelle on s'entoure de Victor et de Marc. Le premier est avocat en propriété intellectuelle, le second a l'air de s'y connaître en « start-up ». Là encore, c'est un peu léger. Et on va vite s'en apercevoir.

Nous répartissons les tâches pour les prochaines semaines. Ma mission consiste à monter des dossiers pour trouver des financements. Marc doit travailler sur les axes de développement possibles pour Wanted, le *business model* comme on dit. Luc continue son job de modérateur, qui remplit désormais toutes ses soirées. Quant à Victor, il nous a rejoints pour mettre sur pied la protection juridique de Wanted. Un mois plus tard, nous nous retrouvons pour faire un point sur les avancements de chacun. Marc débarque à poil. Pas une idée de développement à proposer. Je ne l'aime pas, le Marc. Je les connais trop bien, les mecs comme lui. J'en suis un. Seulement, moi j'ai décidé de changer, de sortir de ma zone de confort pour me relancer. Alors je ne vais pas laisser un cancre de la même espèce que moi torpiller le projet. Il faut que l'on s'en sépare. L'ennui, c'est que Marc est un pote de Luc. Si je veux le faire sauter, il faut que je sois habile. Il faut que je trouve un remplaçant dont la valeur sonnera comme une évidence : Jérémie Ballarin. Eh oui ! L'homme sans feu qui a écrit le tout premier message sur Wanted !

Jérémie est un très bon pote avec qui, critère indispensable à tout bon recrutement, on a beaucoup fait la fête. Jérémie est aussi un entrepreneur qui a monté sa boîte de *social media management* et qui peut se prévaloir d'un très joli carnet de clients, parmi lesquels le club des Girondins de Bordeaux et French Tech. La négociation se fait très vite. Luc est en confiance. Jérémie est emballé par le projet. Le 18 juin 2015, nous sommes tous réunis à Barcelone pour le Sónar, le plus gros festival électro d'Europe. Et c'est là devant un mur d'enceintes de quatre mètres de haut, écrasés par un soleil de plomb et des litres de Beefeater, que Jérémie m'annonce sa décision.

— Bon, mon gros, j'ai réfléchi, je suis chaud ! hurle-t-il à mon oreille.

— Yeeeeeehaaa ! On va tout casser, mec !!!

— Hein ? Qu'est-ce que tu dis ?

— ON VA TOUT CASSEEEEEER !

- 4 -

Luc Jaubert est le fondateur de Wanted Community. Et depuis la première page de ce livre, certains se demandent pourquoi je prends la plume à sa place. Il est grand temps de vous en dire un peu plus sur moi.

Mon père, Christian Delachet, né à Créteil le 25 juillet 1949, était footballeur professionnel. Il décroche son premier titre de champion de France avec l'Olympique de Marseille en 1971 au terme d'une saison à couper le souffle. Cette année-là, le grand Salif Keïta, alias la Panthère Noire de Saint-Étienne, plante pas moins de 42 buts, dont 3 quadruplés et 1 sextuplé ! Malheureusement pour lui, l'attaquant marseillais Josip Skoblar, surnommé « l'Aigle Dalmate », en inscrit 2 de plus. Un total de 44 réalisations en une seule saison : le record tient toujours ! À Saint-Étienne, le Chaudron devient le théâtre d'humiliations dont certains adversaires se souviennent encore. Bastia et Metz notamment repartent avec un score de tennis : 6 à 0. Sans parler de Sedan qui décroche la timbale en encaissant pas moins de 8 buts sans parvenir à en inscrire un seul. C'est au cours de ce match que Salif Keïta fait trembler les filets à 6 reprises, égalant ainsi le record du Lensois Ahmed Oudjani. Au vélodrome, c'est la même chanson ou presque. Lors de cette saison hors norme, Marseille parvient à empiler 7 matchs à 5 buts ou plus. Encore un record, que même le PSG ne parvient pas à faire tomber. Ceux que le duel

Keïta/Skoblar fait frémir en premier lieu, ce sont bien entendu les gardiens de but. À Saint-Étienne, on retrouve Georges Carnus, le portier de l'équipe de France. Quant aux cages marseillaises, elles sont gardées par l'inoxydable Jean-Paul Escale, gardien titulaire du club phocéen depuis plus d'une décennie et dans l'ombre duquel on aperçoit un remplaçant au gabarit pour le moins inattendu à ce poste : Christian Delachet, 1,72 mètre pour 70 kilos. Au cours de cette course, en 1970-1971, mon père ne joue qu'un seul match mais il n'en faut pas plus pour inscrire une première fois son nom sur les tablettes du foot français.

Après Caen, Monaco, Gueugnon et Valenciennes, Papa signe en 1978 aux Girondins de Bordeaux, où il succède à Philippe Bergeroo. Pas facile de gagner sa place lorsque l'on est le petit nouveau, d'autant plus lorsque l'on vous met en concurrence avec un autre gardien, Dragan Pantelić, international yougoslave dont la spécialité est de tirer les penaltys. Mais le vent tourne une fois de plus en faveur de mon père. Pantelić a le sang chaud. Trop chaud. En avril 1982, après un accrochage avec un arbitre, le Serbe est suspendu un an, Papa retrouve ainsi son poste au sein de l'équipe. Et quelle équipe ! Marius Trésor, Raymond Domenech, Patrick Battiston, Thierry Tusseau, Léonard Specht, Jean Tigana, Bernard Lacombe et, bien sûr, le grand Alain Giresse. Que des stars sur le terrain. Et sur le banc, un entraîneur de génie : Aimé Jacquet. En juin 1984, ils sont sacrés champions de France. Le club attendait cela depuis 1950 !

Comment un petit gars de 1,72 mètre devient-il le gardien de but d'une des plus belles équipes de l'histoire du football français ? A priori, c'est dans les gènes. Jacques

Delachet, le père de Christian – mon grand-père donc – a eu deux carrières dans sa vie : médecin et gardien de but à l'Olympique de Marseille. La seconde est couronnée d'une Coupe de France en 1943. Josefa, son épouse originaire d'Aregno, en Haute-Corse, est très sportive elle aussi, férue d'athlétisme. Quant à Jacqueline, la sœur de Christian, elle est basketteuse professionnelle, championne de France avec le Paris UC en 1964 et 1965, capitaine de l'équipe de France de 1963 à 1976. Avec 239 matchs en bleu, la tante Jacquie est même la sixième joueuse la plus capée de l'histoire du basket français. Le sens du placement, de l'anticipation, le coup d'œil, les réflexes, tout cela semble donc faire partie de l'héritage chez les Delachet. Et mon père s'en est vraisemblablement servi pour compenser sa petite taille.

Du côté de ma mère, on se bat. Dans tous les sens du terme. Jean Benoit-Guillat, mon grand-père, est employé de mairie au Bouscat la semaine, catcheur le week-end. Il me semble qu'il a même décroché un titre de champion d'Europe dans sa jeunesse. Ma grand-mère, Madeleine est maraîchère depuis qu'elle a l'âge de porter un panier de légumes. Accroupie dans les champs du matin au soir, été comme hiver, elle n'a pas l'habitude de se plaindre. Ses trois enfants non plus d'ailleurs. Ma mère, Nadine Benoit-Guillat, née en 1963, est la petite dernière. Comme son frère et sa sœur avant elle, dès le collège Maman quitte l'école pour un CAP vendeuse, et part bosser dans les magasins du coin. Chez les Benoit-Guillat, la valeur travail est la seule boussole à laquelle on se fie. On travaille autant pour vivre que pour éviter les retours de bâton que le sort réserve aux paresseux. On redoute même les peines d'argent qui tombent sans

De gauche à droite au premier rang: Hanini, Lippini, Lacombe, Giresse, Müller, Martinez, Audrain. Au deuxième rang: Michelena (entraîneur), Delachet, Tigana, Bourdoncle, Girard, Memering, Zénier, Ruffier, Jacquet (entraîneur). Au troisième rang: Rohr, Thouvenel, Specht, Trésor, Battiston, Domenech, Tusseau.

prévenir sur les innocents besogneux. On craint la banqueroute comme d'autres craignent la foudre. Alors on travaille d'arrache-pied, sans oublier de jeter régulièrement une pincée de sel par-dessus son épaule, ou de placer des pièces de monnaie derrière les meubles. Et cela va sans dire : on ne fait pas de folies. Avec des salaires qui dépassent rarement le SMIC, on remplit le frigo et on économise, patiemment, consciencieusement. Il faut toujours pouvoir s'en sortir par soi-même en cas de pépin. Toujours avoir une longueur financière d'avance sur les coups tordus du destin. Heureusement, dans cette famille concentrée sur le labeur, une passion commune fait vibrer petits et grands, une ferveur qui permet à chacun de s'évader tous les week-ends pendant au moins quatre-vingt-dix minutes : les Girondins de Bordeaux.

Ça y est ? Tout le monde la voit l'histoire d'amour

entre le gardien de but au sommet de sa gloire et la petite vendeuse ébahie par les prouesses du champion ? 😜

Bon, dans les faits c'est un peu plus compliqué. Ça démarre comme une comédie romantique avec Hugh Grant et ça évolue en mélodrame à la française. En 1984, Christian Delachet roule en Mercedes et savoure pleinement le statut que lui confère le maillot numéro 1 de la *dream team* bordelaise. Problème : il est marié, deux enfants. Selon la légende familiale, la rencontre avec Nadine a lieu dans les airs, lors d'un déplacement international en Europe de l'Est. Nous parlons d'une époque où il arrive encore que joueurs et supporteurs partagent le même avion. Ce jour-là, la famille Benoit-Guillat au grand complet est à bord de l'appareil. Christian croise le regard de Nadine à l'embarquement. Un sourire, une œillade, rien de plus. Il faut préserver les apparences. Heureusement, le footballeur trouve une astuce pour entrer en contact avec la charmante supportrice : un petit mot doux inscrit à la manière d'un autographe sur la quatrième de couverture d'un magazine et transmis en toute innocence par l'hôtesse de l'air.

Un voile pudique entoure la suite de l'histoire jusqu'à ma naissance à l'hôpital de Cenon le 6 mars 1985. Une chose est sûre : je suis l'enfant du titre ! Problème : je suis également le fils illégitime. Le fruit inattendu du télescopage entre une lignée de bourgeois sportifs de haut niveau éduqués par un patriarche plus souvent cigale que fourmi, et une famille de maraîchers pour qui le mot « savourer » rime généralement avec « culpabilité ». Deux mondes qui, aux yeux de certains, n'auraient jamais dû se croiser. Cela explique deux choses. Mon nom d'abord. Dans un premier temps, ma venue au monde est déclarée en mairie sous le nom de ma mère, Benoit-Guillat. Et surtout mon prénom, Christian, qui répond à la même logique. « C'était juste au cas où, pour que tu gardes une trace de ton ascendance, que tu saches d'où tu viens », m'a-t-on expliqué par la suite. Fort heureusement, cette histoire de reconnaissance est réglée assez rapidement pour que ces atermoiements d'adultes disparaissent de ma mémoire d'enfant. Et je m'appelle, donc, exactement comme le pensionnaire de la case 42 dans l'album Panini 1983-1984 : Christian Delachet. De tout cela, il ne me reste que quelques bribes du pesant combat mené par ma mère pour que son fils soit traité comme les autres.

Les premières années de ma vie, nous habitons encore chez mes grands-parents maternels dans un petit pavillon au Bouscat, un quartier résidentiel de la banlieue bordelaise. Puis, nous nous installons dans un petit appartement près du jardin public, dans le centre-ville de Bordeaux. À ma naissance, mon père vit encore avec sa femme et ses deux filles au Haillan, non loin du centre de formation des Girondins de Bordeaux. Le gardien de but écope-t-il d'un carton rouge conjugal lorsque madame découvre mon existence ? Aucune idée. Mais l'arrivée chez nous du footballeur, plaqué par sa légitime partie s'installer à Marseille avec les deux petites, me donne accès à un premier échantillon de vie de famille, semblable à celle que l'on voit dans les livres pour enfants, et franchement ce n'est pas désagréable. L'idylle, hélas, est moins simple qu'il n'y paraît. Deux femmes se disputent le cœur d'un homme indécis, incapable de choisir, et souffrent de ne pas le posséder à 100 %, avec probablement autant de larmes chez l'une que chez l'autre. Voilà comment les choses m'apparaissent aujourd'hui.

Heureusement, Maman est une femme solide dont les larmes sèchent vite dès lors qu'il s'agit de s'occuper de moi. Première victoire : elle parvient à me faire intégrer l'école Saint-Joseph de Tivoli, un des meilleurs établissements privés de la ville. En réalité, je profite du quota d'enfants « issus de milieux modestes », comme on dit pudiquement. Un statut qui donne surtout droit à des frais de scolarité adoucis (environ 200 euros par an au lieu de 1 000), une ristourne sans laquelle ma mère n'aurait jamais pu m'y inscrire.

Tivoli, c'est le lycée de tous les notables du coin. Petit *name dropping* des élèves les plus célèbres : Alain Afflelou, Nicolas de Tavernost, Pascal Obispo, Olivier Marchal, Thomas Hugues, Cyril Viguier… Même Alain Juppé y a scolarisé sa descendance. Il faut dire que les jésuites ont su apporter quelques garanties depuis le XIXe siècle. Ici, pas un tag dans les toilettes, pas une chaise qui grince ou une table bancale. Mais deux bibliothèques, trois terrains de foot, deux terrains de basket,

Mes parents.

trois salles de sport, une piste d'athlétisme, une cantine où les élèves choisissent leurs plats comme dans un self. Et pour ceux que les repas en communauté pourraient rebuter, une cafétéria où l'on sert sandwichs, paninis, viennoiseries, bonbons et sodas, avec pour se détendre un flipper, quatre baby-foot et une borne d'arcade. Il existe même une carte de paiement interne, alimentée par les parents, qui permet aux élèves de « consommer » dans l'enceinte de l'établissement. Certains collégiens se baladent ainsi avec 500 euros d'argent de poche sur leur petite carte bleue. Ma mère choisit de me mettre à Tivoli pour deux raisons. Premièrement, les statistiques : 99 % de réussite au bac, avec 75 % de mentions. Deuxièmement, parce qu'elle ne veut pas que je vive comme elle dans la peur du lendemain. Elle veut que je réussisse et elle sait pertinemment qu'il est bien plus aisé de s'en sortir lorsque l'on grandit entouré de gens baignés de réussite. Voilà comment, à l'âge de 6 ans, le petit Kiki avec sa queue-de-rat au milieu de la nuque se retrouve à jouer aux billes avec des gamins en polo Lacoste et mocassins à glands qui passent leurs étés à l'île Maurice et leurs week-ends au Cap-Ferret. La suite va vous étonner 😂.

Cindy Chbta > Wanted Community Paris
18 novembre 2016

•••

Une bouteille à la mer.. sait on jamais .. je recherche des personnes qui ont insta ou tweeter afin de faire passer ce message à Blaise Matuidi pour le match de demain. Ceci est pour un enfant que j'accompagne. Je vous remercie.
Souleyman vient pour son anniversaire au match du psg ce samedi à 17h en tant que personne à mobilité réduite et trouve le sourire dès que nous lui parlons de Blaise Matuidi. Ce sera son premier match dans un stade et il va réaliser son rêve en venant assisté de son papa. Si Blaise Matuidi trouve le temps pour une main serrée et une photo ce serait un rêve encore plus grand qui se réalise. Il sera au bord du terrain le sourire aux lèvres.

755 — 330 commentaires 2 partages

- 5 -

« Non, mais t'inquiète… Christian, on a compris… » La phrase que je viens d'entendre résonne dans ma tête comme une gifle du revers de la main. Qu'est-ce qu'il m'arrive ?

Le tableau dépeint au chapitre précédent n'est évidemment pas tout à fait celui que je vois avec mes yeux d'enfant. Du haut de mes 6 ans, j'ai une vie de rêve, couvée, gâtée, dans laquelle globalement tout le monde se soucie de mon bien-être. Ma mère travaillant du matin au soir chez Manoukian, j'ai régulièrement la bonne surprise de retrouver mon père à la sortie de l'école. Et lorsqu'il est en déplacement pour le foot, c'est mon grand-père qui passe me chercher dans son Opel Vectra blanche. Arrivé à la maison, je m'installe devant la télé, avec une bouteille de Coca, un paquet de bonbons et je passe environ deux heures à regarder des dessins animés en me gavant de sucre. À la nuit tombée, ma grand-mère s'approche pour savoir ce que je veux manger. Je peux lui demander absolument tout ce que je veux. Généralement un steak frites avec plein de ketchup. Ma mère débarque vers 20 heures, on peut passer à table. Toutes les dix minutes, Mamie me demande si j'ai assez mangé. Maman raconte sa journée de travail, toute pimpante lorsqu'elle a réalisé une belle vente, un peu moins lorsqu'elle a dû gérer une panne de voiture ou tout autre imprévu financier. Et puis au bout de la table, il y a Papi qui débriefe les dernières nouvelles du foot.

Ah, le foot ! Vous vous doutez bien qu'avec un tel environnement familial j'ai peu de chances d'échapper à mon destin. Dès l'âge de 8 ans, j'intègre le centre de formation des Girondins de Bordeaux. Et tous les week-ends, qu'il pleuve ou qu'il neige, j'enchaîne les matchs sous le regard bienveillant de mes parents et de mon pépé qui se caillent les miches au bord du terrain. Avec sa casquette en tweed et le cigarillo en équilibre sur la lèvre, j'entends papi Jeannot m'encourager avec l'ardeur que l'on réserve aux meilleurs poulains. Moi je cours comme si j'avais trois poumons. L'odeur de la pelouse fraîchement tondue, le bruit du ballon qui rebondit sur la rosée du matin, le survêt tout propre que tu enfiles après l'entraînement, toutes ces petites choses s'inscrivent comme des tatouages mentaux sur mon cerveau d'enfant. Il y a aussi, surtout, ce maillot des Girondins qui fait rêver toute la famille. Je joue tous les dimanches sur les terrains où s'entraînent nos idoles : Jean-Pierre Papin, Christophe Dugarry, Bixente Lizarazu, Sylvain Wiltord, Zinedine Zidane… ZINEDINE ZIDANE PUTAIN 💪💪💪

En toile de fond, derrière tout ça, il y a mon père. Toujours là, quelque part. Retraité depuis 1987, il a encore ses entrées au club évidemment. Il est LE gardien de l'équipe mythique qui a remporté le titre en 1984 – soit dit en passant, le club a décroché un troisième titre l'année suivante mais, celui-ci, Papa l'a vécu sur le banc, remplacé par Dominique Dropsy. Dans les années 1990, son aura est encore palpable au sein du club. Je la devine dans le regard de mes coéquipiers, dans les sourires du

Le foot, jusqu'à 12 ans, c'est que du bonheur. Après, ça se complique... Mathieu Valbuena (au centre, devant le ballon) ira beaucoup plus loin que moi. 😉

staff technique lorsque l'on prononce mon nom. Nous nous voyons quelquefois, la plupart du temps dans l'écosystème du foot. Je lui demande de me raconter ses souvenirs de crampons, les grands joueurs qu'il a côtoyés, la ferveur électrique des plus beaux stades d'Europe. Même si cela remonte à la petite enfance, je me souviens moi aussi de quelques anecdotes de vestiaires que nous avons partagées et je les radote à chaque fois que nous nous croisons. Parfois il me fait profiter des privilèges de sa célébrité, comme ce jour où il m'emmène visiter son ancien club, l'AS Monaco, où je rencontre les jeunes Thierry Henry et David Trezeguet. Il arrive aussi que nous soyons invités à dîner chez Tigana, avec qui mes parents semblent avoir noué de bonnes relations. À l'occasion de ces soirées, je constate que ma mère rayonne comme aux plus beaux jours de leur couple. Grâce à Papa, je vais aussi croiser Rolland Courbis et George Weah. Je taperai même quelques ballons avec le futur Ballon d'or. Il y a

Raymond Domenech aussi, un ami de Maman. Bref, je joue au foot, je parle de foot, je baigne dans le foot.

Papa est le genre de gars que tout le monde apprécie. Lorsque les gens lui serrent la main, il se passe toujours quelque chose, une petite étincelle qui provoque chez moi un shoot de fierté : « Ouais, mon papa

il est footballeur et il est trop fort ! » En grandissant, la figure du champion devient aussi envahissante que ses absences. Il n'est pas toujours là mais je l'idolâtre. Mon rêve serait de parvenir à le rendre fier un jour. « Bravo, mon fils ! Tu es super fort ! Tu vas faire encore mieux que Papa ! » Le soir dans mon lit, il m'arrive de visualiser la scène où je l'entendrais prononcer cette phrase. Mais, pour le moment, je dois me contenter des « Ne t'inquiète pas… », « Amuse-toi, mon grand… », « L'important c'est de prendre du plaisir… ». Je ne comprends pas. Pourquoi est-il si distant ? Si frileux ? Peut-être essaie-t-il de me protéger d'une vie plus douloureuse qu'il n'y paraît. Les blessures narcissiques que le sport et la célébrité infligent aux athlètes de haut niveau, c'est peut-être cela qu'il essaie de m'éviter. Que sais-je ? Malheureusement, ces choses-là sont impalpables pour un enfant. La froideur, c'est de la froideur. Point. Et c'est d'autant plus frustrant que j'ai l'impression de faire tout ce qu'il faut. Aux Girondins, je suis d'abord un joueur de champ comme les autres, parfois attaquant, souvent défenseur. J'évolue sans le savoir avec les futures stars de la Ligue 1 : Mathieu Valbuena, Rio Mavuba, Marouane Chamakh, Benoît Trémoulinas… Au cours d'un match, le gardien se blesse, le coach me demande de le remplacer, et je signe une performance bien au-delà de ses attentes. De retour au vestiaire, il vient me voir pour me proposer la place de titulaire dans les cages. Franchement, comment ne pas voir les étoiles s'aligner ?

Le foot, jusqu'à 12 ans, c'est que du bonheur. Après, ça se complique. À chaque rentrée, tu découvres tes 24 coéquipiers. Il y a ceux que tu connais bien, qui étaient déjà là l'année précédente, et il y a les petits nouveaux.

Pendant dix mois, ces 24 gamins sont tes partenaires de jeu, les gars avec qui tu dois construire un esprit d'équipe pour faire plier les adversaires et gagner les matchs. Mais ils sont aussi tes premiers rivaux, car à la fin du mois de juin, quoi qu'il arrive, il y en a 15 qui dégagent, remplacés par de jeunes promus au sein du club. Et en septembre, rebelote, un nouveau cycle s'amorce : si tu fais encore partie du club, tu découvres une nouvelle fournée de 15 mioches qui vont tout faire pour pérenniser leur situation et ne pas faire partie des joueurs décevants que l'on abandonne à la fin de la saison. En clair, tu sors à peine de l'enfance et on te balance dans une ambiance à la « Koh-Lanta ». Personne n'a envie de quitter les Girondins de Bordeaux, alors, à défaut d'être le meilleur, il faut être stratégique.

Moi ce que j'aime dans le foot, ce sont les parties de cartes à l'arrière du bus lorsque l'on est en déplacement, les rigolades de vestiaire après l'entraînement, l'exultation collective à la fin d'un match difficilement gagné. Alors cette compétition permanente n'est pas vraiment un sujet d'angoisse au quotidien. Non pas que je fasse partie des petits génies comme Rio Mavuba dont la place est assurée par le talent pur, loin de là. Mes performances sont même assez banales et, en matière de gabarit, je suis parmi les plus chétifs. Mais ce qui provoque chez moi une véritable souffrance, c'est la perte de copains chaque année. Voir des potes sortir en pleurs du bureau du coach parce qu'ils se sont fait lourder alors qu'ils avaient tout donné comme des morts de faim à chaque match, ça me fout la rage. Pour la plupart, c'est la fin d'un rêve de gosse, et pour certains c'est carrément tout un projet de vie qui s'écroule emportant dans sa chute les espoirs de toute une famille. Il y en a d'ailleurs qui, en plus de la gifle sportive, se prennent une raclée par leur paternel dans les couloirs. Moi, je n'ai pas cette vie-là, je ne joue pas mon avenir à chaque match. Le soir, c'est mon pépé qui vient me chercher en mâchouillant son cigarillo. Et lorsque l'on part en déplacement, j'ai toujours mon goûter avec ma petite bouteille d'eau et mon paquet de Dragibus. Alors, à côté des lascars en survêt Lacoste, visière sur le côté, qui viennent à l'entraînement en scooter, je finis par être catalogué « petit-bourgeois ».

L'embêtant, c'est que la sensation de ne me sentir nulle part à ma place commence à devenir oppressante. Si au foot je ne fais pas partie des crève-la-dalle, au lycée en revanche c'est presque l'inverse. Confronté à la haute société bordelaise, j'ai l'impression d'être un bouseux. Je ne manque de rien, ma mère me paie les fringues dont j'ai envie – ce qui constitue le sujet d'inquiétude numéro un chez un adolescent –, mais parmi tous ces gosses de riches je n'ai tout simplement pas les codes. À l'adolescence, pour me distinguer, je me mets à surjouer les lascars. Je copie-colle le style de mes camarades de foot : survêt Sergio Tacchini enfoncé dans les chaussettes, chaînes et gourmette en argent, casquette bien vissée sur le crâne pour masquer le regard. Si quelqu'un me double dans la queue à la cantine, je lui sors mes mimiques de *bad boy* en lui ordonnant de faire demi-tour. J'ai l'air d'un clown, et le pire c'est que je m'en rends compte, mais je ne vois pas comment faire autrement. Je n'ai pas de baraque au Cap-Ferret et surtout pas grand-chose à raconter en dehors du foot. Je vis à Eysines dans un appartement avec ma mère. J'ai tellement de respect pour elle qu'à l'âge où mes potes de classe font leurs premières conneries, achètent leurs premiers grammes de shit, moi, à 17 heures, je monte dans la voiture de Papi et je rentre à la maison pour regarder mes dessins animés. En fait, il n'y a qu'une seule chose que je redoute vraiment, c'est de décevoir ma mère qui fait tant d'efforts pour moi. Alors, contrairement à ce que mes tâtonnements vestimentaires peuvent laisser paraître, je suis un gentil garçon qui écoute religieusement la parole du professeur et, comme j'ai quelques facilités, cela suffit la plupart du temps pour remplir honorablement mes bulletins de notes.

Je n'en ai pas encore conscience évidemment, mais ces allers-retours inconfortables entre le cocon bourgeois de Tivoli et le monde rugueux du football constituent un cocktail éducatif parfaitement équilibré. Dans le premier, j'apprends qu'en faisant des études on peut rêver d'une belle maison, de vacances à Biarritz et de week-ends au ski. La réussite est non seulement possible, mais elle est considérée comme « normale ». Dans le second, j'intègre jusque dans ma chair que la réussite se gagne au mérite, exclusivement. Ton origine sociale ou ethnique n'a aucune incidence sur la suite de ta carrière. La seule chose qui compte, c'est ce que tu donnes sur le terrain.

Et puis un jour, je surprends une conversation entre mon père et le coach.

— Alors comment ça va ? demande mon père.

— Écoute, ça va. Christian a fait un bon entraînement aujourd'hui, c'est…

— Non, mais t'inquiète… Christian, on a compris… Tant qu'il prend du plaisir…

Voilà. C'est fini. Il ne croit plus en mon potentiel. Mon père, celui que je voulais rendre fier, le seul que je rêvais d'impressionner balle au pied. Quelle ironie. À croire que je n'ai pas hérité des gènes sportifs de la famille. Si, comme je le pense, son manque d'encouragements lorsque j'étais enfant ne servait qu'à m'épargner les blessures narcissiques, il vient de m'infliger la plus dure qui soit, bien pire que celles générées par le sport de haut niveau : celle d'un père.

Sur le plan sportif, plus rien ne sera pareil ensuite. Ce que j'ai entendu de la voix de mon père, maintenant je le vois dans les yeux des coachs, à tort ou à raison, je ne sais pas. En tout cas, j'intègre rapidement que je ne fais pas partie des *winners*. Et si je reste dans l'effectif, c'est surtout grâce à l'affection que me portent mes coéquipiers. Affection que je cultive évidemment. « À défaut d'être le meilleur, il faut être stratégique. » Je deviens un bon élément de cohésion pour l'équipe, le gars sympa avec qui tout le monde a envie de se marrer, alors on préfère me garder. Mais les années passant, le couperet se rapproche.

À 16 ans, je suis gardien remplaçant en Division d'honneur U17 (moins de 17 ans). L'année suivante, Fabien, le titulaire, passe en National. Moi, je reste en Division d'honneur, et je demeure remplaçant puisque les nouveaux U17 arrivent avec leur gardien. L'année suivante, rebelote, les gamins montent en National et moi je reste sur le banc en Division d'honneur. J'ai désormais deux ans de retard sur les gars de mon âge. Un jour, je suis appelé pour faire un entraînement avec eux. Un dépannage évidemment. Deux ans que je ne les ai pas vus, j'ai envie de bien faire. En plus, la séance est dirigée par Philippe Lucas, finaliste de la Coupe de l'UEFA avec les Girondins en 1996. Un beau match, un grand coach, ça ne rigole plus là. La partie démarre doucement. Soudain, Lucas chope la balle à quelques mètres de mes cages. Je me jette dans ses pieds comme un chien fou, il fait un vol plané et termine le nez dans la pelouse.

Voilà, c'est plié. Ma carrière de footballeur s'achève sur ce coup d'éclat dont je me serais bien passé. En même temps, il fallait bien que ça s'arrête. Heureusement, j'ai le bac en ligne de mire et surtout mon indépendance. Parce qu'à bientôt 18 ans, je commence à me sentir sérieusement à l'étroit chez Maman. Mes potes s'envoient en l'air tous les week-ends, et moi je passe mes soirées à jouer sur mon ordinateur dans ma chambre. Je n'ai toujours pas la permission de sortir le soir. Et pour être tout à fait honnête, je ne me rebelle pas beaucoup. Je suis plutôt du genre solitaire. Mais ça commence à me peser.

Le jour des résultats du bac arrive, enfin ! Je l'ai, évidemment. À Tivoli, ce n'est même pas une question. Sur 100 élèves, il n'y en a qu'un qui ne l'a pas, et encore c'est parce qu'il a perdu tous ses moyens pendant les épreuves. Je rentre à la maison, très fier de moi. Mes parents sont là. Tous les deux. Maman a sorti la bouteille de champagne pour fêter ça. Je suis fier de la rendre fière. Avec ce diplôme, je lui rends un peu l'amour qu'elle me donne tous les jours. Et alors que je les rejoins dans la cuisine, mon père prend la parole : « J'ai signé un nouveau contrat d'entraîneur aux Émirats arabes unis. » Je suis abattu. Non seulement il gâche un peu ma fête, mais en plus il repart entraîner à l'étranger. Le temps de cligner des yeux, ma mère se retrouve devant l'homme de sa vie qui s'éloigne à nouveau et son fils grandissant qui va bientôt prendre son indépendance. Champagne ! 🍾🍾🍾

Cindy Chbta > Wanted Community Paris
19 novembre 2016

Une bouteille à la mer, Qui a dépasé toutes mes espérances. Merci mille fois, à vous qui avez Up mon poste à vous qui avez partagé mon message, à vous qui m'avez contacté et persévéré pour les infos. Ce soir Souley a vu Blaise. Celui qui lui donne le sourire lorsque nous lui parlons de lui. Un élan de générosité et de solidarité ici et sur les réseaux sociaux ! Je me joins à Souleyman, ainsi que mes collègues éducateurs du jardin d'enfants qui accompagnent Souleyman au quotidien pour vous remercier mille fois encore. 💪❤️#blaisematuidi

- 6 -

Maître Jean Hauser, professeur émérite à l'université Montesquieu Bordeaux-IV. Dites donc, ça vous pose un homme ça. Alors, malgré les nombreuses *distractions* présentes dans l'amphithéâtre en cette fin d'été caniculaire, j'écoute attentivement le discours qu'il prononce au titre de parrain de notre promotion en première année de droit.

« Le premier tiers, dit-il en balayant d'un revers de main la partie droite de l'auditoire, aura disparu d'ici un mois. »

Ouf ! Je fais partie des survivants !

« Le deuxième tiers se sera évaporé avant la fin du semestre. »

Aïe, cette fois-ci, j'ai moi aussi été rayé de la carte par *il Padrino*.

« Et au final, seuls 10 % d'entre vous passeront en deuxième année, ce qui correspond aux deux rangées que j'ai devant moi. »

Si je comprends bien ce que vient de dire le petit monsieur aux cheveux blancs, les statistiques de réussite se sont inversées par rapport au lycée.

À 18 ans, mon bac en poche, contrairement à tous mes petits camarades qui avaient fait leurs démarches dès le mois de janvier, moi je ne savais toujours pas quoi faire de ma vie. Il a fallu improviser avec les différentes données du problème. D'une part, les écoles coûtaient trop cher pour ma mère, d'autre part, mes notes au bac réduisaient considérablement le champ des possibles. 17/20 en histoire, 5/20 en maths, peu de chances que je fasse des étincelles chez les scientifiques. « Viens avec moi en fac de droit, on va se marrer. Ma sœur vient de passer en deuxième année. » Voilà à quoi tenait mon choix : la perspective de retrouver la grande sœur d'un pote, avec qui je rêve de passer ne serait-ce qu'une soirée. Par ailleurs, avantage non négligeable, la fac, c'est gratuit. Si ça ne marche pas, ce n'est pas grave, je ne perds pas d'argent. En clair, c'est l'endroit parfait pour échouer sans conséquence. Évidemment, parti comme ça, j'ai peu de chances d'être encore là au deuxième semestre.

Premier jour de cours. Mon Dieu, qu'il est loin mon petit lycée avec mes copains que je fréquente depuis la maternelle. C'est tellement grand que j'ai l'impression de découvrir une nouvelle ville. Il y a des gens partout, tout le temps, des couloirs, des escaliers et des salles de cours à perte de vue. Ce qui me surprend le plus, c'est la pauvreté apparente des installations. À la fac, certains cours ont lieu dans des préfabriqués, pas plus accueillants que des cabanes de chantier, tout tagués, pas isolés, qui se transforment en chambres froides l'hiver et en micro-ondes l'été. Si l'idée consiste à décourager les deux tiers du contingent d'étudiants en première année, franchement c'est réussi !

Première difficulté : trouver la salle où je dois assister à mon premier cours magistral. Après avoir tourné vingt bonnes minutes entre les bâtiments, j'entre enfin dans l'amphithéâtre. Impossible de trouver une place. J'apprends au passage que les gens sérieux arrivent un quart d'heure avant le début du cours pour être sûrs d'avoir un siège. Les retardataires comme moi ont le choix : s'asseoir par terre ou aller faire un billard à la cafète. Je choisis la seconde option.

Dès la première semaine, je rate deux cours. Et je lâche l'affaire. Aucune envie de monter au front pour arracher un strapontin dans un amphi ou de choper une pneumonie dans un Algeco. Et puis il y a tellement mieux à faire. Je n'ai pas encore quitté ma petite chambre d'ado, je n'en ai pas les moyens. Maman non plus, mais pour me faire patienter elle m'a cédé sa vieille Opel Corsa. Du jour au lendemain, j'ai donc obtenu ma majorité, le droit de sortir, et surtout un moyen de transport autonome. Il ne m'en fallait pas plus pour sauter à pieds joints dans la flaque.

Les soirées médecines, archi, pharma, infirmières. Le *Café des Sports*, *Les Tontons Flingueurs*, *Le Plana*, *Le Break*, *Chez Auguste* ou *El Bodegon*, tous ces bars réunis autour de la place de la Victoire rassemblent du jeudi au dimanche la fine fleur des étudiants décrocheurs de Gironde. Chaque week-end, hors vacances scolaires, des centaines de branleurs se retrouvent devant des comptoirs de la taille d'un porte-avions pour vider en chœur des hectolitres d'alcool. Selon la légende, cette place mythique de Bordeaux détiendrait même le record d'Europe du nombre de bières vendues à l'heure. En quelques semaines j'embrasse la face cachée de Bordeaux, les clubs, les pétards, le *binge drinking* sur les parkings pour être certains de ne plus avoir soif en arrivant en boîte… Et je rencontre Flore.

Flore faisait partie des *distractions* que j'avais gardées dans un coin de ma tête pour écouter le discours du parrain. Petite brune au tempérament ibérique, je la recroise avec bonheur, un whisky Coca à la main. Elle appartient à la caste très fermée des étudiants fêtards et néanmoins bosseurs. Elle assiste à tous les cours, tous les TD, elle se fade les polycopiés de 500 pages avec l'abnégation d'un moine copiste. Grâce à elle, je reprends le chemin de la fac. Enfin juste pour les TD, parce que les travaux dirigés, c'est obligatoire et, surtout, c'est noté. Je n'ai aucune connaissance théorique, mais je garde l'esprit ouvert, je parviens généralement à déceler l'objectif du professeur. Surtout, je comprends que le droit est certainement la seule discipline pour laquelle, à chaque examen, tu disposes du livre dans lequel se trouvent toutes les réponses : le code. Alors très vite je développe un certain talent pour fouiner intelligemment dans ledit livre. Ce qui n'est évidemment pas toujours suffisant, mais bon, disons que pour un lézard de mon espèce, c'est déjà un très bon atout. Flore, elle, met tout en œuvre pour réussir et comme un cycliste à contre-vent je me mets dans sa roue. J'écoute toutes ses explications, ses révisions, ses problèmes de droit sur lesquels elle planche pendant des jours. En clair, je me nourris de son travail. Un détail, par-dessus tout, me motive à la suivre : c'est mon premier amour et je ferai tout pour rester près d'elle en deuxième année. Il est donc hors de question que je repique. Ma méthode fonctionne bien en TD. À chaque exam, devant le pavé de révisions, je choisis systématiquement de passer mon chemin. Mais sur la copie, je parviens à faire illusion. Comment je m'y prends ? Disons que c'est facile de réussir quand tu arrives à poil. Tu n'as pas la pression, alors tu improvises. Et généralement, ça marche. Je n'ouvre pas un bouquin et pourtant je tourne entre 10/20 et 12/20 toute l'année.

Le jour des résultats, nous sommes chez moi, enfin chez ma mère. Nous regardons le verdict sur mon ordinateur. En dépit de mon apparente assurance, je suis certain d'avoir planté les partiels de fin d'année.

— Mais non, je suis sûre que tu vas l'avoir, me dit Flore. Parce que t'es un connard. Déjà il y a trois TD où tu aurais dû avoir 2 et tu as eu 15.

— Mais toi aussi, ma chérie. Je suis certain que tu vas l'avoir.

18 heures. Nous actualisons la page. J'ai mon année. Pas elle.

Pour cette deuxième année, mon père met à ma disposition un petit appartement qu'il a acheté dans le centre-ville de Bordeaux, cours de l'Intendance. À chaque pas le parquet grince comme les portes d'un château écossais, mais quel soulagement d'avoir enfin coupé le cordon. Dans le hall, je repère rapidement deux Parisiens en école de commerce, dont les agapes font trembler les murs de l'immeuble tous les week-ends. Eux font la fête au premier, moi au dernier. Et un jour on décide de mutualiser la soirée. Je me retrouve avec des gosses de riches qui jouent à la PlayStation toute la journée et dont le seul objectif de la semaine est de parvenir à repousser les limites de la semaine précédente. On se met à imaginer des jeux idiots comme le concours de celui qui prendra le plus de poids en un mois. Cinq repas par jour à base de kebabs, de crêpes au Nutella, de Twix et de Kinder Bueno, ça marche assez bien. On parie également sur le nombre de policiers que l'on parvient à faire déplacer chaque week-end en faisant grimper les décibels. En quelques mois, nous avons largement dépassé le statut de simples étudiants fêtards. Désormais, nous sommes une nuisance. Et je finis par être condamné à 3 000 euros de dommages et intérêts pour tapage nocturne. Les dommages, c'est à ma voisine du dessous que je les ai infligés cette année-là. La pauvre femme est tombée en dépression à cause de moi. Mon Dieu, j'ai honte.

À la fac pourtant, ma méthode fonctionne toujours. Mieux, désormais elle fait des émules. À la veille de chaque examen, mes copains, Joseph, Louis, Justin, me demandent de leur donner les trois sujets qui risquent de tomber. Et systématiquement, le lendemain nous découvrons un des trois sujets que j'ai énoncés. On me surnomme « la Papatte de Lapin » ! Pourtant rien de magique dans tout cela. La première astuce consiste à repérer les points d'achoppement du cours, les zones sur lesquelles le professeur semble vouloir nourrir le tir. Il faut garder en tête que les enseignants sont avant tout des chercheurs. Et comme tous les chercheurs, ils ont leurs spécialités, pour ne pas dire leurs obsessions, qui se retrouvent généralement dans leurs cours et donc dans les exams. La deuxième astuce, plus concrète et pourtant méconnue, consiste à récupérer les annales des cinq dernières années au secrétariat de l'université. C'est comme cela que nous avons repéré que certains professeurs font tourner les trois mêmes sujets depuis des années.

Année 1 – sujet 1. Année 2 – sujet 2. Année 3 – sujet 3. Année 4 – sujet 1. Année 5 – sujet ?

Sujet 2 ! Bravo, il y en a qui suivent encore au fond de la salle ! L'avantage de ma méthode, c'est que sur un polycopié de 400 pages, on n'en garde plus que 80 et roulez jeunesse. Bon, évidemment, ça marche à l'écrit, pas à l'oral. Et M. Radé, professeur en droit du travail, se charge de me le rappeler.

Nous sommes à la fin du mois de janvier. J'attends mon tour devant la porte où il fait passer les oraux. Je vois sortir des élèves en pleurs parce qu'ils ont révisé comme des forcenés jour et nuit pendant des mois et qu'ils ont pioché le seul sujet sur lequel ils ont fait l'impasse. J'avoue que c'est rageant. Moi, ça ne risque pas de m'arriver : je suis à poil. Alors, quand vient mon tour, je suis plutôt détendu. Et après avoir sorti mon sujet du chapeau, j'interpelle le professeur.

— Euh… Là, monsieur…

— Oui, quoi ?

— Je vous propose qu'on gagne du temps…

— C'est-à-dire ?

— Je ne suis pas allé en cours de l'année, je ne sais rien. Je vous propose qu'on se quitte bons amis ?

— Non.

— Comment ça ?

— Vous allez vous asseoir, comme tout le monde. Et vous allez travailler le sujet que vous venez de tirer, comme tout le monde. Et vous revenez dans dix minutes.

Et voilà comment je me retrouve à repiquer ma deuxième année. Pour une seule et unique matière ! Quelle poisse ! Quoique…

Plutôt que de passer encore une année à écumer les soirées et les boîtes bordelaises, je décide d'en profiter pour aller voir du pays. Sac à dos, Eurostar, direction Londres. Je ne parle pas un mot d'anglais, ce sera l'occasion de réparer cette fâcheuse lacune. Je pose mon barda à *Bowden Court*, une auberge de jeunesse à Notting Hill à 120 livres la semaine. Normalement, j'ai de quoi tenir un mois. Mais c'est sans compter l'ogre financier que représente la fête londonienne. En deux semaines, je suis à sec. Il faut que je trouve du boulot. Je choisis Piccadilly Circus, le cœur de la machine, l'estomac de l'ogre dans lequel disparaissent chaque soir des milliers de touristes. Et au milieu de ce quartier entièrement consacré à la fête, je commence mes recherches par le restaurant le plus chic, le *Criterion Restaurant*. Un établissement de style néobyzantin inauguré en 1873, dont les lustres, les tentures et les murs couverts de dorures ont vu défiler tous les grands personnages du royaume. Par chance, le manageur de cette institution est français.

— Tu parles anglais ? me demande-t-il.

— Non.

— T'as de l'expérience en restauration ?

— Non.

— …

— Mais je suis hypermotivé. J'ai pas le choix. Faut au moins que vous me preniez à l'essai.

— Bon, viens ce soir. Mais je te préviens vous serez quatre et on en garde qu'un.

— Génial. Je vous promets que vous ne serez pas déçu.

Chemise blanche, gilet et nœud papillon noirs. Mon rôle consiste à prendre les assiettes sur un plateau en cuisine pour les apporter au serveur qui les posera sur la table des clients. Je comprends très vite que je ne reverrai plus le manageur de toute la soirée. C'est pourtant lui qui va décider lequel des quatre restera dans l'aventure. Eh oui ! C'est comme au foot, il faut être STRA-TÉ-GIQUE. Qui va dire au manageur lequel des quatre il faut garder ? Les collègues bien sûr, ceux avec qui je vais travailler, les serveurs et les gars de la cuisine. J'ai quatre heures pour les séduire.

— Soyez sympas, les gars, j'ai fait la teuf comme un crevard et j'ai plus une tune en poche. Il me faut absolument ce job.

— Les chiottes, il faut les nettoyer au moins trois fois dans la soirée.

— Génial ! J'y vais ! J'ai une passion secrète pour la crotte de touristes japonais !

Les cuistots éclatent de rire, et moi je compte les points. Au bout d'une heure, je me rapproche de Fred, un petit Français malicieux qui se permet toutes les blagues, toutes les impertinences, signe qu'il a acquis une place plus confortable que les autres. Je lui détaille mes soirées en essuyant les couverts, on parle un peu de foot, il me raconte ses conquêtes britanniques. À la fin du service, le manageur convoque les quatre candidats dans son bureau. Et c'est moi qui décroche le job.

— Bon, d'abord tu me dis merci ! me lance le petit Fred avant de partir. Et les chiottes, tu vas me les faire tous les soirs pendant un mois !

— Entendu. Merci, mon copain !

Je suis payé 1 200 livres par mois. Je suis nourri au restaurant et je dépense 480 livres pour mon auberge. Il me reste donc 620 livres, environ 900 euros, pour faire la fête, rien que la fête. C'est à partir de là que je découvre un univers qui ferait passer mes anciennes soirées étudiantes pour la kermesse des enfants de chœur de Saint-Jean-de-Luz.

Reouven Zana > Wanted#bons plans
31 min

Vend 2 places pour le prochain concert de Zaz – Infos mp

717 · J'aime

- 7 -

Bienvenue à la *Fabric*, le temple de l'électro. Ce soir, le gourou s'appelle Carl Cox. À côté de moi, un type taillé comme un gymnaste russe regarde l'autel sans cligner des yeux depuis vingt bonnes minutes. Juste devant, un couple se roule des galoches hollywoodiennes, une petite blonde coiffée en brosse joue avec les lasers comme un gamin devant un jet d'eau, et tout autour, à perte de vue, des clubbeurs communient sur des nappes musicales en flux continu. *Tiens, c'est bizarre, ils ont tous une petite bouteille d'eau accrochée à la ceinture.* La prestation du maître de cérémonie est fascinante. Au cœur de cette cathédrale de briques et de tuyauterie industrielle, son mix agit sur les paroissiens comme les fils d'un marionnettiste. Les heures passent, les morceaux s'enchaînent et nous obéissons tous sans broncher : monter, descendre, sauter, courir, reprendre son souffle et recommencer. Inlassablement. De temps en temps, on le voit relever le nez de ses platines, déployant sa carrure de joueur de football américain. D'abord, le visage fermé, très sérieux, il lève une main en l'air en gardant l'autre sur les potars. La musique légèrement étouffée fait penser à un troupeau de chevaux bloqués derrière les barrières. Carlito semble vouloir sermonner le public quand, soudain, d'un geste rageur, il libère les chevaux, la musique et ses dents du bonheur, faisant littéralement exploser la salle. Qu'elles me paraissent loin les fins de soirées bordelaises rythmées au son des « Lacs du Connemara » !

En 2006, Londres est devenu l'épicentre du *clubbing* mondial. *Egg London*, *Cable*, *Ministry of Sound*, *Plastic People* ou encore *Dance Tunnel*. Si l'on pouvait additionner les décibels de toutes ces boîtes, la fête londonienne ferait trembler les murs jusqu'à Bali. Chaque week-end, je m'immerge un peu plus dans cette culture « techno house électro ». Nouvelles boîtes, nouveaux DJ. Miss Kittin, Justice, Ellen Allien, Étienne de Crécy, Laurent Garnier… Et nouvelle drogue. Un ecstasy de bonne qualité, c'est 70 % de 3,4-méthylènedioxy-méthamphétamine, communément appelé MDMA, et 30 % de produits stimulants comme la caféine, cocaïne ou autres amphétamines. Ces petites pilules aux couleurs chatoyantes, que je consomme avec la retenue d'un ado fraîchement dépucelé, rendent la symbiose musicale encore plus généreuse. On oublie la fatigue, les crampes, la faim. La soif aussi. *Ah bordel, mais qu'est-ce que j'ai soif! Je comprends mieux cette histoire de bouteille d'eau à la ceinture.* Mon rythme de vie est celui des yuppies de Wall Street dans les années 1980. Je travaille soixante heures par semaine. Je ne mets rien de côté, je dépense tout dans la fête jusqu'au dernier centime. Et du vendredi soir au lundi matin, je ne dors pas plus de cinq ou six heures. Je me goinfre de jouissance.

Au bout de huit mois, la perspective d'un retour en France me semble aussi triste que le crachin bordelais. Retrouver les bancs de la fac de droit, décortiquer des polycopiés de 500 pages pour lesquels je n'ai toujours pas le moindre intérêt. Je réfléchis à tout cela en voyant les paysages normands défiler à travers la fenêtre de mon

Eurolines à 23 euros. Le pire, c'est que je n'ai même pas réussi à apprendre l'anglais. De ce côté-là, c'est même le fiasco total. Ah, pour ce qui est de la teuf, je l'ai eu mon diplôme, et avec félicitations du jury. Mais pour l'anglais il faudra repasser.

Ma troisième année à la fac de Bordeaux-IV est tristement similaire aux deux premières. Je retrouve mon studio, mes potes de déglingue et ma voisine du dessous. Pour éviter les problèmes, j'externalise au maximum les soirées. Mais l'équilibre fac-fête ne me satisfait plus du tout. Les années se suivent et je n'ai toujours pas le moindre projet de vie. Il faut que j'arrête. Ça ne sert à rien. À moins qu'un petit séjour Erasmus relance la machine. Mais oui, voilà c'est ça. Je vais poursuivre mes études, mais dans un autre pays.

Après avoir écarté toutes les villes anglaises pour lesquelles la commission d'attribution exige un TOEFL niveau Shakespeare, je découvre Louvain-la-Neuve. Une des meilleures universités d'Europe, à une heure de train de Bruxelles, qui rassemble pas loin de 30 000 étudiants pour une ville d'environ 20 000 habitants. Vous avez bien lu : 3 habitants sur 5 sont étudiants. Un petit tour sur YouTube me donne un avant-goût de ce qui m'attend. Une ambiance digne des *spring breaks* californiens – sans le sable ni le ciel bleu –, avec des soirées dantesques, des clubs techno, des déguisements improbables et des jeux complètement idiots, la vidéo la plus populaire étant celle intitulée « Le Roi des Rois », ou comment boire 32 bières… en trois minutes.

Mon premier jour à Louvain est à l'image de ce que sera cette année de master 1. En arrivant, je reste hypnotisé quelques minutes devant ce campus à l'américaine.

De grandes bâtisses en briques, autour desquelles serpentent de petites rues pavées qui débouchent sur des places et des pelouses avec partout des étudiants qui profitent des derniers rayons de soleil de l'année. Vers 14 heures, je finis par trouver le « kot » dans lequel j'ai réservé ma chambre. Une maison en briques, comme toutes les autres, dans laquelle vivent une bonne dizaine d'étudiants. La porte est entrouverte. J'entre en demandant s'il y a quelqu'un. Pas un bruit. Je m'approche de la baie vitrée qui donne sur le jardin. Le gazon est couvert de gobelets rouges et de cadavres de bières. J'entends des pas derrière moi. Je me retourne. Une fille en culotte traverse le salon.

— Bonjour. Qu'est-ce que tu fais là ? me dit-elle.

— Je... je cherche le kot pour les étrangers...

— Ah, t'es le nouveau cokot.

— Cocotte ?

— C'est comme ça qu'on appelle les colocataires en Belgique. Co-kot.

— Ah...

— T'es au bon endroit. Mais tout le monde dort encore. On a fait une grosse soirée.

— Ah...

— Pose tes affaires dans le salon, ta chambre n'est pas encore dispo.

Le soir même, les colocs m'invitent à les suivre dans une fête du kot-à-projet, le groupe d'étudiants qui organise les plus gros événements de l'année. J'enfile un jean, un petit tee-shirt un peu stylé, mon sweat à capuche et mes plus belles baskets. En me voyant arriver dans le salon, les gars explosent de rire : « Juste un petit conseil, me dit un Espagnol, tu devrais mettre un pull et des baskets pourris. » Brésiliens, Péruviens, Anglais, Irlandais, même la petite Russe, tout le monde se fout de ma gueule. Mais comme je ne vois pas bien quel est le problème, je fais comme si je n'avais rien entendu. *Ces gens manquent cruellement de style.*

Deux heures plus tard, je comprends mon erreur. Dans les soirées de Louvain-la-Neuve, les gens portent des bottes. Pas à cause de la boue, mais parce que partout il faut enjamber des rivières de bière et de pisse. À partir d'une certaine heure, les étudiants de Louvain-la-Neuve se jettent même des pintes de bière à la gueule, comme ça, juste pour rigoler. J'en croise même qui portent un poncho de pluie pour traverser l'orage. Et au petit matin, lorsqu'il est l'heure d'aller se coucher, le fêtard dépose ses vêtements devant sa porte pour éviter de contaminer l'atmosphère de sa chambre. Résultat, tout au long du couloir, devant chaque porte, repose un petit tas de fringues imbibées de bière, d'urine ou de vomi. De toute ma vie, jamais je n'avais vu ni même entendu parler d'une telle débauche.

Un matin, mon meilleur ami m'appelle. Il a la voix des mauvais jours.

— Oh, mon Nico, comment ça va ?

— J'étais en teuf. Je me suis pris la tête avec mon « franzin ». Et j'ai pris le train sur un coup de tête, pour venir te voir.

— Ah bon, mais t'es où là ?

— Je suis à Lille. Mais c'est ridicule, je vais rentrer à Bordeaux, je suis encore déguisé, j'ai même pas de vêtements de rechange…

— Déguisé ?

— Ouais, c'était une soirée costumée. J'ai encore du maquillage partout.

— Mais non, tu vas pas faire demi-tour. Rejoins-moi. Je te prêterai des fringues.

Nico va rester à Louvain pas loin de trois mois à s'habiller comme moi, faire la fête avec moi, participer aux mêmes jeux stupides que moi. Est-ce que quelqu'un connaît le jeu du chapeau ? Deux règles : interdiction de faire tomber son couvre-chef et interdiction de se lever, même pour aller pisser. La partie commence à 14 heures, tu as une heure pour boire ta première pinte. Quarante-cinq minutes pour la deuxième. Une demi-heure pour la troisième... Le temps imparti pour chaque verre diminue jusqu'à ce qu'il ne reste plus qu'un participant à table, les autres étant éliminés parce qu'ils font tomber leur chapeau, ou bien parce qu'ils se lèvent/tombent de leur chaise. Ce jeu est pris très au sérieux par certains étudiants qui prévoient même des bouteilles en plastique pour se soulager pendant l'épreuve. Je ne suis pas du genre à abandonner le premier. Mais il y a toujours un moment où, trop saoul, j'oublie la seconde règle. Au bout de six heures, je me lève fièrement pour aller chercher une bière dans le frigo. Et là vous vous dites : ce type n'a rien pour lui.

Pourtant, sans crier gare, un jour, ça vous tombe sur le coin du nez. Elle s'appelle Emmanuelle, sa mère est originaire du Congo, son père est belge, et elle me rend complètement fou. Si la quantité d'amour qu'éprouve un homme se mesure à la distance qui le rapproche du labrador, disons que je ne suis pas loin de rapporter la baballe. C'est la première fois de ma vie que je ressens cela. Elle me fait découvrir les restaurants de Matonge, le quartier africain de Bruxelles, ses goûts, son univers. Secrètement, je nous promets déjà la petite maison avec jardin, quelques marmots et un petit chien, sans oublier le Renault Espace pour les week-ends au Cap-Ferret.

Mais la fin de l'année arrive déjà. Je n'ai pas mis les pieds en cours et pourtant je décroche mon diplôme. Comment ? Aucune idée, je n'en ai aucun souvenir. J'ai l'impression d'avoir le cerveau en hibernation depuis un an. Pour la plupart des élèves, le but consiste à rejoindre les tout meilleurs masters 2 en France. Moi, je rêve de rester à Louvain avec mon amour pour continuer à faire la fête. En fac de droit ? Oui, pourquoi pas. Au point où j'en suis. Je pourrais faire de la biochimie, ça me ferait exactement le même effet. Je suis en pleine crise d'adolescence et l'horizon du mois prochain m'est totalement indifférent.

— Aucun souci, vous pouvez rester à Louvain, m'explique-t-on gentiment au secrétariat de l'université. Mais vous n'êtes plus Erasmus. Vous devenez un étudiant belge comme les autres. Et à ce titre vous devez valider toutes les matières fondamentales sur quatre ans. Ce qui fait 12 matières à passer en plus de votre master 2.

Cela équivaut à faire deux années en une. Comment envisager un tel engagement intellectuel alors que je suis à peine capable de me remémorer l'intitulé des matières que j'étais censé étudier depuis un an. Je suis fou amoureux, j'en pleure à chaudes larmes comme un collégien à la fin de l'été, mais il faut bien que je me rende à l'évidence : je dois rentrer en France. Cette décision va me hanter pendant des années. *Et si j'avais sacrifié la plus belle histoire d'amour de ma vie.*

Le problème, c'est que le petit Kiki, bloqué dans son ascenseur émotionnel, il a complètement raté la saison des dossiers. Et de retour à Bordeaux, comme une fleur, il s'étonne de ne pas retrouver sa place au chaud sur les bancs de la fac.

— Les candidatures pour le master 2 sont closes, monsieur Delachet. Il fallait déposer votre dossier il y a quatre mois.

Je me retrouve à poil, loin de ma copine, sans la moindre perspective d'avenir. C'est ma demi-sœur qui me tire de ce mauvais pas. Grâce à l'entregent d'un ami enseignant-chercheur à l'université d'Aix-Marseille, elle me dégote une place dans un master de droit international et droit européen. Je suis le seul garçon, le seul à être tombé là par hasard. Toutes mes camarades de classe se passionnent pour le droit européen et se sont battues pour obtenir une place dans ce master. Ce n'est pas mon cas, mais je serais bien mal inspiré de me plaindre. Surtout que cela me donne une occasion de me rapprocher de mon père. Cette année à Marseille est une drôle de période, un moment en suspension durant lequel je travaille un peu plus – chaque cours étant obligatoire pour l'obtention du diplôme –, et je sors un peu moins.

Je dois conclure mon parcours universitaire par un stage. Je trouve une place de convenance chez Me Sitri, l'avocat de mon père, spécialisé en droit fiscal. On ne peut pas dire que je fasse des étincelles, mais l'ambiance n'est pas mauvaise. Je termine par un mémoire de stage à moitié plagié sur Internet. Et je rentre à Bordeaux.

Qu'est-ce que fait un étudiant en droit lorsqu'il a fini son parcours universitaire et qu'il ne sait toujours pas quoi faire de sa vie ? Il s'inscrit à l'IEJ, l'Institut d'études judiciaires, grâce auquel on prépare l'examen du CRFPA, le barreau comme on dit. Un concours derrière lequel il lui restera encore deux ans de stage, avant d'obtenir enfin le titre d'avocat. Mais cela implique de se mettre au boulot, sérieusement. Ce qui, avouons-le, ne fait pas du tout partie de mes projets à court ou moyen terme.

À peine rentré, je prends un appartement en colocation avec Nico. Et notre rythme de vie repart sur les mêmes bases qu'à Louvain. Lever 13 heures, clope, Dragibus, « Secret Story », puis « Les Anges de la téléréalité ». Au bout de quelques heures d'abrutissement télévisuel, on enchaîne avec la PlayStation ou bien les matchs de foot des différents championnats européens, tout en avalant un plat de pâtes noyées de ketchup et de fromage. Vers 19 h 30, on décapsule nos premières bières avec un Big Mac ou un deuxième plat de pâtes. Inutile de décrire la suite, à force on la connaît. Les voisins viennent se plaindre tous les quatre matins parce que l'on empêche les gens de dormir.

Tous les dimanches, je dîne avec ma mère et ma grand-mère, à qui j'explique sans rougir que je travaille dur pour décrocher le concours. On pourrait difficilement faire plus gros comme mensonge. Un soir de débauche – ou bien un matin, je ne sais plus vraiment –, je fais mon premier tatouage sur le bras gauche avec une copine qui ambitionne d'en faire son métier. Si je me souviens de ses explications, le motif représente une forme géométrique impossible. Un truc bleu qui pour moi ne signifie rien d'autre que le début d'une passion. Je vais bientôt en avoir un peu partout, mais exclusivement côté gauche. Plus le temps passe, et plus je ressens le besoin de salir la moitié de mon corps. Le tatouage devient une sorte de sceau sacré grâce auquel je garde le contrôle sur la partie la plus sombre de moi-même. Je n'irai pas plus loin dans l'interprétation parce que je suis encore loin d'avoir totalement cerné cet aspect de ma personnalité. Et, d'ailleurs, je dissimule ces peintures corporelles à mes parents, en portant systématiquement des manches longues. Pourquoi ? Toujours cette angoisse de décevoir ma mère.

Un dimanche matin, je me retrouve en *after* avec un pote. À midi, le patron baisse le rideau et nous propose de la coke. Un gramme chacun, on paie en carte bleue. *Ah, je ne savais pas qu'on pouvait faire ça !* On n'a pas dormi depuis quarante-huit heures. Soudain, je prends conscience que l'on est dimanche. J'ai rendez-vous avec ma mère. Problème, je n'ai plus de voiture. Il faut dire que j'en ai envoyé 3 à la casse, dont une parce que ce qu'il se passait sous mon volant était plus intéressant que la route. Mon camarade de comptoir accepte de me ramener chez moi. Je retrouve ma mère qui m'attend déjà depuis une bonne demi-heure. Alors que je monte dans sa voiture, elle réprime un léger haut-le-cœur puis elle baisse les vitres.

— Mais c'est quoi cette odeur ? Tu sens l'alcool !

— Oh, j'ai bu quelques verres avec les copains !

Dans la cuisine, je ne remarque même pas le regard suspicieux de ma mère. J'ai encore de la drogue plein les veines, les pupilles dilatées comme des turbines. Soudain, en voyant ma grand-mère découper le poulet, je suis pris d'une bouffée d'amour irrépressible.

— Putain, je t'aime, Mamie !!! lui dis-je en la serrant dans mes bras.

Ce genre de comportement est typique de la MDMA. La « molécule de l'amour », comme on l'appelle. En fait, si vous voulez mon avis, c'est même la molécule du

« premier » amour. Cette drogue permet de retrouver les sensations du premier baiser, du premier fou rire, de la première boum, de la première clope, des premières libertés… Sous MD on retrouve soudain la même intensité qu'à l'époque des premières fois. On redevient puceau, on redevient naïf. On redevient adolescent. Voilà, la D, c'est la drogue de ceux qui veulent faire durer l'adolescence. Et dans le cas présent, avec ma mère et ma grand-mère réunies autour d'un poulet rôti, c'est pathétique. Je commence à redescendre lorsque Maman me ramène chez moi. Dans ses yeux, je décèle enfin la tristesse et l'inquiétude. Et j'ai envie de me foutre des baffes !

— Ne t'inquiète pas, Maman. Je vais l'avoir ce concours. Fais-moi confiance.

C'est tout ce que je trouve à dire. Je sais bien que c'est compliqué pour elle. J'ai atteint un niveau d'études dont elle n'aurait jamais pu rêver. Et je ne demande pas un centime pour vivre. Depuis quelques années, je suis arbitre de football, ce qui me rapporte entre 100 et 200 euros par match. Avec trois ou quatre matchs par mois, je paie largement mon loyer. Je fais les vendanges l'été, je travaille comme bagagiste à l'aéroport de Bordeaux. Je fais même des missions d'intérim durant lesquelles je nettoie les sanitaires des employés municipaux.

J'émerge difficilement vingt-quatre heures plus tard, avec une sale amertume dans la bouche. J'étais à deux doigts d'oublier le dîner du dimanche avec ma mère. Pour la première fois de ma vie, j'ai l'impression de la décevoir et je m'en veux terriblement. L'échéance du concours approche, ce serait une bonne façon de me rattraper. Dès le lendemain, je trouve des âmes charitables pour me prêter tous les cours auxquels je n'ai pas assisté.

C'est incommensurable. Des piles de polycopiés et de bouquins à ingurgiter en deux mois. Impossible d'organiser mes impasses comme au bon vieux temps de la fac, il faut tout savoir !

Une seule solution : la prépa d'été. Problème, ça coûte 2000 euros. Je décide de me la payer avec mes économies, et je propose à mon père de me la rembourser si je décroche le concours. La probabilité est très faible, alors autant se mettre un maximum de carottes sous le nez. Cette fois-ci, je vais devoir me faire mal. Un mois à Paris, avec des cours du lundi au vendredi de 8 heures à 20 heures et des exams blancs le samedi et le dimanche. Au stade avancé de dilettantisme où je me trouve, c'est l'équivalent d'une mission commando. « Si toi tu l'as, ce concours n'a plus aucune crédibilité », me lance une copine de classe. Pas très sympa, mais comment ne pas lui donner raison ? Pourtant, je me prends au jeu. Et au fil des semaines, mon niveau se rapproche des notes nécessaires pour espérer être reçu.

Duc Quy Nguyen > Wanted Community Paris •••
1 h • Charenton-le-Pont

🚨 SPOILERS ALERT 🚨
Thibault Blanc de Terminale S1,
Tu as eu 11 à ton Bac Blanc de Math.
Bon week-end à toi ! 🙌

- 8 -

Le week-end qui précède l'examen est à l'image de ce que je fais depuis des années maintenant. Je me couche le dimanche à 16 heures après avoir couru tous les clubs de Bordeaux pendant quarante-huit heures. Et le lundi matin, alors que je fais la queue pour pénétrer dans l'amphithéâtre où va se dérouler la première épreuve, j'observe les 400 étudiants autour de moi en songeant aux 15 % de réussite. *Je ne suis vraiment, mais vraiment pas du bon côté des probabilités.*

— La jurisprudence de 95 sur Greenpeace, tu vois, ça me fait penser à...

— Attends, je t'arrête. Je ne sais pas du tout de quoi tu me parles !

Le type avec lequel je discute est un pote. On a fait la prépa ensemble à Paris. Mais manifestement, il a dans la tête un bagage que j'ai oublié à la gare ! Pourtant, contre toute attente, je traverse les épreuves écrites sans trop souffrir. Et je me retrouve avec 10,06 de moyenne. Je suis admissible aux oraux. Franchement, c'était inespéré. Bon, l'embêtant c'est que je n'ai pas les cours pour les oraux. Je retourne donc à la pêche aux bonnes âmes pour récupérer les polycopiés. Trois petites matières et le grand oral. Allez, c'est jouable !

Tous les copains passent leur semaine à bosser l'épreuve reine. Le problème, c'est que personne ne sait exactement de quoi il s'agit. Il existe même une légende urbaine selon laquelle les sujets de ce grand oral n'auraient absolument rien à voir avec nos études de droit. Je décide de faire l'impasse pour me concentrer exclusivement sur les petites matières. Et mon calcul fonctionne. J'arrive sur la dernière épreuve avec une moyenne suffisante pour passer même en tombant à 6/20. Attention, un 6/20 au grand oral, ça n'a rien d'inédit. Ça arrive même très souvent. Mais je suis serein. Si je suis arrivé jusque-là, c'est que je peux faire le hold-up.

Les résultats tombent une semaine après. Les quatre élèves de la prépa parisienne, nous décidons de déjeuner ensemble une dernière fois avant le verdict. Chacun fait son pronostic. En ce qui me concerne, c'est plié. Je n'ai pas démérité mais il faut rester lucide, mes vingt minutes de bla-bla en droit médical étaient vraiment médiocres. Je suis allé au bout, ce n'est déjà pas si mal, je reviendrai l'année prochaine. Les autres autour ont l'air plus confiants que moi.

Devant le panneau d'affichage, c'est la cohue. Frédéric revient dépité, il ne l'a pas eu. Les deux filles s'approchent à leur tour. Je reste en retrait avec Frédéric. Quelques instants plus tard, elles reviennent. L'une d'elles est en larmes.

— Bah, de toute façon, si toi tu ne l'as pas eu, je peux pas l'avoir, lui dis-je la tête basse.

— Ta gueule ! Va voir le panneau ! me lance-t-elle.

Oh merde ! Je l'ai eu ! Ce n'est pas croyable ! C'est le braquage du siècle ! J'appelle ma mère, qui me hurle dans l'oreille. Je crois que jamais je ne l'avais entendue aussi heureuse de toute ma vie. J'ai si souvent rêvé de lui donner, ne serait-ce qu'une fois, l'occasion de briller en société en parlant de son fils. Si je me rattrape toujours aux branches en dépit de mes excès, c'est pour elle. Pour elle seule. Ses cris de joie me procurent un profond sentiment de fierté mêlé de revanche sociale. Quelques minutes plus tard, j'appelle mon père. Là pour l'euphorie, il faudra repasser.

— C'est bon, Papa, je l'ai eu.

— Ah, c'est bien. Et c'est quand la fin des exams ?

— Non, mais ça y est, c'est fini. Je rentre à l'école d'avocats.

— Ah ouais ? Et c'est quoi le taux de réussite ?

— 15 %.

— Et t'es dans les 15 % ?

— Mais puisque je te le dis !

Dans ma tête, cette réussite inattendue au concours prend aussitôt la forme d'un tampon qui viendrait valider tous mes excès, mes outrances, mon mode de vie en opposition totale avec ce que l'on attend de moi. *Je les ai tous baisés, putain !* Pour fêter ça, je me rase le menton pour ne garder qu'une épaisse barbe qui dessine une sorte de rebond au-dessus de la bouche. Et je joue les cow-boys arrogants comme si je venais de braquer la Banque de France. Depuis sept ans, ma vie est aussi vide qu'un épisode de « Secret Story », et pourtant la société m'annonce que j'ai une valeur. Pour être bien sûr que l'on ne me la reprendra pas, je me fais tatouer la balance de la justice sur les côtes, juste sous le bras gauche. Parce que moi, oui moi, le fils de la marchande, le petit-fils de maraîchers, je vais devenir avocat ! A-VO-CAT !

Évidemment, je reprends ma vie de débauche là où je l'avais laissée. Mais avec un nouveau statut : « Appelez-moi maître ! » Au cours d'un été tonitruant, je repousse encore les limites de la malséance. Un été qui s'achève d'ailleurs par une expulsion, après un énième scandale dans l'immeuble. Au passage, j'évite de justesse un second procès. Pour un futur avocat, c'est quand même ballot. Mais je ne touche plus terre, j'ai l'impression d'être invulnérable. Et de nouveau, je deviens ingérable.

L'habit ne fait pas le moine, mais il fait un peu l'avocat, non?

Durant cette période, je frôle quand même la sortie de route. Un soir, après une bonne virée en boîte, et alors que je titube comme un culbuto pour rentrer chez moi, un type m'accoste avec un grand sourire. Apparemment on se connaît mais comme je n'y vois pas à trois mètres, j'ai du mal à le remettre.

— Allez, viens, on va se boire une petite vodka ! me lance-t-il.

— T'es un pote de Selim, c'est ça ?

— Mais ouais, tu te souviens pas ? On a trop rigolé la dernière fois !

Le type s'engouffre dans une épicerie et en ressort quelques minutes plus tard avec une bouteille de Poliakov et deux gobelets. On se pose sur un banc, on boit un verre. Et je me réveille le lendemain à 15 heures allongé à même le sol au fond d'une cave. *Ah ben merde alors !*

Premier réflexe, je tapote mes poches de jean. Ouf ! J'ai mon portable, mes clés, mon portefeuille. En revanche, j'ai perdu mes pompes. Je pousse la porte de la cave et je parviens à retrouver la sortie. Pieds nus au milieu de la rue, la tête toute chiffonnée, je suis pris d'un fou rire. *C'est pas possible ! Comment j'en suis arrivé là ?* J'appelle mon copain Yvan pour lui raconter cette drôle de nuit, enfin ce qu'il m'en reste, et je rentre me coucher. Mais dans la soirée mon colocataire me réveille en panique.

— Oh, Kiki, ça va ?

— Bah ouais. Pourquoi tu me réveilles ?

— Il y a des gars qui m'ont appelé avec ton téléphone…

— T'es sérieux ?

— Mais oui, je suis sérieux ! Il ne t'est rien arrivé ? T'as toutes tes affaires ?

— Bah, j'ai juste perdu mes godasses ! Mais franchement je ne me souviens de rien…

— Regarde si t'as encore ta carte bleue.

En cherchant désespérément ma CB dans tous les recoins de mon portefeuille, quelques bribes de souvenirs remontent à la surface. Je me revois en train de faire des retraits au distributeur place de la Victoire, entouré de plusieurs lascars. Ouh là, ça pue l'embrouille, cette histoire.

Au commissariat, mes tentatives d'explication sont assez vaseuses. Et l'agent de police chargé d'enregistrer ma plainte me le fait bien comprendre.

— Si c'est vous qui avez retiré l'argent, je vais avoir du mal à rédiger un PV crédible.

— Ouais, mais ils m'ont drogué.

— Ça, c'est facile à dire.

— Écoutez. Tel que vous me voyez, je consomme tout ce qu'il est possible de consommer pour faire la fête à Bordeaux. Alors croyez-moi, ça, je n'en avais jamais pris de ma vie !

Au CRFPA, je fais comme j'ai toujours fait : par-dessous la jambe. Jean, baskets, les cheveux longs et la barbe broussailleuse, alors que tous les autres sont en costume, je ne mets pas les pieds sur la table mais c'est tout comme. Évidemment, l'échéance des stages ne surprend que moi. Une fois de plus, je n'ai rien prévu, et je ne dois mon salut qu'à une conversation de fin de soirée avec Yvan.

— Tu sais qu'un des meilleurs amis de mon père est à un poste très important dans un gros cabinet américain à Paris ?

— Ah ouais…

— Bah ouais, si tu veux je peux lui demander.

— Carrément, mec, je suis trop dans la merde, appelle ton daron !

— Oui alors je ne te promets rien. C'est un mec important, hein. Et il n'a pas vraiment le temps de s'occuper des stagiaires. Mais si ça marche, c'est sa secrétaire qui t'appellera.

Quelques jours plus tard, je reçois un coup de téléphone. La voix au bout du fil est efficace, sans fausse note.

— Monsieur Delachet, bonjour. Stéphanie Renoux chez Ernst & Young. Apparemment, vous devez réaliser votre stage chez nous. Dans quel département voudriez-vous travailler ?

— Euh… Bah, je sais pas… Il y a quoi ?

— Droit social, Contrats et concurrence, Fiscalité des sociétés, Droit de l'immobilier, Droit des affaires, Fusions-acquisitions…

— Fusions-acquisitions, ce serait parfait !

— Alors normalement il n'y a plus de places dans ce département mais je vais voir ce qu'on peut faire et je vous rappelle.

Fusions-acquisitions. Ça rime avec pognon. Je ne sais pas vraiment de quoi il retourne mais ça sent le magot. Normalement, chez Ernst & Young, les candidats passent par plusieurs filtres avant d'accéder à un stage. Un premier rendez-vous avec les Ressources humaines pour valider le CV et faire un test d'anglais. Un deuxième avec l'équipe pour évaluer les compétences techniques. Et enfin une dernière entrevue avec les associés, simple formalité expédiée généralement en dix minutes montre en main. Seulement, le piston auquel j'ai eu accès me fait passer directement à la dernière case, le « rendez-vous associés ».

— Évidemment vous parlez anglais ? me demande-t-on.

— Évidemment !

Le regard bien droit, je m'accroche à mon siège. Une goutte de sueur me coule le long de la tempe. Et ça passe. Fusions-acquisitions, c'est le département le plus prestigieux, celui pour lequel se battent les meilleurs étudiants sortis des meilleurs masters de l'université d'Assas, tous alléchés par un seul parfum : 2400 euros « d'indemnités de stage » ! Lorsque je vais débarquer de ma province dans cette *dream team* en costard, ça va leur faire tout drôle.

Je trouve un appartement meublé au rez-de-chaussée d'un vieil immeuble de Pigalle. Petit bémol : les lieux étaient occupés auparavant par un nain. Du coup, tous les meubles ont les pieds coupés. J'ai un matelas par terre, une fenêtre sur cour, quelques cafards et un couple de souris. On est loin du penthouse new-yorkais mais restons confiants. Si on résume ma situation : j'ai décroché un stage par piston chez Ernst & Young, dans un service pour lequel je n'ai aucune compétence, *and by the way* je ne parle pas un mot d'anglais. Restons CONFIANTS.

C'est le grand jour. J'enfile mon costume Zara à 100 euros, mes souliers H & M et ma cravate que je noue avec la dextérité d'un premier communiant. Je m'apprête à sortir de ma grotte. Mais en ouvrant la porte de l'immeuble, un type en sang s'effondre sur moi. Le pauvre gars se tient les côtes, ses yeux roulent dans leurs orbites. Manifestement, il vient de se faire poignarder. Deux personnes s'occupent déjà de lui. Un troisième a appelé les pompiers. Je reste interdit quelques secondes avant de reprendre mes esprits. Il faut que je parte. Je ne peux pas me permettre d'arriver en retard pour mon premier jour de stage. Impossible de raconter cette histoire de mec poignardé sur le pas de ma porte. Personne n'y croirait ! J'enjambe prudemment le monsieur et je dévale ma rue jusqu'à la station de métro. Avec le recul, je me demande encore ce qui me poussait à courir vers l'esplanade de la Défense au lieu d'aider ce type. La peur de perdre mon job ? Probablement.

Je n'ai pas l'habitude du métro. Je le prends dans le mauvais sens. Je me retrouve à Stalingrad. Je repars. En sueur. J'arrive à la Défense avec une bonne demi-heure de retard. Je cours vers la tour Ernst & Young où j'avais passé mon entretien avec les associés. Je me présente à l'accueil, essoufflé comme un cheval asthmatique.

— Bonjour. Je suis Christian Delachet. Je suis en stage chez vous.

— Alors premièrement, Ernst & Young ils ont déménagé. Maintenant, ils sont à la tour First. Et par ailleurs, juste un petit conseil : mieux vaut éviter de vous présenter en disant que vous êtes stagiaire. Parce que les stagiaires, personne ne les connaît. Il vaudrait mieux que vous donniez le nom d'un responsable.

Je suis en chute libre et le parachute est resté dans l'avion. La tour First est à l'opposé de là où je me trouve, de l'autre côté de l'esplanade de la Défense. Je me présente finalement avec deux heures de retard au bon endroit. J'ai des ampoules plein les pieds et la désagréable impression de sortir d'un hammam. La responsable de l'accueil des nouveaux stagiaires n'en revient pas.

— On nous l'avait jamais faite, celle-là !

— Je suis désolé. Je suis allé dans l'autre tour, là où j'avais eu mon rendez-vous.

— Mais on vous a envoyé un e-mail pour vous prévenir qu'on déménageait.

— …

— Du coup vous avez raté le parcours découverte pour les nouveaux stagiaires, reprend-elle. Vous pouvez donc aller directement au cocktail de bienvenue.

Je ne sais plus où me mettre. Je trouve un stage dans l'un des plus gros cabinets de Paris et je ne suis même pas foutu de lire un e-mail. C'est lamentable.

- Antoine, Margaux et Joaquim -

Dimanche 22 juillet 2018. Bordeaux vit déjà au rythme des vacances. La transhumance vers le bassin d'Arcachon a commencé. Les étudiants sont partis vers le sud, les touristes explorent les vignobles du Médoc, et pour ceux qui travaillent encore, le jour du Seigneur se célèbre généralement à la plage, un bob sur la tête, une glace à la main. En fin de journée, je découvre sur mon fil d'actualité une publication déjà abondamment commentée par la communauté.

Antoine Tellechea > Wanted Community Bordeaux •••
22 juillet 2018

⚠️ [URGENT - SOLIDARITÉ]
Vous travaillez depuis vos 15 ans et un jour votre patron ne vous paie plus, la rue vous tend malheureusement ses bras.
Ceci est l'histoire de Joaquim, mari, père, homme de 48 ans, qui trouve aujourd'hui son lit dans les rues de Bordeaux. Après avoir travaillé toute sa vie au Portugal en tant que cuisinier, Joaquim et sa famille tentent leur chance en France, seulement, Joaquim n'est plus payé durant 4 mois : il aide sa famille à rentrer au Portugal pour lui assurer un toit, mais lui continue de chercher du travail en France pour un avenir meilleur. Malgré sa bonne volonté, il n'a trouvé qu'un petit travail en échange de tickets restaurant.

Joaquim est à la recherche d'un travail, en tant que cuisinier ou plongeur à BORDEAUX :

- Expérience : 33 ans de cuisine.
- Il pratique la cuisine portugaise depuis ses 15 ans.
- Plusieurs expériences en France
- Il choisit de vivre et d'assurer un avenir à sa famille, comme chacun de nous tous.

Joaquim n'attend qu'une seule offre de travail qui changerai sa vie, alors partagez ce post, contactez-moi par message privé si vous avez la moindre piste ou opportunité.
Rangeons les a prioris et aidons-nous tous ensemble.
UN PARTAGE PEUT CHANGER UNE VIE !
Merci à vous tous.

Depuis 2016, ce type de publications est de plus en plus fréquent sur Wanted Community. Et nous les encourageons ardemment car nous sommes convaincus que la solidarité envers les plus démunis peut, dans un avenir proche, devenir un acte ordinaire et accessible à tous. Pour que les choses se déroulent au mieux, nous entrons toujours en contact avec l'auteur. Nous prenons de ses nouvelles, nous surveillons le flux de commentaires pour éviter les éventuels débordements, et si cela est nécessaire nous l'aidons à faire le tri entre toutes les propositions qu'il reçoit.

Au moment où je le découvre, ce post a déjà généré des centaines de réactions. Certains wantediens demandent des précisions, d'autres font suivre des offres d'emploi qu'ils ont repérées à droite à gauche, et puis il y a tous ceux qui veulent donner de la nourriture ou des vêtements. Pourtant, Antoine et Margaux, le jeune couple à l'origine de cette publication, ne semblent pas submergés par la vague de soutien qu'ils ont déclenchée. Ils répondent aux nombreuses sollicitations avec beaucoup de courtoisie. Et une très belle mobilisation se met en place.

Trois jours plus tard, Joaquim fait un essai concluant au *Bistro Régent* et signe dans la foulée son premier CDI. Première victoire. Reste à lui trouver un logement. Pas facile lorsque l'on est seul, sans la moindre garantie et que l'on n'a pas les ressources pour payer une caution. Mais Joaquim peut compter sur son jeune ange gardien. Au cœur de l'été, l'initiative d'Antoine et Margaux a généré une médiatisation inédite. Et le jeune homme donne des interviews à tour de bras. *Sud Ouest*, *Le Huffington Post*, TF1, M6, il répond même à des journalistes portugais, allemands et belges, en insistant à chaque fois sur la situation de son ami portugais, « toujours à la recherche d'un logement ». Joaquim trouve finalement un toit à la fin de l'été, grâce à son employeur. Et la communauté Wanted célèbre la nouvelle par une avalanche de smileys cœur et autres gifs arc-en-ciel.

Chaque fois qu'une histoire de ce type est publiée sur Wanted, je me pose les mêmes questions. Qui sont ces personnes qui décident un jour de s'arrêter en pleine rue pour discuter avec un sans-abri, lui proposer de prendre une photo et rédiger une annonce sur un groupe Facebook ? Ont-elles déjà accompli un acte de solidarité par le passé ? Ont-elles été touchées dans leur parcours personnel par une situation de précarité qui a fait naître en elles une empathie particulière ? Ou, au contraire, s'agit-il d'un acte de générosité totalement imprévisible commis par des gens habituellement indifférents au sort des plus démunis ?

Début octobre, nous invitons Antoine et Margaux pour les remercier autour d'un verre. J'en profite évidemment pour assouvir ma curiosité. Antoine a 21 ans, il fait un MBA en gestion de patrimoine à l'École supérieure de gestion de Bordeaux. Sa mère est assistante administrative dans un restaurant, son père était peintre en bâtiment. Margaux, elle, est en master 1 de *business development* à l'IAE de Bordeaux. Son père est conducteur d'engins et sa mère auxiliaire de vie. Ils se sont rencontrés au lycée Grand Air à Arcachon.

— Nous étions dans la même classe, sourit Antoine !

— Si je comprends bien, vous avez grandi assez loin de la misère tous les deux.

— Les situations de précarité extrême, comme tout le monde nous en avions entendu parler dans les médias, mais nous n'y étions pas vraiment confrontés. En tout cas pas comme une personne qui prend le métro tous les jours, par exemple.

— Et comment avez-vous rencontré Joaquim ?

— Eh bien, un jour, on se baladait rue Sainte-Catherine. Et il était là, assis par terre, devant la boulangerie Paul, à l'angle de la rue Margaux.

— Mais pourquoi êtes-vous allés vers lui ?

— Il avait rédigé une pancarte pour trouver du travail. Il ne faisait pas la manche, il cherchait un job. J'ai du mal à l'expliquer mais ça nous paraissait insupportable.

— Ça vous était déjà arrivé de vous arrêter comme ça, pour discuter avec un sans-abri ?

— Non, jamais. C'était la première fois.

— Et alors comment s'est passé le premier contact ?

— C'est tout bête. « Bonjour, comment tu t'appelles ? — Joaquim. — Enchantés ! Nous, c'est Antoine et Margaux. » Et puis voilà c'était parti. Il nous a raconté tout son parcours.

Antoine et Margaux dégagent à la fois beaucoup d'assurance et une sensibilité, une écoute tout à fait étonnante pour leur âge. Je comprends que Joaquim se soit senti en confiance avec eux.

— Quand il est arrivé en France avec femme et enfants, tout allait bien. Il travaillait dans un restaurant en Corse, il avait un logement, une voiture. Une vie normale, quoi. Sauf qu'il n'était pas déclaré. Et un jour, le patron du restaurant a cessé de le payer. Au bout de quatre mois sans salaire, il avait épuisé toutes ses économies. Il a donc préféré renvoyer sa femme et ses deux petits au Portugal, le temps de retrouver quelque chose.

— C'était combien de temps avant votre rencontre ?

— Il y a environ un an. Il est d'abord monté à Paris en espérant trouver quelque chose. Puis il est descendu à Bordeaux. Comme il n'avait plus rien, il a fini par vendre sa voiture. Et il s'est retrouvé dehors. Lorsque nous l'avons rencontré, il dormait à la gare Saint-Jean depuis quatre mois déjà. La journée, il se posait rue Sainte-Catherine pour trouver du travail. Et il lui arrivait de faire un extra par-ci par-là, en échange de tickets-restaurants.

— Et dans quel état était-il lorsqu'il vous racontait tout ça ?

— Motivé. Ambitieux. Il voulait s'en sortir. Vraiment. Une leçon de courage.

— C'est lui qui vous a demandé de l'aide ?

— Non pas du tout. Nous nous sommes dit au revoir,

bon courage. Normal. Mais en rentrant à la maison, on était révoltés. On ne pouvait pas le laisser comme ça. Et c'est là qu'on a eu l'idée de prendre une photo de lui et de poster un message sur Wanted. On est retournés le voir, et l'idée lui a plu. Ensuite c'est allé très vite. En moins de quarante-huit heures, on s'est retrouvés avec une soixantaine d'offres d'emploi. Et la suite, tu la connais.

— Tiens justement, quand on parle du loup !

Joaquim vient d'entrer dans le café. Il a le même sourire que sur la photo. Soudain, ses yeux s'illuminent : il vient d'apercevoir ses deux samaritains. Leurs accolades ne laissent aucun doute : ces trois-là sont devenus amis.

— On boit un verre ensemble de temps en temps, mais il travaille beaucoup, m'explique Antoine. Il fait des heures supplémentaires.

— Ah, mais il faut gagner de l'argent, s'esclaffe Joaquim.

— Ce qui m'a fait plaisir, reprend Margaux, c'est qu'avec cet argent t'as pu acheter des cadeaux pour tes enfants au Portugal.

— Oui, je leur ai envoyé *oun trouttinette* !

Ah, l'irrésistible accent portugais ! Avant de se quitter, je ne résiste pas à l'envie de poser une dernière question.

— Est-ce que cette histoire a changé quelque chose dans vos vies ?

— Ah oui ! s'écrie Joaquim. Je dis merci à Antoine et Margaux. Aujourd'hui je suis très heureux. Ma femme et mes enfants sont toujours au Portugal. Mais on va se revoir bientôt !

— Et vous deux ?

— C'est vrai qu'on n'est plus tout à fait les mêmes

aujourd'hui. Cette rencontre nous a vraiment transformés, sourit Margaux. Lorsqu'on voit des gens dans la rue, on a aussitôt envie de les aider. Même si évidemment, on ne peut pas le faire à chaque fois.

— Attention, reprend Antoine, nous ne sommes pas des héros. Ce que nous avons fait n'a rien d'héroïque puisque tout le monde peut le faire.

Nos retrouvailles s'achèvent sur cette note pleine d'optimisme. Je les regarde partir alors que les derniers mots d'Antoine résonnent encore dans ma tête : « Tout le monde peut le faire. » Oui, Antoine, tu as raison. Tout le monde peut le faire.

Yani Oukid

Hier, à 00:03

#help#photoshop#trucage

Hello les amis, y aurait-il dans le coin une personne assez douée en photoshop pour me faire disparaitre cette jolie Tour Eiffel svp ? Merci à vous 🙂

89 · J'aime

- 9 -

231 mètres de haut, 52 étages, 6 ascenseurs, des portes-tambours qui pourraient avaler un autobus, un hall plus grand qu'un terrain de football et partout, du sol au plafond, du marbre à perte de vue. La tour First est aux salariés de la Défense ce que la *Fabric* est aux amateurs de techno : un temple ! Je suis Stéphanie dans l'ascenseur jusqu'au 32e étage. Encore quelques minutes durant lesquelles je reste figé comme une statue de cire pour éviter de propager mes odeurs de sprinteur, et les portes s'ouvrent enfin. La vue devant nous est à couper le souffle : tout Paris à nos pieds.

— Ça y est, on a retrouvé notre stagiaire perdu, lance Stéphanie alors que je regarde le bout bien esquinté de mes chaussures à 30 balles.

Face à moi, Lionel Nentille, avocat associé spécialisé en fiscalité des transactions. Bien bâti, costume et cravate noirs, le nez bien droit et l'œil aussi avenant qu'une lame de rasoir. Le boss, quoi. Autour de lui, une dizaine de stagiaires rasés de près, nœud de cravate impeccable, souliers lustrés. Je sens tous les regards converger vers ma tronche de pignouf. Je déglutis en tentant de trouver, en vain, une formule de politesse qui pourrait me servir à la fois pour dire bonjour et présenter mes excuses. Mais l'assemblée se tourne déjà vers le buffet pour attraper un petit four et je choisis de garder le silence. Dans l'histoire des pires introductions en milieu professionnel, je ne dois vraiment pas être loin du podium. Je finis tout de même par me rapprocher d'un homologue, et j'engage la conversation en tentant de caser habilement ma réussite dès le premier essai au concours d'avocat.

— Ah bon, mais pourtant tu as un an de plus que nous ! s'étonne-t-il.

— Je ne sais pas. Après le master, je suis entré à l'IEJ et j'ai passé le concours.

— Ah, c'est pour ça. C'est parce que t'as fait l'IEJ.

Aucun des types avec qui je vais travailler pendant les six prochains mois n'est passé par l'IEJ. Ils ont tous eu le barreau dès la sortie du master. Moi qui vis depuis un an et demi avec la certitude de faire partie des étudiants plus intelligents que la moyenne, j'ai soudain l'impression d'être le cancre du groupe. Et, malheureusement, ça ne va pas aller en s'arrangeant. Ces types-là sont brillants et ils n'ont qu'une idée en tête : être embauchés en CDI. En ce qui me concerne, survivre jusqu'à la fin du stage me suffira.

Chez Ernst & Young, la première chose qu'il faut capter, c'est le petit nom que l'on donne à la boîte : EY. Prononcé à l'américaine, ça donne *iwaï*, et dans un *afterwork* sur les Champs-Élysées, ça fait son petit effet. Parce que Iwaï fait partie de ce que les avocats appellent les *Big Four*, le club des quatre plus gros cabinets d'audit financier au monde. À l'heure où j'écris ces lignes, ce groupe tentaculaire emploie 260 000 personnes réparties dans 150 pays pour un chiffre d'affaires d'environ 35 milliards de dollars. Ce qui nous amène à la deuxième chose qu'il faut très vite intégrer lorsque l'on débarque : la structure pyramidale. En tant que stagiaire, ta place est tout en bas. L'échelon juste au-dessus est occupé par les juniors, une catégorie qui se divise en 3 grades. Au-delà des *juniors 3*, si l'on regarde encore un peu plus haut, on passe aux *seniors*, eux aussi répartis sur 3 strates. Ensuite, il y a les *manageurs* et les *DMS* avec toujours 3 niveaux. Puis les *directeurs*. Et enfin, tout en haut de la chaîne alimentaire, on a les *associés*. Et ça s'arrête là. Au-dessus, c'est la Grande Ourse.

La toute première mission du stagiaire en « Fusacs », Fusions-acquisitions pour les profanes, ou bien *Transaction Tax* pour les anglophones, ce sont les *due diligences* – ou *diou dile* pour les intimes. Un travail extrêmement rébarbatif qui consiste à réaliser une synthèse des documents comptables d'une entreprise afin que l'investisseur potentiel puisse se faire une idée de l'état de ladite entreprise avant d'y mettre ses billes. Problème : les documents en question sont pratiquement tous en anglais !

Les premières journées sont éprouvantes. Je m'applique comme un bon élève, je voudrais bien faire, l'ennui c'est que je passe des heures sur Google Traduction à essayer de pondre quelque chose. Je ne comprends pas un traître mot de ce que je lis. Les deux stagiaires avec qui je partage mon bureau, eux, font chanter leur clavier, alors que j'use et abuse du copier-coller comme un collégien. Tous les soirs, je reste jusqu'à 23 heures, persuadé de pouvoir compenser mes lacunes en accumulant les heures de travail. Le pire, c'est que les ordinateurs sont à la vue de tout le monde. Impossible de se cacher. Il n'y a guère que lorsque l'on sort fumer une clope que j'arrive à me détendre. J'essaie d'être agréable avec les gens que je croise, je déploie tous mes talents d'humoriste de bureau. Et ça finit par payer. Au bout d'une semaine, les manageurs viennent me voir avec un grand sourire pour me donner encore plus de travail. Je suis le mec sympa qui a toujours un bon mot à caser et qui en plus ne rechigne pas à bosser.

Le côté pervers de ces grands groupes, c'est qu'il n'y a pas assez de travail pour faire bosser tous les stagiaires. Du coup, très rapidement, un mécanisme de sélection naturelle se met en place. Les stagiaires se battent pour récupérer le plus de travail possible et se faire bien voir auprès des échelons supérieurs. Et la sentence est immédiate : le bon stagiaire récupère un maximum de dossiers. Le mauvais n'a carrément plus rien à faire. Je nage entre les deux pendant quelques semaines encore. J'accumule un retard monstre sur les *due diligences*, mais on me commande aussi des recherches juridiques pour lesquelles je tire assez bien mon épingle du jeu.

Hélas, tout s'écroule lorsqu'ils s'aperçoivent que je n'ai pas accompli plus de 10 % des missions qu'ils m'avaient confiées. La chaîne alimentaire ne va pas tarder à me digérer. Je suis le mec trop lent pour le job. Je vais me faire bouffer. Et je ne redoute qu'une seule chose : la rupture de stage. Si un tel scénario venait à se produire, je ne pourrais pas valider mon diplôme d'avocat. Il faut donc que j'organise ma survie. Vite.

La première méthode consiste à trouver un supérieur qui n'a pas encore eu vent de tes faiblesses, pour lui demander du travail. Bingo ! Charles n'a pas encore parlé de moi avec Benjamin. Et ce dernier me refile une *due diligence* déjà rédigée qu'il suffit de traduire en français. Il y en a 300 pages, mais avec Internet je devrais pouvoir m'en sortir. Je découvre le traducteur en ligne de Systran, une machine de guerre fondée sur une intelligence artificielle particulièrement sophistiquée, et je me jette dans la bataille. Des journées entières à copier-coller des paragraphes de littérature juridique et fiscale imbitable. La partie la plus délicate consiste à relire pour vérifier que le propos reste cohérent après traduction, qu'il n'y a pas de contresens. Dans la mesure où je ne comprends pas la moitié de ce que je lis, à certains moments l'exercice relève de la cartomancie. Pour ne pas perdre le sourire, je nourris mes oreilles: Marco Carola, Richie Hawtin, Nastia, Pan-Pot. Que de l'électro pour rythmer le marnage.

Je donne tout ce que j'ai. Mais au bout d'une semaine, je prends conscience que la tâche est au-dessus de mes forces. Ce document interminable, sans queue ni tête, auquel j'essaie vainement de donner une forme, me fait soudain comprendre qu'il y a une erreur de casting. Je m'entends bien avec tout le monde, tous les midis je mange à la cantoche avec mes collègues, on passe me voir dès qu'il y a une info marrante à partager, mais professionnellement c'est le fiasco. Je me retrouve dans la même situation qu'au foot. Les supérieurs ne me donnent plus rien à faire, mais je suis celui avec qui on aime bien rigoler.

Bizarrement, dans un deuxième temps, cette prise de conscience me soulage. Plus aucune pression puisque je n'ai plus de boulot. Je peux donc me tourner vers ce que je fais de mieux: les soirées. Et là, mon copain, il y a du taf: tout Paris à explorer ! Je commence par le plus connu, la partie émergée de l'iceberg: le *Rex Club*, la *Concrete*, la *Sundae*. Après quelques week-ends, j'accède aux soirées plus underground dont l'adresse se refile sous forme de SMS anonymes, quelques heures avant, pour ne pas risquer d'alerter les autorités. Dans ce genre-là, je découvre le *Ghost Boat*, un bateau amarré sur les berges de l'île Seguin, qui s'enfonce inexorablement dans la Seine depuis des mois. La proue a déjà disparu sous les eaux. En fond de cale, le DJ et les clubbeurs dansent comme ils feraient de l'aérobic sur un plan incliné. Sur le pont, un jacuzzi, ou plutôt ce qu'il en reste, sert de zone de repos aux fêtards exténués qui se mangent les babines sous l'effet de la MD.

Mais qui dit montée dit descente. La première fois que je fais sauter mon lundi, personne ne s'en aperçoit. J'arrive comme une fleur le mardi matin, je m'installe, on ne me dit rien. Il y a tellement de monde chez Iwaï que je passe complètement sous les radars. Si un supérieur ne me voit pas à mon bureau, c'est certainement que je suis en train de travailler avec un autre supérieur. Les gens ne vont pas chercher plus loin. De toute façon, ils n'ont pas le temps. Évidemment je m'engouffre dans la brèche comme un gamin qui vient de trouver l'astuce pour sécher les cours. C'est reparti comme en 40.

Et un jour, qu'est-ce que j'apprends ? Il y a une équipe de football chez Iwaï. Tiens donc ! Une fois par semaine, à l'heure du *lunch*, ils se réunissent pour faire des tournois de foot à cinq. Et à ce qu'il paraît, ils recrutent souvent chez les stagiaires. C'est Paul Faure qui me met au parfum, un type très agréable, brillant étudiant sorti d'Assas et devenu *tax manager* chez Iwaï à 25 ans. Il a bien compris que je n'étais pas vraiment à ma place, mais je crois qu'il a de la tendresse pour le branleur que je suis. Alors, lorsqu'il apprend que j'ai quelques facilités pour taper dans un ballon, il me propose de l'accompagner. Et voilà comment je me retrouve à caresser le cuir avec des associés, des directeurs, bref, que des poids lourds de la boîte.

Sur le gazon synthétique de Puteaux comme sur n'importe quelle autre pelouse, entre les deux coups de sifflet, les rapports hiérarchiques disparaissent. La seule chose qui compte pendant soixante minutes, c'est ce que tu fais balle au pied. Et en moins d'un quart d'heure, évidemment, je me hisse sur l'Olympe du football de bureau. J'enchaîne les petits ponts, les passements de jambes, je plante six buts, et je chambre tout le monde comme si je jouais sur un terrain municipal à la porte de la Chapelle. Les champions de la déclaration de revenus, les petits génies de la tour First, ah ils font moins les malins sur le pré. Et le pire c'est qu'ils en redemandent. Ici personne ne me connaît. Les gaillards que je malmène ne voient qu'une chose, c'est que je suis stagiaire dans la boîte, ce qui à leurs yeux fait de moi un type intellectuellement compatible et, cerise sur le gâteau, je suis bon footballeur. Le foot devient dès lors ma bouffée d'oxygène tous les mercredis. Et ce que mes coéquipiers ignorent, c'est que, généralement, je ne prends même pas la peine de me présenter au bureau avant de les rejoindre sur le terrain !

À l'entame de mon quatrième mois de stage, j'ai l'impression de nager en plein bonheur. J'ai de l'argent, un emploi du temps plutôt flexible, un accès privilégié à la source intarissable des soirées parisiennes. Et je commence à nourrir l'idée pour le moins culottée de rester chez Iwaï. Le problème, c'est que je ne sais rien faire. Il faut que je trouve une combine, un moyen de me faire embaucher en dépit de mes faiblesses professionnelles. Et le biotope le plus approprié pour mener à bien ma petite opération, la mare dans laquelle je nage avec le plus d'aisance, c'est le football. L'ambiance de vestiaire, ça rend les gens plus ouverts, surtout quand tu es celui qui mène l'équipe à la victoire. Alors je profite de cet étrange lieu de retour à la nature que sont les douches pour discuter avec les gens, leur demander dans quels services ils bossent. Je repère rapidement celui avec lequel j'ai le plus de chances d'atteindre mon objectif: Corentin Pommier. Depuis deux ans, Corentin est associé responsable du département *People Advisory Services(PAS)*, la branche du groupe qui conseille les entreprises sur tous les enjeux de ressources humaines. À ses yeux, je suis le gars sympa qui joue bien au foot et qui fait son stage en *Transaction Tax*, un service de tueurs. Il ne sait pas que je suis un cancre qui ne fait plus rien depuis des semaines. Et autour de nous, il n'y a personne pour le lui dire. Je vais donc mettre en place un véritable lobbying pour créer les conditions favorables à mon recrutement. L'un après l'autre, j'approche chacun de mes camarades de foot pour leur demander de chanter mes louanges auprès de Corentin. Certains rechignent un peu.

— Bah, le problème, Christian, c'est que je n'ai pas souvent travaillé avec toi.

Bah oui, banane, tu ne m'as jamais vu bosser. Et c'est justement pour ça que je m'adresse à toi en premier.

— Oui, c'est vrai, on se connaît pas très bien. Mais tu vois bien que je suis volontaire.

— Écoute, je sais pas…

— De toute façon s'ils me recrutent, j'aurai une période d'essai, et si je ne fais pas l'affaire, ils pourront toujours me foutre à la porte.

— C'est pas faux. Je vais voir ce que je peux faire pour toi.

D'autres, au contraire, me refilent des petits dossiers

pour m'aider à faire parler de moi, des tâches que j'accomplis avec le plus grand sérieux. En réalité, tant que je ne suis pas confronté à l'anglais, je suis un bon élément. Je le sais, je le sens. Ce serait trop bête de passer à côté d'une belle carrière juste pour une légère insuffisance dans la langue de Shakespeare, et accessoirement « de Iwaï ». C'est quand même fou les talents d'autopersuasion que l'on peut déployer lorsqu'il s'agit de pérenniser son embourgeoisement.

Un mois et demi avant la fin de mon stage a lieu le tournoi de Glasgow dans lequel s'affrontent toutes les équipes de Iwaï en Europe. Un voyage de cinq jours traditionnellement réservé aux gros bonnets amateurs de football. Mais cette année ils ont mis la main sur un jeune attaquant en or qu'ils n'ont pas hésité à exfiltrer de son stage : le petit Kiki. Je fais donc partie de cette aventure dans laquelle je compte bien parachever mon entreprise secrète de lobbying en brillant de mille feux.

Premier match. Premier ballon, crochet, accélération, je décoche une puissante frappe côté gauche. Ça passe juste à côté. Mais déjà je sens tous les regards portés sur moi. *Allez, mon Kiki, montre-leur qui c'est le boss.* Deuxième ballon. Cette fois je déborde côté droit. Je suis en pleine course quand, soudain, un défenseur me découpe à deux mètres à peine de la surface. Je chute lourdement sur l'épaule gauche, et je sens ma clavicule rompre sous le poids de mon corps. C'est fini pour moi.

Les pompiers arrivent en quelques minutes. Je suis toujours allongé par terre, le nez dans le gazon. J'entends que ça bataille dans un anglais invraisemblable. Pas moyen d'identifier ne serait-ce qu'un mot avec leur accent flambé au whisky. L'un d'eux se penche sur moi pour tenter de regarder l'état de mon épaule. Je lui dégobille mon plateau-repas sur les bottes. Nom de Dieu, mais c'est que j'ai l'os qui me sort par le cou ! Je me retrouve sur le brancard. Morphine, oxygène, je suis complètement perché. Et ça va tout de suite beaucoup mieux. Franck Perquin, un associé tout pincé qui travaille avec Corentin, m'accompagne dans l'ambulance. Il ne va pas être déçu du voyage.

— Ça va, Christian ? Tu as moins mal ?

— Mais ouais, mon pote ! Faut que je retourne sur le terrain, sinon vous n'avez aucune chance de gagner.

— Tu as certainement raison. Mais je crois qu'il vaut mieux que tu restes allongé.

— Tiens, prends le masque à oxygène, tu vas voir : c'est délire !

À l'hôpital, je déchante vite. Je fais croire à Franky que je suis trop défoncé pour parler anglais. Il joue les traducteurs avec l'équipe médicale.

— *It's a rare and very serious injury. It would be better to operate on site.*

— Qu'est-ce qu'il dit ?

— C'est une blessure assez rare, très grave. Il vaudrait mieux qu'on t'opère tout de suite.

— Tu rigoles ? Je vais pas rester là tout seul. Il faut que je rentre à Paris. Dis-leur, s'il te plaît. J'ai la flemme de parler.

Je vois bien dans le regard inquiet du toubib que ma requête n'est pas la plus sage.

— *All right, as you want. But I warn you: it's not sure he'll support flying. Pain may be unsustainable.*

— Alors ?

— Il dit que tu fais ce que tu veux. Mais tu risques d'en baver.

— Tant pis, je veux pas rester ici.

Je ressors en fin de journée, bourré de cortisone et d'anti-inflammatoires. Il y a une soirée dans les loges du stade des Glasgow Rangers. Je retrouve mes co-équipiers, le bras en écharpe, et je m'envoie quelques pintes de bière pour fêter ça. Le cocktail avec les médicaments me fait l'effet d'un feu d'artifice entre les oreilles. Et je me rends compte que cette sortie sur blessure au bout de deux minutes a fait de moi la star du tournoi.

Quelques heures de sommeil et j'émerge avec la sensation d'avoir été crucifié sur mon lit. Que j'ai mal, bordel ! Où sont mes cachetons ? Avant de monter dans l'avion, j'appelle mon père pour qu'il m'aide à trouver un hôpital à Paris. Je lui précise qu'il serait préférable que l'on me récupère à l'aéroport en ambulance. Pendant tout le vol, la sueur me coule entre les omoplates, je serre les dents. Et à mon arrivée, j'ai l'agréable surprise de retrouver mon père et ma mère qui ont fait la route ensemble pour me conduire à l'hôpital. Mon père va me mettre entre les mains d'un chirurgien du foot qu'il connaît bien. Mais je suis obligé d'attendre encore vingt-quatre heures et je n'ai plus de médocs. L'enfer.

Le lendemain matin, enfin, j'ai rendez-vous avec le chirurgien. Il découpe délicatement mon tee-shirt avec une paire de ciseaux. Maman écarquille les yeux en découvrant mes tatouages.

— Eh ben, dis donc, tu t'es pas raté, s'exclame le toubib. Des clavicules cassées, on en a des wagons chaque année. Mais alors là, c'est du grand art. Opération obligatoire.

C'en est trop pour Nadine, qui tombe à la renverse

dans les bras du chirurgien. Quelques claques sur les joues et la voilà qui remonte à la surface.

— Bah alors, Maman, ce sont mes tatouages qui te font cet effet ?

Mon père se marre. Elle, beaucoup moins. Le toubib reprend :

— Malheureusement, je ne peux pas vous prendre tout de suite, j'ai trop de monde. Il va falloir que vous restiez avec nous en attendant qu'une place se libère.

Trois jours plus tard, je suis sur le billard. On m'éclate l'épaule au marteau pour remettre l'os dans le bon sens. Et enfin je retourne chez moi, gavé d'antidouleurs. Le problème, c'est que je me retrouve avec une immobilisation totale de trois semaines incompressibles, et au-delà je pourrai à nouveau me déplacer mais pour taper sur un clavier il faudra attendre encore un mois. Autrement dit, mon stage est terminé. Ah, la tuile ! Et comment je vais faire, moi, maintenant, pour me tailler une place au soleil, si je ne peux même plus mettre les pieds au bureau ?

Tant pis, je n'ai rien à perdre. Au terme de mes trois semaines d'immobilisation, j'y retourne. Nentille, le boss au regard d'acier, me passe la pommade :

— Ne t'en fais pas. Termine ta convalescence tranquillement, et reviens nous voir pour ton rendez-vous de fin de stage.

Traduction : rentre chez toi, mon grand, tu ne manqueras à personne ici. Bien reçu, chef. C'est donc le moment de tenter ma chance. *Allez, mon Kiki : all-in.* J'appelle Corentin, l'associé en *People Advisory Services* avec qui je joue au foot et que je tente d'influencer depuis des mois.

— Bonjour, Corentin.

— Salut, Christian. Ça va mieux ? T'es de nouveau sur pied ?

— Oui, ça va, je te remercie. J'ai encore un peu mal mais tout va bien.

— Qu'est-ce que je peux faire pour toi ?

— Je t'appelle parce que j'aimerais postuler dans ton service…

— Pas de problème. Passe me voir à la fin de ton stage.

— Merci, Corentin. À bientôt alors.

— Merci à toi. À bientôt.

Benoît Albert
Hier, à 00:30

91 · J'aime

Romain Chollet
Hier, à 00:38

102 · J'aime

Sauvane Petaut •••
Hier, à 00:53

157 • J'aime

Ambre Justine Larrazet-Llop •••
Hier, à 00:41

213 • J'aime

- 10 -

Mon stage est terminé. Afin d'avoir toutes les cartes en main, je choisis d'aller voir Corentin en premier. Si tout se passe comme je l'ai imaginé, mon entretien de fin de stage avec Nentille ne sera qu'une formalité.

— Ah ben, ça a l'air d'aller beaucoup mieux ! me lance Corentin.

— Oui, ça va. Je n'ai plus mal du tout. Je peux me remettre au boulot.

— Et du coup tu ne veux plus travailler en *Transaction Tax* ?

— Franchement, la fusac, c'est pas trop mon truc. J'aimerais bien venir chez vous.

— Écoute, j'ai parlé de toi avec plusieurs personnes. Tout le monde me dit que tu bosses bien, que tu es un bon élément. Donc pour moi c'est OK. Les RH vont t'appeler. Et on se revoit après les vacances.

C'est en sifflotant que je me rends maintenant dans le bureau de Nentille. Je le regarde froncer exagérément les sourcils, à la recherche des bons mots pour me lourder, alors que je lui ai déjà coupé l'herbe sous le pied, et je me dis que jamais je n'avais été aussi proche de ce qu'a ressenti Sylvain Wiltord en marquant contre l'Italie en finale de l'Euro 2000 à quelques secondes du coup de sifflet final.

— Bon, Christian, je suis désolé mais je pense que tu l'as compris, on ne peut pas te garder. En plus ton stage a été écourté par ta blessure à Glasgow…

— Pas de problème. De toute façon on se revoit en septembre.

— Ah bon, pourquoi ?

— Je vais bosser en PAS.

— Mais… Comment t'as négocié ça ?

Le regard d'acier a disparu. Ne reste que l'effarement qui illumine sa couperose. On peut dire qu'il ne l'avait pas vue venir, celle-là. De retour à Bordeaux, je suis devenu la star du CRFPA. Déjà le seul à avoir dégoté un stage chez Iwaï, je trouve en plus le moyen de me faire embaucher. Les autres élèves avocats n'en reviennent pas. Et le plus drôle, c'est que je n'ai pas changé d'un pouce. Le jour de la prestation de serment, alors que tous mes petits camarades ont claqué 600 ou 700 euros pour se payer leur première robe de plaidoirie, je préfère emprunter celle de l'école d'avocats. Inutile de se ruiner, de toute façon je n'ai pas l'intention de plaider. Et puis l'essentiel pour moi n'est pas dans le costume, mais dans la salle. Au troisième rang, ma mère triomphante essuie des cascades de mascara. Mission accomplie ! Bravo, mon champion !

Mais attention, après Wiltord, il faut Trezeguet, le but en or. Sinon tout tombe à l'eau, tu as arraché les prolongations, mais au final tu rentres au vestiaire avec tes crampes et tes yeux pour pleurer. Maintenant il faut que je valide ma période d'essai. Deux mois renouvelables. Il va falloir être costaud, mon gars.

Début septembre, je découvre mon bureau contre le mur, que je vais partager avec Alban, un Toulousain. Chez Iwaï, tu déduis le grade d'une personne simplement en regardant l'endroit où elle est assise. Les nouvelles recrues sont face au mur le plus éloigné des fenêtres. La première promotion permet de se rapprocher du couloir. Ensuite, tu obtiens le droit de traverser le couloir. Et enfin, tu accèdes au graal de tout avocat dans la tour First : le bureau contre la vitre. Vue sur la Défense si tu peux encore progresser, et vue sur tout Paris si tu es arrivé au sommet de la chaîne alimentaire.

J'ai de la chance, Alban est un gars comme moi, arrivé là un peu par hasard. On se comprend. Seulement moi, j'ai dû endormir quelques personnes pour attraper la queue du Mickey. Et je commence à sentir la pression. Je n'ai pas du tout envie de décevoir Corentin, qui s'est quand même bien mouillé dans cette histoire. L'aubaine pour moi, c'est que tout ce que l'on fait dans ce service n'est enseigné ni à l'école, ni à la fac. Et pour cause, « la fiscalité internationale pour les particuliers » reste une discipline assez discrète, pour ne pas dire secrète. Les petits nouveaux sont donc tous formés en interne. Un seul bémol : tout est en anglais.

Les premiers jours, pour me mettre en jambes, on me donne à rédiger des e-mails tout simples pour réclamer un dégrèvement ou une annulation de pénalités auprès du fisc. « Un petit courrier pour M. Taylor dans lequel tu expliques les bourdes de l'administration française. OK, Christian ? » Rien d'insurmontable puisque l'on me donne un modèle. Et puis, j'ai le temps de faire mes petites manipulations sur Google Traduction. Un junior m'explique au passage le calcul de l'impôt et la méthode pour identifier les erreurs. Je sens que ça imprime bien dans ma tête. Ça va le faire.

Sur les 5 associés du service, j'en connais 2, Corentin et Franky, avec qui je joue au foot. Je leur mets des petits ponts, je les chambre sur le terrain, sous les douches, ils connaissent mes tatouages. Les 3 autres, Florence, Bertrand et Étienne, je ne les ai jamais croisés. Mais 2 sur 5, c'est déjà un très bon ratio. Et puis il y a Xavier Brun, un chic type qui tape dans le ballon lui aussi. C'est le petit génie, la star du service, il a deux ans de moins que moi et il est déjà senior. Il ne le sait pas encore mais c'est lui qui va me sauver la vie chez Iwaï.

Mes premiers e-mails en anglais ne sont pas parfaits, mais ils n'ont rien de rédhibitoire. Quant au calcul d'impôt, je m'en sors très bien puisque j'atteins la treizième étape avant de caler. Apparemment, c'est mieux que les autres. Xavier me félicite, il montre mon travail à Teddy Pal, un DMS qui pointe chez Iwaï depuis plus de dix ans, ainsi qu'à Amandine et Eugénie, les deux autres petits génies du service, très jeunes et déjà très haut, le futur de la boîte. Manifestement, tous se prennent d'affection pour moi et me forment avec beaucoup d'attention. Teddy commence à me transmettre des dossiers en direct. Il voit bien que je ne suis pas un lève-tôt, jamais au bureau avant 10 heures ou 10 h 30, mais je ne renâcle pas lorsqu'il faut rester jusqu'à 23 heures. Et la fin de ma période d'essai arrive, mon plan s'est déroulé comme prévu, sans accroc : je suis en CDI !

De plus en plus souvent, Xavier m'invite à le suivre pour ses rendez-vous. J'assiste à ses *calls* avec les clients. Mais tout est en anglais. Inutile de préciser que je sue à grosses gouttes. À chaque rendez-vous, je suis censé prendre des notes. Pendant quatre mois, je vais faire semblant d'écrire des mots que je ne comprends pas, le regard pénétré comme s'il s'agissait d'une découverte déterminante pour la suite de ma carrière. Parfois, du coin de l'œil, je chope sur son carnet une de ses annotations du style « 155B », que je recopie aussitôt en faisant mine de suivre la conversation. Les semaines passent, les e-mails sont de plus en plus longs, de plus en plus techniques. Un jour, moi aussi, je vais devoir faire des *calls* en anglais. Et pendant quatre mois, j'observe, impuissant, la catastrophe arriver.

Sur le fond, je me prends au jeu des histoires que nous traitons. Allez, un petit exemple pour rigoler. La compagnie d'assurances Moyanz nous contacte pour obtenir des conseils sur le déplacement d'un de ses cadres : « M. Wurst du bureau de Munich va travailler trois jours par semaine dans notre filiale à Paris, mais il veut continuer à vivre avec sa femme en Allemagne. Il aura un appartement à Paris, mais il passera tous ses week-ends en Bavière. Évidemment M. Wurst est payé par l'entité allemande, son salaire est de 500 000 euros annuels. Avec cette promotion, il aura une augmentation nette de 200 000 euros et des avantages en nature : l'appartement, les allers-retours en avion et la voiture de location à Paris. Pourriez-vous, s'il vous plaît, nous détailler les conséquences fiscales et sociales de ce changement de situation ? » Concrètement, il s'agit d'analyser toute la paperasse de M. Wurst pour lui trouver les dispositifs légaux qui lui éviteront d'être imposé deux fois et lui permettront de réduire au minimum son taux d'imposition. Les journalistes appellent cela « l'optimisation fiscale ». Jusque-là tout va bien, je comprends tout, j'assimile très vite. Mes difficultés vont commencer lorsqu'il va falloir appeler M. Wurst pour lui demander le prix de sa Porsche et les détails concernant ce transfert d'argent mensuel vers l'Éthiopie qui n'apparaît nulle part dans ses documents comptables. Cet entretien téléphonique est capital pour M. Wurst. On connaît toute sa vie et c'est à nous de lui éclairer le chemin pour qu'il ne trébuche pas dans la tourbière fiscale. D'ailleurs, ce *call* d'environ une heure est facturé entre 500 et 800 euros. En clair, c'est du sérieux.

Au fil des semaines, mon emploi du temps se densifie. Les tâches de rédaction en français sont progressivement remplacées par de l'anglais, ce qui a pour effet de doubler mon temps de travail. L'embêtant, c'est que chez Iwaï, comme dans tous les grands cabinets, les heures sont scrupuleusement enregistrées à l'aide d'un logiciel qui va permettre ensuite de jauger la productivité de chacun. Reprenons l'exemple de l'entretien téléphonique, soit une heure facturée 800 euros. Derrière, il y aura aussi une note de synthèse rédigée théoriquement en une heure. Pour Iwaï, le calcul est très simple. Pour être rentables avec les salaires qu'ils ont, Xavier doit facturer 400 euros de l'heure et Christian 200 euros. Une heure de *call* à 2, ça fait 600 euros, auxquels on ajoute une heure de Christian pour la note de synthèse, soit encore 200 euros, et on retombe sur nos pattes. 400 + 200 + 200 = 800 euros. Le problème, c'est que le petit Kiki, pour rédiger la note de synthèse, il ne lui faut pas une heure mais dix ! Et à 200 euros de l'heure, ça fait 1 800 euros de perte sèche. À ce moment-là, le logiciel clignote en rouge. Alerte générale. Dans un cas pareil, au sommet de la pyramide, on ne se gratte pas la tête pendant des plombes, il n'y a que deux explications possibles. Soit le manageur ne vend pas bien ses prestations, soit il y a une pipe dans l'équipe et il faut l'identifier pour la remplacer au plus vite. Suivez mon regard.

Les débutants comme moi ne sont jamais rentables. Tout le monde le sait, il faut le temps de se former. Mais pour éviter d'être rattrapé par la patrouille, généralement on remplit sa *timesheet* avec les heures de travail attendues, comme si tout s'était déroulé normalement, et on trime jusqu'à minuit tous les jours pour compenser. En ce qui me concerne, je choisis une méthode plus radicale : ne pas remplir ma *timesheet*. Le logiciel mouline dans le vide puisqu'il n'a pas mes heures, et sur le papier mes prestations rapportent un max. Bon, évidemment, il y a des journées où je ne facture que trois heures alors que je suis resté douze heures au bureau, mais au moins je suis tranquille jusqu'à la fin du mois.

Depuis la fin de ma période d'essai, je retrouve gentiment le chemin de la teuf. Ce soir avec Nico on rejoint notre copain Ichbib dans un entrepôt désaffecté à Aubervilliers. Pour ceux qui se poseraient la question : Ichbib, c'est « Bibiche » en verlan. La soirée est organisée à l'arrache. Les DJ sont bons, mais un bâtiment en tôle saturé de house berlinoise, c'est un peu comme un tambour de machine à laver rempli de pièces de monnaie, au bout d'un moment ça tape sur le système. À 8 heures du matin, chargé comme un porte-avions, je décide de sortir faire un petit tour. Pour me réchauffer, je saute entre les flaques de boue, quand je tombe sur Ichbib, assis par terre, le cul dans la gadoue. Il cherche ses vitamines au fond de sa godasse. Ça n'a pas l'air d'aller très fort. J'essaie de le ramasser mais je suis stoppé net par une envie pressante. Je me mets à galoper comme un chevreuil à la recherche de toilettes et je finis par trouver trois sanisettes de chantier avec une queue de cinquante personnes. Je demande aux mecs de me laisser passer.

Vu la tronche que je tire, personne ne proteste. Je claque la porte. Ouuuuuf, ça soulage ! Mais, c'est quoi ce bruit ? En relevant le museau, je découvre que la porte s'est rouverte. Comme un bonobo accroupi dans un zoo, je suis en train de faire mes besoins devant cinquante personnes. Et je suis pris d'un fou rire incontrôlable. C'est aussi ça la teuf : une certaine idée de la dignité.

Vers 10 heures du matin, les videurs viennent nous taper sur l'épaule. Ichbib prend la tête à tout le monde et ils nous demandent de les aider à le faire sortir calmement.

— Allez, mon copain, il faut que tu rentres. On s'appelle demain. Rentre bien.

Un quart d'heure plus tard, les deux gorilles reviennent nous voir. Ichbib est toujours devant la porte, à poil, en train de les insulter. Nico appelle un taxi. On file 30 euros au chauffeur pour être certains qu'il arrive à bon port et on retourne danser.

— Désolé, les gars. Mais votre pote, il a fait 30 mètres et le taxi l'a abandonné sur le bord de la route.

— Merde. Et il est où là ?

— Bah, il est à poil en train de marcher dans la rue.

— Mais c'est pas possible !

Ce dimanche-là, avant de retrouver les bras de Morphée après trente-six heures de débauche, nous accompagnons Ichbib d'Aubervilliers jusqu'à son plumard, en lui mettant des tartes pour qu'il arrête de se désaper devant tout le monde. Il faut être honnête : on a connu plus serein comme retour au paddock.

Le problème de cette vie-là est toujours le même, il porte un nom que tout le monde connaît : lundi. Et c'est justement ce jour-là que Xavier choisit pour mon premier *call*. Ça fait des semaines qu'il essaie de me coincer. « Le prochain client avec un dossier pas trop compliqué, il est pour toi. » La première fois, j'ai esquivé en posant un jour de repos. De toute façon, j'étais tellement dans le gaz que je ne pouvais pas mettre un pied devant l'autre. Mais cette fois-ci, lundi 4 février 2013, je ne vais pas y couper. Je commence à chouiner en espérant l'amadouer.

— Écoute, Xavier, il faut que je te dise, l'anglais ce n'est pas trop mon truc.

— Mais ne t'inquiète pas. Moi non plus je ne parle pas très bien anglais. Et puis j'ai commencé comme toi, tu sais. On a tous commencé comme toi. Il faut se lancer, c'est tout. Ça va aller.

Je le vois parler au téléphone avec des clients du monde entier depuis des mois. Si c'est ce qu'il appelle « ne pas très bien parler anglais », je suis dans une merde noire. Je commence à faire des fiches comme des bouées de sauvetage en prévision du naufrage. « Hello, my name is Christian. I work for Ernst & Young. »

Quand le jour J arrive, Xavier est hilare. Je me retrouve dans le bocal avec lui. Il attrape le téléphone de conférence avec un petit regard malicieux. J'ai les mains moites, la bouche sèche. Ça ne va vraiment pas le faire. Il faut que je rassemble mes dernières gouttes de courage. Il faut que je lui dise.

— Xavier, ce n'est pas possible. Je ne peux pas faire ce *call*. Je ne parle pas anglais.

Les mots sortis de ma bouche sur un rythme stroboscopique me procurent un apaisement immédiat, comme si je venais de lui avouer mon analphabétisme. Hélas, mon audace ne produit pas du tout l'effet escompté. Xavier est déjà en train de composer le numéro du client.

— Vous êtes tous pareils, les petits nouveaux, à pétocher devant le téléphone. Mais ne t'inquiète pas, je suis là derrière toi. Je ne t'abandonne pas.

Mais c'est qu'il se fout de ma gueule en plus ! Le client ne répond pas. *Yes ! La bonne étoile !* Je commence à danser dans ma tête. Xavier raccroche, et rappelle aussi sec. Merde, cette fois ça y est, il répond.

— Hello. This is Christian, from Iwaï. How are you.

— *Hello. Give me two seconds. I go to my office, to get some quiet.*

Écrit comme ça, ce n'est pas bien compliqué. Pourtant, sur le moment, j'ai l'impression qu'il me répond en chinois.

— Excuse me. I can't hear you…

— *I said: give me two seconds, I go to my office!*

— I can't hear you, my friend.

Je crois que c'est le « my friend » qui l'a cueilli. Xavier a posé son doigt sur le bouton pour raccrocher et il me regarde avec des yeux ronds comme des rosaces de cathédrale. J'ai le rouge au front et dix litres de transpiration sous chaque aisselle.

— Christian, qu'est-ce qu'il t'arrive ? C'est quoi ton problème ?

— Je suis désolé mais j'ai essayé de te prévenir. Et crois-moi, là j'étais à fond.

Passé l'effet de surprise, Xavier rappelle le client. À 800 balles de l'heure, faut pas déconner, on ne le laisse pas attendre. Moi je me rassieds et je fais comme d'habitude : je feins la prise de notes. Une heure se passe, je reprends mes esprits, il raccroche, et se tourne vers moi.

— Bon alors. C'est quoi cette histoire ? T'étais stressé ? T'as perdu tes moyens ?

— Non, tu n'as pas compris : je ne parle pas anglais !
— Mais comment ça, tu ne parles pas anglais ?
— Bah, je ne sais pas parler anglais…
— Mais c'est pas possible ! Comment as-tu réussi à entrer chez Iwaï ?
— J'ai été pris en stage sur piston. Ils ne m'ont jamais fait passer les tests. Et depuis un an je fais croire à tout le monde que je parle anglais.

Xavier jette un coup d'œil à droite, puis à gauche. Derrière la vitre, les gens pianotent toujours sur leur clavier. Il se penche à nouveau vers moi en se tordant un peu les doigts.

— Bon, écoute. Et écoute-moi bien. Ce qui s'est passé aujourd'hui, ça reste entre nous. Mais par contre, je te donne six mois pour apprendre l'anglais.
— Mais je ne vais jamais y arriver. Dès qu'on va me donner un dossier un peu costaud, les autres vont s'en rendre compte.
— Ne t'inquiète pas pour ça, je vais te charger comme une mule. Tu vas bosser pour moi, et rien que pour moi. Tu n'auras plus une seule heure de disponible pour quelqu'un d'autre. Mais dans six mois, t'as intérêt à savoir parler anglais !

Grâce à Xavier, non seulement je vais garder mon poste chez Iwaï, mais surtout je vais en effet apprendre l'anglais. Une compétence déterminante pour la suite de l'histoire. Sans Xavier, tout ce que vous lirez à partir de maintenant aurait été impossible.

Olivier Lorenceau > Wanted Community Paris
22 janvier 2016

Salut les W, quelqu'un a un code promo pour le site impots.gouv.fr ?

1,5 K — 79 commentaires

Laurent Bell
il y a 43 minutes

50POURCENT ou HOLLANDEISMYBRO

632 · J'aime

- 11 -

Je suis parti de loin, mais j'ai gagné ma place. Et maintenant je vais la croquer à pleines dents, me bâfrer même. Avec 2 900 euros net par mois, premier salaire, je gagne deux fois plus d'argent que ma mère. J'en profite d'abord pour troquer ma grotte à Pigalle contre un beau studio rue d'Orsel, au pied de la butte Montmartre. Et du vendredi soir au dimanche matin, je rabote ma carte bleue sur les comptoirs des clubs techno parisiens. J'ai une petite amie très hype qui vit la nuit. Sa sœur est DJ, en couple avec un DJ, et grâce à eux nous accédons aux soirées les plus courues de Paris. Certaines de ces festivités ressemblent aux défilés les plus improbables de la Fashion Week, mêmes looks, mêmes égarements artistiques. Réception privée dans une demeure versaillaise avec aux platines *el señor* Ricardo Villalobos. La vodka et la D coulent à flots. Mais Panoramix n'a pas bien dosé la potion magique. À 7 heures du matin, Kiki et son copain Nico nagent le dos crawlé dans une flaque de boue. Les regards s'arrêtent un instant sur cette performance, puis se détournent. On en a vu d'autres.

Je recommence à faire sauter le lundi matin un peu trop souvent. À midi, Laura, Thomas et Alban, les trois juniors recrutés en même temps que moi, me gardent une place au self pour que je leur détaille mes anecdotes de fêtard en mangeant un cordon-bleu. « Combien d'heures as-tu dormi ? » étant la question la plus récurrente.

Et puis mardi, mercredi, jeudi, vendredi, je retrouve mon calme. J'accomplis docilement ma petite routine. Tous les matins à la même heure, je m'engouffre dans la station de métro Pigalle, où je suis l'un des seuls à porter une cravate et un attaché-case. Trente-cinq minutes et un changement plus tard, je suis noyé dans une marée de 4 000 costumes noirs, déversée par la ligne 1 sur l'esplanade de la Défense. J'entre dans le hall de la tour First, mon badge d'accès en main et mon ordinateur siglé Iwaï en bandoulière. Du coin de l'œil je photographie les pauvres stagiaires qui patientent dans le hall en attendant que quelqu'un vienne les chercher, juste pour le plaisir de prendre conscience que moi je n'attends personne. Parce que moi, j'ai un badge ! Et j'ai un badge parce que je fais partie du club. Le club des gars qui s'entassent dans l'ascenseur avec 50 autres gars jusqu'au 30e étage. Le club des gars qui se demandent chaque jour combien gagne ce gars devant qui se pâment tous les autres gars. Mais si, tu sais, ce gars qui prend toujours la place du milieu dans l'ascenseur, et dont le costard est bien plus élégant, la montre plus belle, les souliers plus chics. Le parfum de ce gars est celui de l'opulence, le regard celui de l'audace, et la démarche celle de l'aisance. Mais combien gagne ce gars ?

Le voyage en ascenseur est sans aucun doute le meilleur baromètre de ta carrière. Les premiers jours, tu te retrouves collé à ton associé, enfin l'associé du service pour lequel tu travailles et qui ne se soucie pas plus de ton existence que de celle du type qui lave les carreaux. Au bout d'un mois, si tu t'es bien débrouillé, il te reconnaît et te lâche un « bonjour ». Et enfin, si tu as vraiment fait des étincelles, au troisième mois tu as droit à ton premier « bonjour, Christian ». À ce moment-là, tu n'es plus dans un ascenseur social, mais dans une fusée vers les étoiles de l'onanisme. Et c'est comme ça que l'on avance chez Iwaï, avec une perfusion d'ego plantée dans le bras. La machine se charge d'alterner les shoots d'orgueil et les périodes de sevrage. Le passage au grade de senior donne droit au téléphone portable Iwaï. Premier marqueur de réussite. Dans l'ascenseur, les gars qui ont le téléphone sont scrutés de la tête aux pieds par ceux qui ne l'ont pas. « Il a mon âge et il a déjà le téléphone : ouah, le mec pèse ! » Pour le grade suivant, c'est la bagnole. Manageurs, DMS, directeurs et associés ont tous le même 4×4 de marque allemande, acheté en leasing grâce au partenariat entre Iwaï et le constructeur bavarois. Seule la cylindrée varie, et en fonction de quoi ? En fonction des bonus bien sûr. Chez les avocats d'affaires comme chez les tradeurs, la compétition est entretenue au jour le jour avec le meilleur des produits dopants : l'argent. L'argent à la Défense est encore aujourd'hui le meilleur moyen de connaître précisément sa place sur la pyramide des vanités. Le montant du bonus est une donnée personnelle évidemment. Mais c'est comme le sexe, tout le monde en parle. On compare nos bonus comme on mesurerait nos teubs. Une année, un grade, un bonus. Et gare à ceux qui ratent une marche. L'étiquette de loser est comme la rumeur dans une cour de récré, si elle te tombe dessus, le seul moyen de la retirer, c'est de changer de collège.

Le bureau d'un junior est équipé de trois écrans. Celui de gauche est occupé par le logiciel de déclaration de revenus, celui de droite par les documents personnels du client (bulletins de paie, relevés de comptes, factures, etc.), et au centre nous utilisons un ordinateur portable pour naviguer, rédiger, calculer, envoyer. Enfin, pour pouvoir communiquer sans lever les mains du clavier, comme les employés d'un *call center*, nous travaillons avec un casque équipé d'un micro. Le but est de répondre à tous les appels, dans les plus brefs délais. Un client obligé d'appeler trois fois pour avoir quelqu'un est un client mécontent.

Mais c'est plus fort que moi. J'ai beau courir après ma revanche sociale, être fasciné par la réussite façon tradeur de Wall Street, je n'arrive pas à me couler totalement dans le moule. Mon écran de droite est occupé par Facebook, celui de gauche par ma fenêtre YouTube, exclusivement branché sur BE-AT.TV, et mon casque est saturé d'électro à balle toute la journée. Pire, alors que tous les salariés de la boîte s'asseyent à leur bureau entre 9 heures et 9 h 30, je n'entre jamais dans le hall d'accueil avant 10 heures. À ma connaissance, seul Alban partage avec moi cette petite marque de résistance. Cela nous vaut d'ailleurs une convocation dans le bureau de Corentin.

— Bon, les gars, c'est plus possible. Tous nos collaborateurs arrivent entre 9 heures et 9 h 30 tous les matins. C'est la règle. Et on ne peut pas accepter deux francs-tireurs qui se pointent tous les jours une heure après les autres. Il faut arriver à l'heure.

— Je vous prie de m'excuser, Corentin, mais on n'y arrivera pas.

— Écoutez, moi j'arrive tous les matins à 9 heures. Alors vous vous débrouillez, parce que je passerai dans votre bureau pour voir si vous êtes là.

— On n'y arrivera pas.

Nous n'y sommes pas arrivés. Et au bout d'une semaine, Corentin a fini par jeter l'éponge. Il faut dire que, mis à part cette petite coquetterie de ponctualité, ils n'ont pas grand-chose à nous reprocher. On n'a pas peur de faire des heures, on imprime vite et surtout la stratégie de Xavier a parfaitement bien fonctionné. Mon anglais n'est peut-être pas celui d'un gosse de riche sorti de Cambridge, mais les boss préfèrent souvent travailler avec moi, quitte à corriger quelques tournures de phrases. D'abord, parce que je ne les oblige jamais à se répéter – un détail important pour des gens qui n'ont pas le temps –, et surtout parce qu'avec moi on se marre bien ! Le relationnel reste mon atout numéro un. Et mes premières évaluations de fin d'année sont plutôt encourageantes, tout le monde est content de moi.

Les soirées d'été organisées chez Iwaï constituent un monument de *team building* à l'américaine. Une année sur deux, ils privatisent l'hôtel *Le Normandy*, à Deauville, et l'année suivante c'est l'*Hôtel Martinez*, à Cannes. Champagne, petits fours, casino, char à voile, beach-volley, spectacles, animations en tout genre, l'espace d'un week-end on déchausse ses Berluti et on fait tourner la cravate Hermès en chantant Gloria Gaynor à tue-tête. Moi je profite de cette kermesse *all inclusive* pour me coller des torgnoles de l'espace avec mes camarades de bureau. Je suis le type avec qui il faut s'encanailler, celui qui vous guidera jusqu'à ce petit frisson de fêtard jamais bien grave mais que l'on n'ose pas raconter à sa femme. À Deauville, je frise la correctionnelle en croisant un type qui était stagiaire avec moi chez Sitri, à Marseille. Je viens de passer senior. Lui est toujours junior en Fusacs. Son service est plus prestigieux que le mien, mais son grade est inférieur. Le concours d'autophilie peut démarrer.

— Oh, Christian. Comment ça va ? Tu fais quoi ?

— Je suis senior en PAS…

— En PAS ?! Oh, mais c'est naze !

— Oui, mais en attendant moi je suis senior. Toi, t'es toujours junior…

— Ouais, mais t'es dans un service de merde. C'est normal que tu avances plus vite. De toute façon, Iwaï c'est une boîte de merde, c'est pour les ploucs comme toi !

Le gars est à Deauville, il s'imbibe au champagne depuis 14 heures, et il trouve le moyen de cracher dans la soupe. Les bulles de Ruinart commencent à me chatouiller les narines. Mais surtout pas de vagues, on est au boulot.

— Allez, arrête, tu le sais très bien, reprend-il, chez Sitri tout le monde disait que t'étais une burne !

— Mais ferme-la, pauvre type ! Tu vas me faire dévisser !

Saoul comme un cochon, il me balance son verre au visage. Me rate. Pas moi. Le pauvre hère se pince le nez. Et l'espace de quelques secondes, le temps s'arrête. Je viens de gifler un avocat sous le regard médusé de mes collègues. Nouvelle convocation et nouvelle mise en garde : « Ça suffit, Christian, maintenant tu arrêtes de faire des bêtises ! »

Les années passent, et je peaufine cette image de sale gosse, de petit con un peu nerveux. Un besoin de distinction viscéral qui vire parfois à la caricature. Surtout la nuit, lorsque je joue les barons en espérant affoler les filles.

— Vas-y, devine ce que je fais dans la vie…

— Chais pas moi, t'es serveur ?

— Non, je suis pâtissier ! J'adore les gâteaux. Ce que je préfère c'est le glaçage à la fraise.

— Oh, allez ! Tu te fous de ma gueule !

— Bingo. Je suis avocat chez Iwaï. Quelle heure il est là ?… Ouh là, il faut que je te laisse. Dans trois heures, je vais régler le dossier de Mme Schwartz qui va payer 3 millions d'euros d'impôts cette année si je ne fais rien !

Dans le creux de cette vie, le culte du moi le dispute à l'extrême précarité du job. Nous sommes tous grassement payés comme si nous avions tous une immense valeur, et pourtant nous ne sommes que des numéros. Des numéros grassement payés. Comme ce collègue obligé de s'absenter pour les obsèques de sa femme emportée par la maladie. En moins de vingt-quatre heures son bureau est vidé, ses dossiers tous réattribués. L'*intuitu personae* n'existe pas. La machine est plus forte que l'humain. Et c'est comme cela à tous les étages. Chaque année, 25 nouveaux stagiaires s'installent dans les bureaux. Ils sont présentés, puis placés en fonction des besoins dans le service. Et aussitôt les lois de la pyramide s'imposent à tout le monde. La pression venue d'en haut est directement transmise à l'échelon inférieur. Si le stagiaire qui bosse pour toi freine la cadence, tu changes de stagiaire. Au bout de 3 erreurs, c'est le placard. Chacun fait subir aux nouveaux ce qu'il a traversé lui-même, les conversations entre collègues orientant chaque jour cette infernale chaîne de triage. « T'as vu le petit stagiaire, Michaël, c'est pas possible il est con comme un balai ! » Le langage est souvent très cru. D'ailleurs, théoriquement, tout le monde se tutoie, il paraît que ça libère la parole. Attention tout de même à ce que l'on dit en public. Si les off sont cinglants, les apparences sont toujours préservées, les dialogues professionnels toujours courtois.

Le logiciel de surveillance dans lequel tout est enregistré permet de suivre en temps réel l'état d'avancement de chaque dossier pour chaque collaborateur avec un code couleur redoutable. Vert quand tout est géré dans les temps, rouge lorsqu'il y a urgence. Et n'importe qui peut consulter cette base de données digne de la Stasi. Il y a les gars en vert et les gars toujours dans le rouge. Pour le moment je fais plutôt partie de l'équipe des verts, ceux dont les dossiers sont bien tenus et toujours dans le bon timing. Parce que, finalement, c'est ça la seule promesse de la boîte : Iwaï ne commet jamais d'erreur et respecte toujours les délais. Une garantie pour laquelle les salariés se plient à tous les sacrifices.

Le problème, c'est que l'abnégation du bon soldat ne dure qu'un temps. Au bout de quatre ans, je gagne plus de 4000 euros par mois, je fais partie des 8 % des Français les mieux payés, je déjeune au restaurant avec les gars qui me faisaient écarquiller les yeux à mes débuts, et je n'éprouve plus rien en les regardant sortir la Black pour payer l'addition. Au bureau, c'est le concours de cernes tous les matins. Certains disparaissent du jour au lendemain. Abandon de poste. Trois la même année. Pour éviter de cogiter, je poursuis le caviardage de la partie gauche de mon corps. Et je m'évade toujours un peu plus loin.

Calvi on the Rocks, le festival le plus chic de France. Sur l'île de Beauté, la chasse aux produits est un sport de haut niveau, car rares sont ceux qui se risquent à prendre l'avion avec leurs provisions. Damien, lui, n'a pas ces problèmes-là. Pilote de ligne pour une grande compagnie aérienne, je fais sa connaissance dans l'interminable file d'attente pour aller pisser.

— Tiens, j'ai un truc qui va te faire marrer, me dit-il en faisant tinter le bijou qu'il porte autour du cou.

Sous l'apparence d'un vulgaire pendentif pour homme se cachent en réalité une petite cuillère en or et quelques grammes de kétamine. Soudain, alors que nous buvons un verre *Chez Tao*, la boîte la plus prisée de Calvi, sans prévenir la fusée décolle. Beaucoup, mais alors beaucoup plus vite que d'habitude. En quelques instants, je me retrouve la tête dans les étoiles et les crampons collés au gazon. Littéralement. Une fille me fait signe de la rejoindre, et je suis obligé de tirer sur mes jambes pour les soulever l'une après l'autre, comme si je venais d'enfiler un poids de 20 kilos à chaque pied. Autour de moi, les gens se bidonnent. C'est à la fois drôle, pathétique et un peu angoissant. Heureusement, je retrouve assez rapidement mes esprits et le contrôle de mon corps.

L'année de mes 30 ans, c'est Ibiza. Le climax de cette vie à 200 BPM. On est une quinzaine de potes dans une baraque pour jet-setteurs russes avec une quantité de prod' à faire capituler l'Armée rouge. Dans le frigo, il y a du ketchup et de la bière. Dans le congélateur, la vodka. La maison tourne H24 sans interruption. Il y a l'équipe de jour et l'équipe de nuit. Quelle que soit l'heure à laquelle tu te réveilles, il faut reprendre le train en marche parce que le grand huit n'attend personne. Et cela va durer sept jours ! Le problème, c'est qu'une semaine à ce rythme-là, ça laisse des traces. Alors cette fois-ci j'ai prévu quarante-huit heures de repos avant de reprendre le boulot. Le retour à Paris est terrible. L'avion, le RER, les valises, la grisaille… Je me réveille de ma première nuit de récup avec l'impression de marcher sur la Lune, et je m'effondre dans mon salon. Qu'est-ce qu'il m'arrive ? *Mais rien, abruti. Tu n'as plus rien dans le ventre depuis une semaine.* Le mardi matin, j'appelle au bureau pour me faire porter pâle. La vérité, c'est que je n'y vois plus d'un œil. Plus rien du tout. Et pour la première fois de ma vie, j'ai peur des séquelles.

Finalement, je retrouve la vue au bout de quelques jours. Mais psychologiquement j'ai passé un cap. Je suis arrivé au bout d'un cycle. D'abord je suis usé. Pourquoi s'inflige-t-on des marathons de trois ou quatre jours sans dormir ? Pour faire durer la fête, pardi, c'est la première raison. Et puis, comme les gamins, on refuse d'aller se coucher parce que l'on a peur d'affronter les monstres. On redoute l'après. Les descentes sont devenues trop violentes. Par ailleurs, chez Iwaï, je vois se dessiner bien trop clairement mon avenir. Aujourd'hui, j'ai tous les gadgets qui me faisaient saliver en arrivant, l'ordinateur, le téléphone, et même un bureau d'angle avec mon pote Alban et la vue sur la Défense. Mais les breloques ne me font plus bander. J'ai vu partir tous mes collègues. Sur les 15 recrues de ma génération, il n'en reste plus qu'un. L'esprit de conquête a disparu, je n'ai plus envie de faire carrière. Je suis blasé, éreinté. Les saisons fiscales à quatre-vingts heures par semaine m'ont dégoûté. Lorsque je regarde le sommet de la pyramide, je ne vois plus que des gars avec un peu plus de blé que moi et une vie tout aussi pourrie. Mais depuis quelques mois, je discute avec un vieux pote, Luc Jaubert. Il peaufine un truc sur Facebook. Un projet sympa. Ça pourrait me plaire.

Mina Pyro > Wanted Community Bordeaux •••
26 novembre 2015

Bonsoir,
Je doute du succès de l'entreprise, mais voilà, si les réseaux sociaux ont une utilité, ce devrait être celle-ci : je cherche à retrouver une personne présente au Bataclan, vendredi 13. Elle ne semble pas, d'après les photos, faire partie des personnes restées sur le carreau.
Elle s'appelle Audrey, dans les 45-50 ans, à vue de nez. Cheveux gris au carré, lunettes. Elle était invitée par le Bataclan. Elle était accompagnée d'un ami barbu. Située, pendant le concert, en haut des petits escaliers qui descendent du bar à la fosse, à gauche.
Quand les tirs ont commencé et que la foule a paniqué, nous sommes tombées en bas des escaliers. Elle et son ami sont tombés sur moi et nous avons passé les 10-15 minutes suivantes comme ça, à attendre, au milieu des tirs.
Audrey m'a probablement sauvé la vie. Parce que pendant tout ce temps, elle a chuchoté à mon oreille.
“Comment tu t'appelles ? Ça va aller, Myriam. Respire. Respire. Ne bouge pas. Ça va aller. On va s'en sortir. Respire. Ne regarde pas...”
Elle était sur moi, elle aurait pu prendre des balles, et elle n'a pensé qu'à nous rassurer, son ami et moi. Elle m'a maintenue à flot.
A la faveur d'un changement de chargeur, elle et son ami se sont levés, me libérant. J'ai couru comme un lapin sans me retourner.
Je veux la retrouver, la remercier. La serrer dans mes bras. M'assurer qu'elle va bien, et son ami aussi.
Si vous avez des contacts au Bataclan et que vous pensez savoir où je peux la trouver, contactez moi en mp ;
s'il vous plait.
Merci.

783 · J'aime 295 commentaires

- 12 -

Aujourd'hui, je broie du noir. Pourtant, jusqu'à dimanche dernier, tout allait bien. Avec Luc, Vincent et Jérémie, nous travaillons au développement de Wanted depuis plusieurs mois et la belle histoire du chien secouru par des membres de la communauté alimente nos conversations comme un petit diamant dont on ne cesse de commenter la pureté, sans savoir s'il va nous permettre de trouver le filon. Et puis, j'avais renoué avec Emmanuelle. Enfin elle avait accepté que l'on se retrouve le temps d'un week-end. J'étais sur un petit nuage, prêt à la suivre au bout du monde. Pour être certain de la reconquérir, je lui avais même préparé une surprise.

— Tu sais que je vais à Amsterdam la semaine prochaine, pour un séminaire ?

— Non, je ne savais pas.

— C'est un cycle de formation organisé par Iwaï pour les nouveaux seniors. Ça dure jusqu'à vendredi.

— Ah…

— Ça me saoule. Mais en fait ça m'a donné une idée.

— Quoi ?

— J'ai réservé deux nuits, vendredi et samedi, dans un bel hôtel sur la marina d'Amsterdam, pour qu'on passe le week-end ensemble.

— …

À son regard fuyant, j'ai tout de suite compris que mon

idée ne la séduisait pas. Mais j'étais loin d'imaginer une réponse aussi déplaisante.

— Écoute, Christian. Je t'aime beaucoup mais je crois qu'il vaut mieux en rester là. Ça marchera pas.

C'était la semaine dernière et j'ai encore l'estomac noué en récupérant mollement ma valise sur le tapis roulant de l'aéroport d'Amsterdam. Je suis censé suivre des conférences et des ateliers sur le management, les enjeux de la firme et les responsabilités de senior, le tout enrobé d'une bonne dose de *team building* avec 500 avocats fraîchement promus dans toutes les spécialités. L'établissement dans lequel se déroulent les festivités est un cauchemar pour cadre sup' en dépression. À deux heures de route de la capitale hollandaise, avec des salles de réunion décorées d'une moquette marron mouchetée de motifs en étoile couleur moutarde et ses chaises assorties, j'ai l'impression d'avoir été happé par un film institutionnel des années 1980. Si ça se trouve, cet hôtel est tout à fait charmant, mais je n'y vois que laideur et mauvais goût. J'ai envie de pleurer. Et qu'est-ce qu'il fait, Kiki, quand il est triste ? Il se colle une tartine !

Dès le lundi soir, sous le regard amusé de mes collègues, je soudoie le maître d'hôtel pour dégoter une bouteille de vodka à 50 balles, et j'organise un 110 mètres haies en déplaçant tous les canapés du hall. Évidemment, je finis par me vautrer comme un gamin de 3 ans. Au réveil, ma cheville a doublé de volume. Impossible de bouger, j'en profite pour sécher les cours, rester devant ma télé. Et le soir, je rejoins mes collègues en claudiquant dans les couloirs. « Allez, Christian. On boit des coups dans la 115. Tu nous rattrapes ? » Même avec une jambe en moins, je reste un élément que l'on n'oublie pas d'inviter lorsqu'il s'agit de vider un minibar.

Vendredi 13 novembre 2015. Dernier jour de formation. Juste avant de nous quitter, nous décidons de dîner entre collègues dans un bon restaurant. Je n'ai pas encore déchiré ma réservation au *Room Mate Aitana*, hôtel quatre étoiles situé sur une berge du IJ, en plein cœur d'Amsterdam. Oh et puis merde. Un petit week-end en solo, ça va me permettre de réfléchir tranquillement, de reprendre mes esprits.

21 h 51. Première notification envoyée par BFMTV : « Une fusillade à Paris a fait plusieurs morts et au moins sept blessés dans un restaurant du 10ᵉ arrondissement. » L'un après l'autre, tous les téléphones sur la table se mettent à sonner. Peu après 22 heures, nous avons tous le nez rivé sur nos écrans, à essayer de comprendre ce qu'il se passe. D'abord le Stade de France. Et puis des terrasses de restaurants, *Le Petit Cambodge*, *Le Carillon*, *La Belle Équipe*, le *Casa Nostra*. Enfin, le *Bataclan*. La prise d'otages est en cours. Le massacre se déroule à huis clos, mais les témoignages de survivants qui étaient bloqués à l'intérieur commencent à affluer sur les réseaux sociaux. La stupeur gagne toute la table.

En tant qu'administrateur de Wanted, je reçois toutes les notifications. Et, à mesure que les minutes passent, le rythme de publication s'accélère. Vers 22 h 30, mon smartphone vibre en flux continu, comme s'il venait de boguer. La déferlante de messages est invraisemblable. Les wantediens se sont emparés du groupe pour relayer toute information, utile ou non, sur ce qu'il se passe dans les rues de Paris.

« Putain, les gars, j'entends des coups de feu à Oberkampf. Qu'est-ce qui se passe ??? »

« Ça court dans les rues devant chez moi. Est-ce que vous savez pourquoi ? »

« Surtout n'allez pas du côté du *Bataclan*... C'est un carnage ! »

Avec Luc et Jérémie, on communique par Messenger. En tant qu'administrateurs, nous avons le devoir de vérifier le contenu de chaque message avant publication. On pourrait cliquer sur « accepter » à chaque nouveau post, sans se poser de question, mais vu la teneur des messages, la gravité de la situation, ce serait totalement irresponsable. Il faut donc trier, supprimer les fausses alertes, et surtout éviter la panique. Malheureusement, si tous les posts passent par nous, il n'en va pas de même pour les commentaires. Chaque message génère des centaines et des centaines de réactions qui ne passent pas par notre prisme. On peut les supprimer mais seulement après publication. Très vite, nous prenons conscience que nous sommes complètement dépassés, il nous est impossible de faire notre travail de modération convenablement. Et vers 23 h 30, alors que l'attaque du *Bataclan* est toujours en cours, Luc prend la sage décision de tout stopper avec un message officiel pour expliquer la situation à nos membres.

Le dîner avec mes collègues touche à sa fin. L'un après l'autre, chacun monte dans un taxi, direction l'aéroport, pour rentrer à Paris. Moi, je décide d'envoyer un message à une fille que j'ai rencontrée en Teknival il y a deux ans. Sofia, charmante brune ibérique qui vit à Amsterdam et que l'on surnomme « la Pharmacienne ». Je me rappelle qu'elle avait roulé un gros patin à ma copine de l'époque. Ravie d'avoir de mes nouvelles, Sofia m'invite chez elle et, tel que je l'avais imaginé, sort sa trousse à pharmacie. Je fais de nouvelles expériences de chimie. De l'hyperventilation avec des ballons de baudruche et du protoxyde d'azote. Je goûte à des substances que je n'ai jamais gobées de ma vie. Et au milieu de la nuit, Sofia sort une petite fiole, une pipette graduée. Un trait pour les non-initiés, deux traits pour les amateurs avertis. Du GHB ! Dans la nuit du 13 au 14 novembre 2015, alors que Paris est à feu et à sang, j'écoute des albums de Gainsbourg en rigolant comme un débile, défoncé à la drogue de l'oubli. La réalité, tu l'assumes ou tu la fuis. Moi, je fuis.

Je rejoins mon hôtel de luxe le samedi soir à 21 heures. Je m'écroule comme un sac de plomb sur mon lit. Je me réveille le dimanche matin pour faire le *check out*, et je rentre à Paris. C'est à ce moment-là que je prends enfin conscience de l'ampleur de la catastrophe.

Depuis samedi, Wanted est de nouveau opérationnel. Luc et Jérémie, contrairement à moi, sont sur le pied de guerre car les messages de panique ont laissé place à une nouvelle forme d'entraide. Le groupe est devenu une agora géante où certains membres viennent chercher un proche disparu, un camarade de cavale, un pompier héroïque. D'autres proposent leur aide, leur appart, et même leur sang. Ce qu'il se passe est tout simplement prodigieux.

« J'aimerais retrouver la personne qui m'a aidé à sortir du *Bataclan*… »

« Je cherche le gars qui m'a porté sur son dos… »

« Est-ce que vous pouvez me dire où je peux aller donner mon sang. »

« Nous recherchons Thomas Duperron qui était hier au *Bataclan*. Si vous l'avez vu merci de prévenir ! Bien à vous #rechercheParis »

« HELP Marie Mosser vue dernière fois au Bataclan nous sommes toujours à sa recherche. #rechercheParis »

Dans ce contexte d'entraide à grande échelle, les statistiques de Wanted explosent. Et une pratique encore méconnue du grand public prend soudain une dimension délirante. Il s'agit du « UP ». Le « UP » a été inventé dès les débuts de Wanted pour contourner les règles de Facebook. Fin 2015, l'algorithme est toujours aussi niais. Le message qui génère le plus d'interactions, autrement dit le plus commenté, sera celui qui restera le plus longtemps en haut du fil d'actualité. Les wantediens ont donc pris l'habitude d'écrire « UP » en commentaire lorsqu'ils veulent qu'un message reste visible par le plus grand nombre et le plus longtemps possible. « UP » veut dire quelque chose du style : « Je compatis, je n'ai pas la solution, mais je pense qu'il faut faire quelque chose pour cette personne. » C'est l'équivalent virtuel de la présence à une manifestation pour une cause que l'on veut soutenir. Écrire « UP », c'est simuler un commentaire pour augmenter la visibilité du message, et c'est aussi provoquer l'effet de masse nécessaire pour faire avancer les choses.

Dans cette agora d'entraide post-attentats, les messages concernant les personnes disparues sont très délicats à gérer. Certains proches pourraient apprendre la nouvelle en tombant par hasard sur un post Wanted. Le choc pourrait être terrible. Sans compter les disparitions déjà résolues ou bien carrément inventées qui ne feraient qu'encombrer les numéros d'urgence déjà saturés avec des appels inutiles de wantediens croyant bien faire. Nous prenons donc la décision de n'autoriser ce type de messages que lorsqu'ils sont rédigés par la famille proche. Il faut donc à chaque fois prendre contact avec l'auteur du message, s'assurer qu'il s'agit bien d'un proche parent de la personne disparue, expliquer pourquoi on a décidé d'appliquer cette méthode de filtrage, donner si nécessaire des informations sur les cellules de crise et autres numéros verts, et parfois aider à la rédaction du message pour générer l'entraide la plus saine possible.

Avec la douleur et la colère commencent à fleurir les propos haineux, complotistes et racistes. Lorsqu'un membre avec un nom à consonance arabe exprime sa tristesse par exemple, certains en profitent pour déverser leur bile. Notre méthode dans ce cas-là est toujours la même. On supprime les commentaires haineux et on envoie un message privé à l'auteur pour lui expliquer que ses propos sont en contradiction avec nos valeurs de cohésion.

« Salut X. Je suis modérateur sur Wanted. Je viens de voir ton commentaire. "Cassez-vous les bougnoules, on va vous trancher la gorge." Je suis désolé mais tu comprends bien que sur un groupe d'entraide qui prône la tolérance et le bien vivre ensemble, nous ne pouvons pas accepter ce genre de propos. Je t'informe donc que je vais supprimer ton commentaire et te bannir du groupe.

À dispo pour en discuter. Bonne journée. »

Toujours rester courtois, même avec une personne aux propos diamétralement opposés à ce que l'on défend. C'est le meilleur moyen de la désarmer, sans se renier. En période de crise aiguë, tout le monde est à cran et les échanges sur Wanted sont le reflet de ce qui se joue dans notre société, dans chaque salon, chaque foyer, chaque village, chaque quartier. Alors avec certains de ces commentateurs sans limites, nous discutons de longues minutes en messages privés. Nous prenons toujours le temps de dialoguer avant de bannir quelqu'un. Ne serait-ce que pour lui donner les outils pour expliquer ensuite autour de lui ce qu'il lui est arrivé sur notre groupe. « Je me suis fait jeter de Wanted parce que j'ai dit qu'il fallait égorger tous les bougnoules. » Cette modération au cas par cas prend beaucoup de temps, mais c'est ce qui préserve l'atmosphère de respect et de confiance sans laquelle aucune solidarité n'est possible. Les wantediens s'entraident depuis des années parce qu'ils savent que les débordements sont proscrits et les mauvais éléments aussitôt bannis.

Ce travail de modération nous occupe à raison de treize ou quatorze heures par jour pendant une bonne semaine. Les nuits sont courtes mais le sentiment de responsabilité nous tient éveillés. Nous dormirons plus tard. Luc et Jérémie, ainsi que nos modérateurs bénévoles, m'impressionnent par leur ténacité, leur engagement pour guider le navire en pleine tempête. Heureusement. La mission est capitale : 100 000 personnes à fleur de peau, bouleversées par un événement tragique, qui se mettent à échanger à un rythme effréné… Si on les abandonnait à leur propre sort, le chaos s'installerait en quelques heures et ce serait probablement la fin de Wanted.

Est-ce que Wanted Community fait de la politique ? Non. C'est même écrit noir sur blanc dans notre charte. Nous ne sommes pas naïfs pour autant. Il arrive que certaines de nos décisions prennent une couleur politique. C'est inévitable. Si un wantedien rédigeait un post pour expliquer qu'il en a marre des migrants, son message ne serait pas publié. Les opinions politiques n'ont pas leur place sur Wanted. Et d'un autre côté, si un membre faisait une annonce pour organiser une action solidaire suite à l'arrivée d'un bateau de migrants sur les côtes françaises, non seulement son message serait accepté mais en plus nous traquerions et supprimerions les commentaires haineux qu'il susciterait. Pourquoi ? Parce que c'est tout ce que nous sommes : un réseau d'entraide. Quelle que soit l'origine ethnique, sociale, géographique de la personne dans le besoin, la main tendue est notre seule boussole. Tout le reste nous est indifférent.

Les jours suivants, de nombreux médias parlent de nous avec toujours la même accroche : « L'entraide s'organise sur les réseaux sociaux. » *Le Figaro*, *Le Huffington Post*, *The Daily Telegraph* à Londres… Tous relèvent les effets positifs, l'utilité de Wanted dans un contexte de crise. La modération a permis la mise en place d'un tissu d'entraide efficace. Les gens se sont hébergés, consolés, dépannés, réconfortés. Il y a eu beaucoup d'échanges *online*, mais également dans la vie réelle. La solidarité a bien fonctionné et nous sommes rassurés par la bienveillance qui irrigue notre communauté.

Quelques mois plus tard, la petite routine de Wanted a repris ses droits. On revend sa lampe de bureau, on trouve un colocataire, un conseil culturel, une nounou pour le petit dernier. Mais l'hyper-solidarité des wantediens soudés autour de la même cause a ouvert le champ des possibles. Dans notre petit coin, à l'abri des regards, Luc, Jérémie, Vincent et moi, nous ressassons chaque jour la même remarque : « Si seulement on pouvait faire ça tout le temps. » Nous n'en avons pas encore pris conscience mais les attentats de Paris, et surtout ce que les membres de Wanted en ont fait, marquent un tournant philosophique capital dans notre histoire. Le chien « Wanted » avait ouvert la brèche en démontrant qu'une initiative individuelle peut faire fleurir une solidarité spontanée, désintéressée, en dehors de toute structure. Les attentats ont montré que cette même solidarité peut être démultipliée autour d'une cause pour toucher le plus grand nombre. Cela tient à la nature humaine. C'est bien connu, « en temps de guerre les gens s'entraident ». Seulement, ces dernières années, l'adage avait cédé beaucoup de terrain à la peur, au doute et au repli. L'entraide n'était plus une évidence pour personne. Alors, voir la communauté s'emparer de notre outil pour agir dans le bon sens doit pousser chacun de nous à observer la « foule » sous un autre angle.

Mina Pyro > Wanted Community Bordeaux
26 novembre 2015

Update : J'AI RETROUVÉ AUDREY ! Et son ami Momo. Je viens de leur parler, j'ai du dire n'importe quoi tellement j'étais entre rire et larmes.
MERCI à tous, toutes. Vous avez contribué à rendre le miracle possible.
On va se mettre une grosse mine en terrasse à votre santé dès que possible ! 😍😍😍

46 · J'aime

- Nicole -

Comme de nombreuses personnes, Nicole a vécu les attentats à travers les réseaux sociaux. Mais son expérience est surprenante. Avec Jérémie, nous la découvrons par hasard, au cours d'une conférence. Elle s'approche de nous, en nous remerciant d'avoir créé Wanted. Un peu gênés par les compliments, nous l'invitons à nous confier son vécu.

« J'ai 40 ans, je suis maman célibataire. J'habite avec ma fille de 10 ans dans un deux-pièces, porte Maillot. Comme beaucoup de parents j'imagine, j'essaie d'inculquer à ma fille des valeurs de solidarité. Comme elle est fille unique, c'est un peu compliqué, elle est rarement obligée de prêter ses jouets à d'autres enfants. Alors je cherche à lui montrer le concept du partage le plus souvent possible. Par exemple, lorsqu'un ami de passage à Paris a besoin d'être hébergé, je lui propose d'offrir sa chambre. Et ça se passe toujours très bien. Mais un jour j'ai voulu aller un peu plus loin.

En 2015, je travaillais à la COP21. Et je passais déjà beaucoup de temps sur Wanted. J'aimais l'entraide qui se construisait en direct sur ce groupe. C'était agréable à voir. Au début du mois de novembre, j'ai vu passer le message d'un garçon, Benoît, un peu plus jeune que moi. Il allait se retrouver en galère, sans logement, à cause d'une rupture, il me semble. Il avait besoin d'un hébergement pendant une dizaine de jours avant de pouvoir emménager dans son nouvel appartement. C'est en tout cas ce qu'il racontait. Il cherchait un dépannage.

Sur le moment je me suis dit : pourquoi pas. Voilà une belle occasion de montrer à ma fille que l'on peut tendre la main aux gens dans le besoin, et que l'expérience peut être enrichissante. J'ai envoyé un message à Benoît pour lui proposer mon aide, tout en lui précisant que je souhaitais le rencontrer dans un café avant de l'accueillir.

Nous nous retrouvons dans un bar du 16e arrondissement, près de la station de métro Iéna. Cheveux courts, châtains, avec une barbe de trois jours. Il me raconte qu'il termine d'écrire un livre et qu'en parallèle il travaille dans la restauration. Je lui explique que j'habite seule avec ma fille dans un deux-pièces. L'un comme l'autre, on est intimidés par la situation. Et si c'était un psychopathe à la recherche de sa prochaine proie. Après tout, créer un faux profil sur Facebook, raconter n'importe quoi pour amadouer les gens, c'est tellement facile aujourd'hui.

— Je n'ai jamais fait ça de ma vie, lui dis-je d'une voix hésitante.

— Moi non plus, m'avoue-t-il, lui aussi un peu penaud.

— Et du coup tu voudrais venir quel jour ?

— Lundi, ça irait ?

— D'abord tu dois me promettre que tu ne vas pas nous découper en rondelles ma fille et moi !

La remarque le surprend, je crois. Il sourit doucement, puis il reprend.

— C'est promis. Mais tu sais, je ne suis pas serein non plus. J'espère que je ne vais pas me réveiller un matin avec un rein en moins.

L'absurdité de cet échange nous fait rire de bon cœur et nous partons chacun de notre côté, à peu près rassurés. En rentrant, j'en parle avec ma fille, en lui disant qu'un ami d'ami va venir passer quelques jours à la maison. Pourquoi ce petit mensonge ? J'ai un peu peur qu'elle raconte à tout le monde que j'héberge des inconnus. D'ailleurs je cache la vérité à mes proches.

Quelques jours plus tard, Benoît sonne à ma porte. Je l'invite à poser son sac dans la chambre, je lui donne une clé de l'appartement, et je prépare le clic-clac dans le salon pour ma fille et moi. Pourquoi ne pas donner le canapé à Benoît ? Parce que le lit de ma fille est un lit une place. Alors que le sofa nous permet de dormir toutes les deux confortablement. C'est juste une question de confort.

Dans les premiers instants, ma fille est un peu réservée, timide, mais assez vite elle finit par s'ouvrir. C'est une enfant très sociable. Les jours suivants, on se croise avec Benoît. Pas très souvent en réalité. Comme il travaille dans la restauration, nous dormons déjà lorsqu'il rentre le soir. Et il dort encore le matin lorsque nous partons. Mais ce n'est pas un problème, je suis facile à vivre. Il m'inspire confiance. Je n'en demande pas plus.

Le 13 novembre 2015, vers 19 heures, je rentre du travail. Je récupère la petite, je file chez moi, un bon bain, une soupe et au lit. Vers 21 h 30, alors qu'elle dort déjà comme un loir, moi je continue à chercher le sommeil en traînant sur Wanted. Et je vois passer un premier message : « Je suis dans le 11e, j'entends du bruit. On dirait des coups de feu. Est-ce que quelqu'un sait ce qu'il se passe ? » Sur le moment je ne fais pas trop attention. Mais en quelques minutes, plusieurs posts du même genre sont publiés et abondamment commentés. Je m'aperçois que Benoît est connecté sur Messenger. Et on se met à échanger, lui dans la chambre, moi dans le salon.

— Tu as vu ce qu'il se passe ?

— Oui, ça fait peur.

— On peut se retrouver dans la cuisine si tu veux.

Dans la cuisine, nous branchons un ordinateur pour avoir un œil sur les chaînes info et nous continuons à suivre les réseaux sociaux sur nos smartphones. Je vois des CRS qui quadrillent un angle de rue et je reconnais *La Bonne Bière*, un café où j'ai l'habitude d'aller. Comme de nombreuses personnes ce soir-là, je frissonne à l'idée que j'aurais pu me trouver à la place des victimes. Sur Wanted, les premiers messages polémiques commencent à fuser. Apparemment, certains lieux ferment leurs portes alors que dans la rue des gens cherchent désespérément un endroit pour s'abriter. La colère monte. Et puis le hashtag #PorteOuverte apparaît, lancé par des internautes qui proposent d'ouvrir la porte de chez eux à ces personnes en quête d'un abri. Benoît et moi échangeons beaucoup cette nuit-là. Terrorisée par ce que je vois sur mon écran, je suis réconfortée par un garçon que je ne connaissais pas quelques jours auparavant. Je lui en suis profondément reconnaissante. Et au fond, je me dis simplement deux choses. « Heureusement que ma fille est là. Et heureusement que Benoît est là. »

Finalement, nous trouvons le sommeil vers 3 heures du matin, après avoir pris des nouvelles de tous nos proches. Et quelques jours plus tard, comme prévu, Benoît nous quitte pour emménager dans son nouvel appartement. Nous ne nous sommes jamais revus depuis. Mais cette expérience de partage est restée gravée dans ma mémoire, et je ne manquerai pas de la raconter un jour à ma fille. »

J'ai les larmes aux yeux en écoutant l'histoire de Nicole, trois ans après les événements tragiques du 13 novembre 2015. Et je comprends alors que, même si par malheur notre projet devait se conclure par un immense fiasco, le concept d'initiative individuelle de solidarité qui se développe sur Wanted ne peut plus être stoppé. Les êtres humains ont besoin de s'entraider. Et ils trouveront toujours un moyen de combler ce besoin. Peu importe le support, la boule de neige n'est pas près de s'arrêter.

Laurie Bertrand > Wanted Community Paris
26 janvier 2018

Enfermée dehors...
Quatorzième Arrondissement

Bonjour à tous les wantediens 🙂
Suite à un énorme coup de vent, ma porte s'est claquée et mes clés sont restées à l'intérieur de mon appartement, je me retrouve donc enfermée dehors ! J'ai fais venir un serrurier, plutôt malhonnête qui a changé de prix aussitôt arrivé, en m'annonçant qu'il fallait carrément faire sauter la serrure...
Je vous lance donc un appel à l'aide ! Avez vous des conseils
pour que je puisse ouvrir ma porte seule ? Ou connaissez vous un serrurier honnête ? (et pas trop cher si possible, je suis étudiante donc je mange déjà des pâtes) 🙂
Je vous lance un grand merci par avance !
Bonne journée 🙂

👍 😮 9 — 38 commentaires

Angélique Gambart > Wanted Community Paris
7 août 2018

Jowita serrurier, un numéro à connaître par coeur
0612407070
Je me suis retrouvée bloquée à l'extérieur de chez moi, évidemment 7 août, tous les serruriers du quartier en congé. Jowita etait heureusement au boulot. Il a Sauvé ma journée, rapide, efficace, sympa et pas cher.

👍 ❤️ 39 — 3 commentaires

Dominique Babin > Wanted Community Paris
8 février 2018

Jowita Serrurier SAVED MY LIFE !

23 · J'aime — 4 commentaires

Ouarda Tangeroise a partagé un lien dans le groupe Wanted Community Paris
24 septembre 2018

Ce post pour remercier le célèbre serrurier de Wanted qu'on ne nome plus. Jowita-serrurier.com
Ultra efficace, ultra honnête, réactif !! Milles mercis !!
Si vous avez besoin d'un serrurier vous savez à qui faire appel !

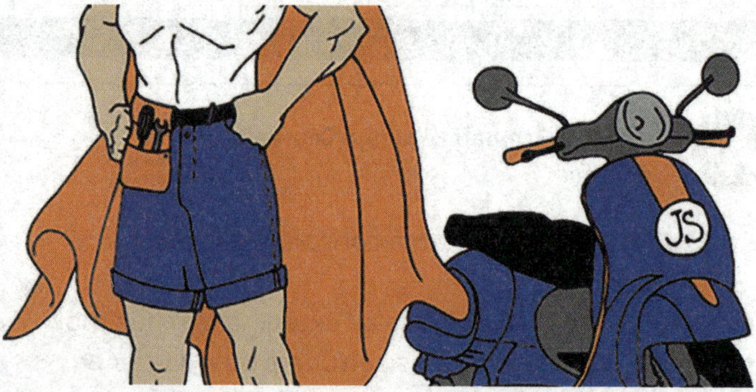

- 13 -

— Bon, les gars, c’est quoi Wanted ?

— C’est Jowita Serrurier !

— Non mais sérieux, les gars…

— C’est beaucoup de choses, soupire Luc.

— Il y a quand même deux ou trois trucs qui se dégagent du reste, souligne Jérémie.

Wanted est un monde à part que l’on peine à définir. De loin, on pourrait comparer ça à une grande salle remplie de gens de toutes sortes. Il y en a des très bavards. D’autres qui ne disent pas un mot. Et certains qui ne sont pas d’accord et qui veulent le faire savoir. Voilà pour l’ambiance. En ce qui concerne l’activité de ces gens, c’est plus compliqué. Chacun vient chercher ce qu’il veut sur Wanted. Un logement, un job, des meubles, des conseils de sorties, bars, restaurants, des recommandations professionnelles, dentistes, serruriers, plombiers… Jowita, la star des serruriers, s’est fait un nom en dépannant des gens enfermés dehors pour un tarif raisonnable. Le bouche-à-oreille a tellement bien fonctionné qu’il a pris des employés pour couvrir la demande. Et aux dernières nouvelles, son yacht est au mouillage dans le golfe de Porto-Vecchio😂. Sur Wanted, il y a aussi des blagues, des montages photo, des déménagements, du covoiturage. Il y en a même qui proposent des bagages vides en soute lorsqu’ils prennent l’avion. Cette liste, à laquelle il manque certainement plein de choses, et que l’on pourrait appeler « petite entraide quotidienne », représente environ 90 % de l'activité sur Wanted.

Les 10 % restants, ce sont les initiatives solidaires spontanées pour aider des personnes en difficulté. Et depuis les attentats, nous observons un phénomène auquel on ne s'attendait pas forcément. Même minoritaires, les initiatives « solidaires » et les appels à tendre la main sont ceux qui génèrent le plus d'interactions au sein de la communauté. Et de très loin. Lorsqu'un wantedien poste un message concernant un sans-abri, il suscite systématiquement beaucoup plus de *likes*, de « UP » et de commentaires. Un échange d'appartement, par exemple, va récolter quelques dizaines de *likes*, alors que le message d'une personne à la rue en recevra des milliers. C'est d'autant plus surprenant que ces messages encore assez rares pourraient facilement être noyés dans la masse des achats-ventes et autres vide-greniers. Cela prouve une chose : la solidarité est l'activité qui génère le plus d'impact. Bon, mais une fois que l'on a dit cela, qu'est-ce que l'on fait ? Se focaliser sur les 90 % pour développer une activité commerciale serait tentant.

— Les gens revendent leurs meubles ? On peut faire une application comme Leboncoin.

Seulement, cette perspective nous ennuie profondément.

— Les gars, il va quand même falloir trouver de l'argent.

— Tu as raison, Kiki, mais ça ne doit pas être le but de Wanted, précise Jérémie.

— On est d'accord. Mais c'est quoi, le but ?

— Wanted doit aider les gens, intervient Luc. C'est sa raison d'être aujourd'hui. Et il faut que ça le reste parce que sinon ce n'est plus Wanted.

Avant les attentats, nous avions une boussole qui tournait dans tous les sens. Désormais, la boussole indique le nord. Ce soir d'hiver, quelques semaines après le 13 novembre, nous prenons tous les quatre la décision de respecter, quoi qu'il arrive, cet engagement : la finalité de Wanted Community sera d'aider le plus grand nombre et en priorité les personnes les plus fragiles.

Pour commencer, on va créer des groupes Wanted un peu partout en France. Nous avons déjà Paris et Bordeaux qui marchent très bien. On va en ouvrir dans toutes les villes. Et c'est Luc qui propose de s'en charger. Pour ceux que la partie purement technique pourrait intéresser, ouvrir un groupe Facebook est à la portée de n'importe quel internaute. Il suffit d'aller sur son profil, de cliquer en haut à droite sur l'onglet « Créer », de sélectionner le bouton « Groupe ». On vous demande le nom du groupe, les gens que vous souhaitez inviter, et c'est parti ! Dans la pratique, si vous souhaitez que votre groupe rayonne au-delà de votre cercle d'amis, c'est un peu plus compliqué. Dans le cas de Wanted, il y a deux ingrédients essentiels. Le premier, c'est l'équipe de modérateurs qui va faire respecter la charte de Wanted (cf. annexe). Comme expliqué précédemment, la modération est la seule méthode pour obtenir une atmosphère de respect, donc une entraide efficace. Seulement, comme toute notre activité est bénévole, il faut que ces personnes acceptent la mission sans toucher un centime. Il faut donc trouver des gens qui adhèrent aux valeurs de Wanted et qui souhaitent les défendre. En clair, des passionnés.

Le second ingrédient pour développer Wanted dans une nouvelle ville, c'est de confier les clés du Berlingo à un régional de l'étape. Une communauté fonctionnera toujours mieux si elle est guidée par une personne qui connaît bien le coin. D'abord parce que ce leader local va commencer par inviter ses 500 « *friends* », également du cru, qui constitueront le premier noyau qui fera ensuite boule de neige. Et, surtout, parce qu'il est évident que pour donner des conseils de restaurants, bars, boîtes ou randonnées pédestres, il vaut mieux connaître le terrain. Pour dégoter la perle rare, il y a deux méthodes. On peut choisir une personne qui nous a déjà exprimé son désir de créer un groupe Wanted dans sa propre ville, ou bien chercher par nous-mêmes l'ambassadeur dont on a besoin dans la ville où l'on veut s'implanter.

Hélas, le recrutement n'est pas du tout évident, surtout pour l'équipe de modérateurs. Avec le volume de publications que nous avons, il faudrait que nous parvenions à convaincre une bonne cinquantaine de personnes et, pour l'instant, on en est très loin. Alors, devant l'ampleur de la tâche, Luc prend la décision de quitter son job de directeur de café. C'est le premier des quatre à sauter le pas, et nous lui tirons notre chapeau. Ça n'a l'air de rien comme ça, mais quitter un job à 5 000 euros par mois pour sauter à pieds joints dans une aventure qui ne génère pas un centime, c'est quand même « gaufré », comme on dit à Bordeaux !

Luc prend aussitôt l'opérationnel à son compte. Ce que l'on ignore, c'est qu'entre-temps cette mission est devenue colossale. De 9 heures jusqu'à minuit, 1 heure, parfois 2 heures du matin, il a les mains dans le cambouis pour que la communauté qui ne cesse de grossir continue à s'entraider convenablement. Mme Bernard, par exemple, qui lui envoie un message pour se plaindre parce qu'elle s'est fait insulter par David. Il faut la rassurer, Mme Bernard, lui présenter nos excuses au nom de toute l'équipe, et lui prouver que sa plainte ne restera pas sans réponse. Ensuite il faut contacter David pour expliquer la situation, lui demander de s'excuser auprès de Mme Bernard et, s'il accepte, lui faire promettre d'être plus courtois à l'avenir. Par ailleurs, Luc interagit un maximum avec les wantediens dont les initiatives collent à ce que l'on veut mettre en avant. Il entre donc dans des conversations souvent anodines, des échanges d'amabilités, mais pour lesquelles à chaque réponse il reçoit une notification sur son smartphone. Et comme chaque réponse augmente la visibilité du message, il est important qu'il joue le jeu au maximum. Il devient une sorte de membre super actif, en plus de son boulot de modérateur. Seulement, imaginez un peu : plus d'une centaine de publications par jour et tous les commentaires qui en découlent, sans compter les messages privés de Mme Bernard, tout cela se matérialise par des milliers de vibrations téléphoniques dans la poche de son jean. C'est comme si son patron venait lui tirer la manche toutes les deux secondes. Franchement, il y a de quoi devenir fou. Mais Luc garde tout cela pour lui. Jérémie, Vincent et moi n'en savons pas grand-chose pour le moment. Tout ce que l'on voit, c'est que le développement de Wanted dans les nouvelles villes ne se fait pas. Les semaines passent et même si la communauté grossit à Paris et à Bordeaux, nous ne voyons toujours pas où cela nous mène. L'idéal serait que je puisse moi aussi consacrer tout mon temps à Wanted. Pour apporter une aide plus conséquente.

— Bonjour, Corentin.

— Bonjour, Christian. Qu'est-ce que je peux faire pour toi.

Corentin, le gars qui m'a embauché chez Iwaï il y a cinq ans, avec qui je joue au foot depuis des années et qui a toujours été très bienveillant avec moi, j'ai du mal à lui expliquer mon ras-le-bol en toute franchise.

— Tu sais que ça fait longtemps que je suis dans la boîte…

— Oui…

— Je crois qu'il est temps pour moi de partir.

— Je comprends, Christian. Mais si tu veux partir, il va falloir que tu démissionnes. Tu veux démissionner ?

— Non.

— Alors écoute, je te propose un truc. Tu fais la saison fiscale avec nous. Et on en reparle après. Ça te va ?

— Oui, ça me va. Mais j'ai quand même besoin de temps pour peaufiner mes projets perso.

— Je comprends. Mais en quoi puis-je t'aider ?

Au terme de ce petit entretien informel avec Corentin, je n'ai pas vraiment résolu le problème mais je parviens à arracher une disponibilité de deux lundis par mois, auxquels j'ajouterai les deux autres sous forme congé. Et je vais consacrer tous mes week-ends au développement de Wanted Community. Le sacrifice reste limité, je passe de 4 800 à 4 200 euros par mois. Et de toute façon, j'ai trop besoin de la bouffée d'oxygène que me procure Wanted. Le seul inconvénient, c'est que la quantité de travail ne diminuera pas. Je vais devoir produire autant mais avec un jour de moins par semaine, et pour un job dont je ne vois plus du tout le sens.

Mars 2016. Désormais, je monte tous les vendredis dans le train pour Bordeaux. À mon arrivée, on boit un coup ensemble dans un bar, sans excès, juste pour le plaisir de se retrouver. Et on attaque le samedi matin à 9 heures. Réunion chez Luc. On commence par débriefer ce qu'il s'est passé dans la semaine. On fume clope sur clope, je me nourris de bonbons, et on se fait chauffer les méninges pour trouver l'avenir de Wanted.

— Quel concept existe déjà et qu'on pourrait appliquer à notre communauté pour aider un maximum de personnes ?

— On pourrait faire une application qui donnerait aux wantediens une réduction de 10 % chez certains commerçants de Bordeaux. Wanted prendrait une petite commission au passage. Et on reverserait par exemple 80 % de cette commission dans une cagnotte pour les sans-abri.

— C'est une bonne idée ça. Mais ça implique de quitter Facebook.

L'idée de quitter Facebook nous taraude depuis longtemps. L'inconvénient de Facebook, c'est que toutes les données de nos membres, ce que l'on appelle les « data », appartiennent à Facebook. Or, la data est la seule chose que l'on peut monétiser aujourd'hui sur Internet. C'est la raison pour laquelle quitter le réseau social est une solution tentante, cela permet de reprendre le contrôle des données, pour ensuite vendre de la publicité ciblée.

— Les gars, si on veut quitter nos jobs, il faut créer un truc façon start-up. Ensuite avec l'argent on fera du solidaire.

— La seule chose qu'on contrôle, c'est l'entrée sur le groupe. On pourrait faire payer un droit d'entrée.

— On va quand même pas faire payer nos membres !

— Non, pas les membres. Mais les professionnels, c'est envisageable.

— Et comment tu veux t'y prendre ?

— On peut faire un système d'abonnement évolutif. Pour les TPE, ce serait, disons, 1 euro tous les 100 membres. Ensuite 2 euros pour les grandes entreprises. Et 3 euros pour les grands groupes. Et l'abonnement augmenterait au même rythme que la communauté.

— C'est pas con.

— En plus c'est assez simple à gérer. Le professionnel sait pour quoi il paie. Nous, on n'a rien à développer. Et en bout de chaîne, on redonne l'argent à des associations.

Cette idée nous tient en haleine pendant quelques semaines. Chacun travaille de son côté pour tester la faisabilité, les contraintes techniques, juridiques, les risques pour la communauté. Finalement, le soufflé retombe en prenant conscience des effets négatifs du dispositif. D'abord, comment savoir si le type qui s'abonne à Wanted est un professionnel ou non ? Et quand bien même nous ferions un travail d'enquête sur les pages jaunes ou à la chambre de commerce pour traquer les petits malins, il leur suffirait de passer par un tiers. Si Pascal s'inscrit sur Wanted en apportant toutes les preuves de sa bonne foi, rien ne l'empêche ensuite de faire la publicité de son beau-frère serrurier dans le Val-d'Oise. Le filtre est donc facilement contournable.

Le dimanche, je m'accorde une pause pour déjeuner avec ma mère. Je lui parle de nos projets, vaguement. J'évite évidemment de lui dire que je ne travaille plus que 4 jours par semaine. Inutile de lui causer du souci alors que rien n'est fait. Et le lundi, nous remettons le couvert avec mes trois camarades pour une dernière journée de brainstorming avant de remonter à Paris. En à peine quelques semaines, je me rends compte que ma vie a changé, mon rythme de fête a fortement diminué et ma santé me le rend bien. L'influx nerveux est revenu, le sommeil est devenu un plaisir, le réveil une formalité. *Bah, qu'est-ce qu'il t'arrive, mon Kiki ? T'es amoureux ?* Chaque voyage en train est une introspection. Un peu partout dans le wagon, des hommes en costume travaillent sur leurs tableaux Excel, moi je regarde le paysage. Je songe à mes journées de travail chez Iwaï. C'est vrai que je bosse comme un cheval de trait pour compenser mes lundis. Mais je prends conscience que je suis bien plus heureux qu'avant. Je commence même à rêver de sauver le monde. Le vendredi soir, mon enthousiasme grandit à mesure que défilent les kilomètres de Paris à Bordeaux. « C'est ce week-end, je le sens ! On va trouver un truc génial qui va tout changer ! »

Cette phase de travail avec Jérémie, Luc et Vincent est exaltante. Tout est nouveau, et tout paraît faisable. Nous vivons ces moments comme des pionniers à la recherche du lopin de terre le plus fertile. Et dans cette quête nous croisons la route de The Family, un des plus gros incubateurs de start-up à Paris. C'est notre première rencontre avec des professionnels du secteur. Et nous avons tout à apprendre.

— C'est une très belle communauté, Wanted. Potentiellement, vous avez de l'or entre les mains, nous dit-on.

— Le problème, c'est que nous ne savons pas encore vers quoi nous projeter exactement.

— Il faut tester, les gars. Si vous avez une idée, il faut la tester.

— Oui, mais si ça ne marche pas, on risque de nous accuser de vouloir faire du blé.

— Personne ne vous connaît, les gars. Si vous vous

plantez, c'est juste un coup d'épée dans l'eau. Si votre communauté n'apprécie pas, vous changez. C'est tout. Il faut itérer, les gars. Il n'y a que comme ça qu'on avance.

« Itérer ». Au passage, je découvre le verbe le plus hype du moment dans le monde merveilleux des start-up. Mais surtout on se libère d'un poids, cette peur bleue de décevoir les wantediens et de voir tout le monde quitter le navire avant d'avoir fait quoi que ce soit. L'air de rien, le type nous a ouvert les chakras ! Et on va commencer par un partenariat test avec Trusk, le Uber de la livraison Ikea.

— Le droit d'entrée sur Wanted, c'est de proposer quelque chose qui soit avantageux pour nos membres, précise Jérémie.

— On peut vous faire un jeu-concours. Un wantedien tiré au sort recevra chez lui un canapé et une télé.

— C'est une bonne idée.

Pour Trusk, c'est de la publicité sur un réseau auquel normalement ils n'ont pas accès. Et pour les membres, c'est une belle occasion de refaire son salon. Tout se déroule normalement. Un wantedien reçoit comme prévu un sofa et un téléviseur tout neufs. Personne ne nous insulte. Pourtant le dispositif nous laisse un léger goût d'inachevé. D'abord le succès n'est pas à la hauteur de ce que l'on pouvait espérer, et surtout aucun de nous quatre ne se reconnaît dans ce type d'opération.

En attendant, le temps passe. Et chez Iwaï la saison fiscale reprend. Je suis obligé de bosser tous les samedis pour compenser mes lundis à Bordeaux. Le rythme devient harassant. Nous n'avançons pas et la frustration grandit de mon côté. Il y a quand même une chose qui revient régulièrement dans nos discussions : aider le monde associatif. Nos réflexions tournent généralement autour de ça. Les associations ont des besoins, les entreprises ont des moyens, et nous on a potentiellement de la ressource humaine. Il faut trouver la bonne équation.

— Il y a des associations qui cherchent des tentes pour les sans-abri.

— Oui et alors ?

— On pourrait faire un partenariat avec Decathlon.

— Et comment tu veux t'y prendre ?

— Disons qu'une association cherche deux cents toiles de tente. On demande à Decathlon de les fournir, et on communique sur l'opération auprès des wantediens.

— Ah ouais, c'est pas bête. Et pour garantir à Decathlon que l'opération sera vue par un maximum de membres, on fait une sorte de jeu-concours solidaire. Du genre : « Si ce message atteint les 10 000 *likes*, Decathlon fournit 200 tentes aux Enfants de Don Quichotte. »

— C'est super. L'association voit son besoin comblé. Les membres par leurs commentaires font une action positive. On pousse à l'entraide. Et puis pour Decathlon c'est une belle campagne de com'.

— Et pour remercier les wantediens, on peut demander à Decathlon d'envoyer un bon de réduction à tous ceux qui ont joué le jeu. Et nous, en bout de course, on prend une petite commission sur les achats effectués avec ces bons de réduction.

Mais elle est géniale, cette idée ! Alors pourquoi n'allons-nous pas au bout ? D'abord à cause de nos emplois du temps. En plus de nos boulots respectifs, sans le savoir nous gérons déjà un des plus grands groupes Facebook au monde et cela prend un temps fou. Et surtout à cause des contraintes techniques. Si l'opération se déroule sur Facebook, nous n'aurons pas accès à la data. Il faudra donc éplucher les 10000 *likes* à la main. Et ça nous prendra une éternité. Et récupérer la data auprès de Facebook ? Impossible, jamais ils ne nous y donneront accès. C'est leur trésor de guerre. Reste la possibilité de créer une application à part, juste pour ce type d'opérations, mais nous n'avons pas les compétences. Nous ne sommes pas développeurs informatiques, nous sommes simplement quatre potes avec de bonnes intentions et une idée assez précise de ce que peut générer l'entraide à grande échelle sur Internet.

Au fil des semaines, nous plongeons dans l'enfer de la réunionite. Le café philo des idées ratées. Sur Wanted, Luc continue de gérer le quotidien. Nous avons une charte évidemment, mais il faut écrire une bible pour encadrer les règles de modération. Nous cherchons notre avenir mais il est hors de question de négliger nos membres, et a fortiori nos modérateurs. Ces gens sont les globules blancs de Wanted. Et ce sont également nos *early adopters*, comme on dit dans le jargon marketing, les primo-adoptants, les membres les plus attachés à la communauté. C'est grâce à eux que la circulation de nos messages est démultipliée. C'est eux qui évangélisent. Il faut donc leur donner un maximum d'outils.

Ce qui peut être déstabilisant, c'est que la communauté évolue au même rythme que la société et de nouveaux problèmes surgissent presque quotidiennement. Alors, tous les jours, il faut se creuser la tête pour trouver un nouveau vaccin. Parfois, les sujets de discorde paraissent bénins. Au moment du Nikon Film Festival, par exemple, alors que cela n'était jamais arrivé, de nombreux photographes choisissent Wanted pour annoncer leur participation. Au passage ils demandent aux wantediens de voter pour eux sur le site Internet du festival. À la clé, une belle enveloppe de 10000 euros pour le lauréat. Tout de même. Dans un premier temps l'équipe de modérateurs laisse passer ces publications. Mais très vite, de nombreux membres s'insurgent contre ce qu'ils considèrent comme une pollution visuelle. On pourrait choisir de bannir ces photographes qui se servent de Wanted pour faire leur publicité. Mais il faut être plus malin. Ces artistes sont des wantediens comme les autres. Et après tout, il n'y aura qu'un seul gagnant. Les autres ne retireront pas un centime de cette publicité. Alors nous décidons d'ouvrir une discussion à part dans le groupe, pour tous ceux que le Nikon Film Festival pourrait intéresser. Et nous demandons à nos modérateurs de prendre contact avec chaque photographe pour lui indiquer le mot-clé #NikonFestival qui le mènera vers cette nouvelle discussion.

Il y a évidemment des sujets bien plus délicats. Le meilleur exemple, c'est le phénomène des cagnottes. Presque du jour au lendemain, nous voyons fleurir un nombre invraisemblable de posts avec des liens pour orienter les membres vers des cagnottes en ligne Leetchi, Le Pot Commun ou Papayoux. Généralement pour payer les soins d'un enfant malade ou d'un proche. Il y a souvent une photo qui accompagne le message. Mais comment savoir s'il s'agit d'une arnaque ? Dans un premier temps, nous prenons le parti d'enquêter nous-mêmes pour débusquer les fraudeurs. On contacte la personne, on lui demande gentiment de nous fournir des preuves, des ordonnances, un certificat médical ou autre. Condition *sine qua non* pour que son message soit publié. Avec certains, tout se déroule normalement. D'autres disparaissent dans la nature évidemment. Et puis il y en a qui nous envoient des documents complètement bidon. Ce travail de tri est compliqué et fastidieux. Finalement, au bout de quelques jours, on doit se résoudre à interdire les cagnottes sur Wanted. Depuis, régulièrement, des posts de ce type nous parviennent. Ils sont systématiquement refusés par les modérateurs. Et dans un second temps, nous recevons des messages privés de mamans qui nous supplient de publier leur cagnotte avec des photos d'enfants malades qui nous brisent le cœur. Alors patiemment, toujours, nous leur expliquons les raisons de cette interdiction. Et nous tentons de leur suggérer d'autres solutions. Hélas, le comportement suspect de quelques abrutis malintentionnés nous oblige à prendre cette décision radicale. C'est rageant de priver notre communauté des cagnottes, alors que cela pourrait aider de nombreuses personnes. Mais si par malheur une seule de ces arnaques avait abouti, cela aurait pu saper la confiance de nos membres et donc tuer Wanted. Impossible de guider convenablement une communauté d'entraide si certains détournent la confiance générale pour en tirer un profit individuel.

Le sexisme est un problème que l'on rencontre aussi. Les mecs lourds qui essaient de draguer par messages privés et qui deviennent insultants quand leurs avances sont rejetées. Mais lorsque la fille nous fait remonter le problème, elle peut être sûre que l'on va agir. On va contacter le type pour lui tirer les bretelles et, ensuite, on tentera une médiation. Si ça ne fonctionne pas, le mec est banni. En revanche, s'il envoie un message d'excuses à la personne qu'il a molestée, tout rentre dans l'ordre. La fille se sent plus en sécurité. Et le type pourra raconter cette anecdote à ses copains en faisant passer le message que nous souhaitons. « Ouahhhh, c'est chaud ! J'ai essayé d'aller choper sur Wanted, mais les mecs sont tendus. Il suffit que la meuf te dénonce à un modo et tu te fais virer direct ! » Une manière de faire avancer les choses en obligeant ces goujats à se regarder dans le miroir. Toutes les dérives d'Internet tapent à la porte de Wanted. Et nous, à contre-courant de ce qui se fait partout sur les réseaux sociaux, nous avons choisi d'encadrer la liberté de parole afin de faire respecter nos valeurs. C'est même la seule mission que l'on accomplit avec une rigueur quasi militaire. Cela ne nous rapporte pas un centime, mais la communauté est notre seul joyau. Alors on en prend soin. On le brosse, on le bichonne tous les jours. Et le plus drôle, c'est que certains des membres à qui l'on doit régulièrement rappeler les principes fondamentaux de notre charte finissent par intégrer notre équipe de modérateurs. Après quelques heures de discussions tout de même 😉.

Le train pour remonter à Paris provoque en moi une torpeur inversement proportionnelle à l'enthousiasme que je ressens à l'aller. *Tout le monde nous dit qu'on a une pépite entre les mains. Je commence à en avoir ras le bol d'entendre ça ! On est incapables de trouver un modèle économique qui collerait à notre philosophie. OK, on fait pas de publicité parce que ça ne correspond pas à nos valeurs. OK, on ne veut pas devenir une régie publicitaire. Et alors quoi ? On va mourir l'épée à la main. Et après ? Ça ne marchera jamais !* Affalé dans mon fauteuil SNCF, je ressasse nos engueulades et je ressens l'impasse. J'éprouve autant de frustration que si l'on cherchait à manœuvrer un char d'assaut dans un showroom Baccarat. *J'accorde trop de temps à tout ça. Il faut que je retrouve du boulot à Paris. Dans un autre cabinet. Que j'arrête de perdre 5 000 balles sur ma fiche de paie. Et tous ces billets de train. C'est plus possible.* Quand les haut-parleurs se mettent à toussoter pour annoncer l'arrivée en gare Montparnasse, c'est le cauchemar. Je suis projeté dans cette putain de tour en verre, avec mes tableaux Excel et mes déclarations de patrimoine. Mon téléphone Iwaï, mon ordinateur et mon costard tout troué à l'entrejambe qui laisse apparaître mes calebars. Avocat spécialisé en fiscalité internationale, tu parles d'une carrière. Moi, je veux des tatouages, des cheveux longs et une grosse barbe bien sauvage. Chez Iwaï, je suis dans un univers que je déteste et je suis obligé de sourire tous les jours. Chez Wanted, je suis avec des gens que j'aime fort et avec qui je peux m'engueuler tous les jours. Chez Iwaï, je ne suis qu'un numéro. Chez Wanted, on est quatre ! Chez Iwaï, je ne ressens qu'une perte de sens à laquelle j'accorde beaucoup trop de temps. Alors que Wanted m'apporte une augmentation de sens à laquelle je n'accorde pas assez de temps. Il faut que j'inverse les équilibres.

Mais pour l'instant, nous entrons dans le vif de la saison fiscale et je ne peux plus descendre à Bordeaux. Je suis en retard sur tous mes dossiers, il faut que je raccroche les wagons. Et dans les quatre mois à venir, je vais devoir avaler des quantités astronomiques de cette bouillie comptable et fiscale qui me sort par les yeux.

- Dey Esse -

À ce stade du récit, tout le monde a saisi le rôle capital des modérateurs. Je l'ai dit, je le répète, ils sont les globules blancs de Wanted. Sans eux, les grands maux d'Internet, cynisme, racisme, sexisme et homophobie, nous auraient emportés depuis longtemps. J'ai aussi évoqué les membres à qui nous sommes obligés de remonter les bretelles et qui parfois finissent par intégrer l'équipe de modérateurs. Tout le monde se souvient de ce passage dans les pages précédentes ? Eh bien, laissez-moi vous présenter une des stars de Wanted. Audrey, 27 ans, « modo » depuis deux ans. Aujourd'hui, elle est également « admin », ce qui veut dire qu'elle peut administrer les 82 groupes Wanted, interagir avec tous les membres, approuver les publications, accepter ou refuser les nouveaux arrivants. Elle peut même recruter de nouveaux modos. En clair, elle a TOUTE notre confiance. Pourtant, au départ, c'était vraiment mal parti. Luc était sur le point de la bannir. Au cours d'un dîner de groupe auquel nous avons convié tous les modérateurs, je m'approche d'elle avec l'intention d'en savoir un peu plus sur cette drôle d'histoire. J'étais loin d'imaginer ce qu'elle avait à raconter.

Il y a quatre ans à peu près, une copine m'a proposé de rejoindre le groupe Wanted sur Facebook. « Tu vas voir, me dit-elle. Il y a plein de trucs drôles, les gens font des montages photo à mourir de rire. Il faut absolument que tu voies ça. » Mais au bout de quelques mois, Wanted avait envahi tout mon fil d'actualité. Je ne voyais plus les publications de mes potes. Je me suis désabonnée.

Quelques mois plus tard, une autre personne m'a ajoutée sur Wanted. Je ne pensais pas y retourner un jour mais j'avais besoin de rire. Alors je me suis replongée dans les publications loufoques, les trucs un peu délire, fun et légers. Et assez rapidement, j'ai commencé à me prendre au jeu, à interagir avec les gens. Je commentais les messages en faisant des vannes. Je me suis mise à faire des Photoshop complètement débiles, juste pour amuser la galerie. Très vite, j'ai commencé à recevoir des dizaines et des dizaines de *likes*. Ça fait toujours plaisir les *likes*, c'est de la reconnaissance immédiate, ça flatte l'ego. C'est plutôt cool, mais c'est addictif.

Je suis secrétaire dans un grand groupe, et lors des périodes creuses il m'arrive de m'ennuyer. Du coup, pour m'occuper je passais beaucoup de temps sur Wanted, à la chasse aux *likes*. Des journées entières à guetter mon fil pour balancer des vannes sur toutes les publications. J'étais partout et je me faisais rire toute seule. J'étais devenue un « troll ». J'avais mes petits fans. Des membres qui me contactaient en MP (message privé) pour me féliciter du genre : « Oh là là, tu régales ! » Des types essayaient de me draguer. Grâce au *trolling*, j'ai rencontré Suzana. Elle aussi était hyperactive sur Wanted. On s'est mises à troller ensemble. Pour rigoler. De temps en temps on se parlait en MP. On a fini par se raconter nos vies, passer le cap de la rencontre IRL *(in real life)*. Et on est devenues amies.

Le troll a une utilité sur Wanted. Par ses blagues, il augmente la visibilité du post. C'est comme un « UP » mais en mieux, parce que la vanne attire la vanne, ça génère du commentaire. Un bon troll peut démultiplier le nombre de *likes* et de commentaires sur un message. Et puis, c'est ce qui fait de Wanted un espace rigolo. Les trolls sont les « ambianceurs » de Wanted. L'ennui, c'est que ça peut générer du conflit. Ces gens qui prennent toute forme de plaisanterie comme un affront, à la moindre vanne ils vous tombent dessus, outrés. *Non mais arrête, on ne peut pas rire de tout, c'est abusé, bla-bla-bla...* On les appelle la « *team* premier degré ».

Et puis au fil du temps, nous aussi quelque part nous sommes devenus une *team*. Une *team* de trolls. Dès que l'un d'entre nous faisait un commentaire, les autres suivaient. La seule règle à ce jeu-là, c'est de ne pas faire de mal, de ne jamais aller trop loin. Évidemment, c'est une question de jugement, mais personnellement je n'ai jamais été méchante. Moqueuse souvent, méchante jamais. Ce n'était pas le but. C'était de faire rire les gens qui me motivait.

Un jour, je suis contactée en MP par Lucie, une modératrice déjà très connue sur Wanted.

— Coucou. Je suis modératrice sur Wanted.

Aïe ! Sur le moment je me dis que j'ai dû dépasser les bornes. Je m'apprête à me faire recadrer du genre « il faudrait que tu arrêtes de faire des blagues quand les gens font des fautes d'orthographe. C'est moralisateur et pas très esprit Wanted ». Mais bizarrement, elle commence par me questionner à propos du temps que je passe sur Wanted.

— Je vois que tu es très active.

— Ah ben clairement oui ! J'y passe toutes mes journées. J'adore ce groupe !

— Tu dois vraiment bien connaître la communauté.

— Ah ça, c'est sûr ! 🤗

— Est-ce que ça t'intéresserait de faire de la modération ?

Je suis un peu décontenancée. Pour être tout à fait franche, je ne sais pas trop en quoi ça consiste. Mais je sais bien que c'est lié, d'une manière ou d'une autre, à mon comportement sur Wanted.

— Ça veut dire que je ne pourrai plus troller ? 😜

— Ah non ! Là tu seras de l'autre côté de la barrière ! 😇

— Bon, pourquoi pas ? Je suis partante !

— Très bien. Je vais en parler avec Luc Jaubert, le fondateur de Wanted. Et je te tiens au courant.

Quelques jours plus tard, je reçois un nouveau message de Lucie.

— Je suis désolée mais ça ne va pas être possible. Luc a refusé catégoriquement.

Les trolls avec qui je m'amuse toute la journée depuis des mois n'ont pas toujours eu la même retenue que moi. Certains sont dans le collimateur de Luc depuis longtemps, et il m'a mise dans le même sac qu'eux. À moins qu'un truc en particulier lui ait fortement déplu, je ne sais pas. En réalité, il est sur le point de tous nous bannir du groupe mais à ce moment-là je l'ignore. Forcément je suis un peu vexée par son refus. Je m'étais faite à l'idée de devenir modératrice. Mais au vu de ma déception, les semaines suivantes, Lucie prend l'initiative de m'apprendre en sous-marin les rudiments du boulot. Et je me prends au jeu. Parfois c'est tout bête. Des gens qui postent des annonces pour vendre leurs fringues, il faut les rediriger vers le groupe « Wanted Community Vide-Dressing et Beauté Paris ». Je prends l'initiative de faire un copier-coller de son message type que je place en commentaire sous les annonces publiées au mauvais endroit. Moi aussi je m'amuse à réorienter les wantediens égarés.

Seulement je commets une erreur. À chaque fois que je réoriente un membre vers tel ou tel groupe, telle ou telle conversation, je signe « Dey Esse Assistante de Lucie, L'équipe Wanted Community ». Et un jour, je reçois un message privé signé Luc Jaubert. En ouvrant mon Messenger, j'imagine déjà le pire. Mais en fait, comme Lucie, Luc me parle sur un ton très courtois. Il m'explique simplement que je ne suis pas modo et, donc, que je ne peux pas signer au nom de l'équipe. Il me recadre, simplement, gentiment.

Une fois de plus je suis renvoyée à la case départ. Je suis frustrée parce que je me sentais utile en modératrice. Moi, le troll professionnel, pour une fois que je voulais aider. Mais jetez-moi par la porte, je rentre par la fenêtre. Je me mets à faire des signalements en masse. Pas besoin d'être modératrice pour ça, tous les membres peuvent le faire. Il s'agit simplement de « signaler » les posts hors charte en cliquant sur le bouton « Signalement ». Et là encore je me prends au jeu. Je signale en moyenne 50 posts par jour. Résultat, l'équipe de modération reçoit 50 fois par jour un message à mon nom : « Dey Esse a signalé une publication. » Je monte même une fois jusqu'à 63 signalements en une seule journée. Mon record.

Après quelques semaines d'acharnement, les autres modos finissent par en parler à Luc, lui expliquant qu'il faut me faire intégrer la *team*, que je suis d'une grande aide et que tous mes signalements sont pertinents. Un mois plus tard, il me contacte pour me demander si je suis toujours intéressée. Enfin ! 😁

Le travail de modérateur réserve quelques surprises. J'apprends d'abord que l'on ne travaille pas de la même manière de jour et de nuit. En journée, le flux de messages est parfaitement fluide, les publications sont immédiatement visibles sur le groupe. Libre à nous ensuite de les supprimer. La nuit, l'équipe étant naturellement plus restreinte, il y a un système d'approbation. Aucun post n'est publié tant qu'il n'est pas approuvé par un modérateur. Parfois, ça peut attendre le lendemain. Mais on a quelques insomniaques qui modèrent jusqu'à 3 ou 4 heures du matin. Et des lève-tôt qui prennent le relais dès 6 heures.

Surtout, je découvre la subtilité de la modération sur Wanted. Comme Lucie et Luc l'on fait avec moi, lorsque l'on s'adresse à quelqu'un, quelle que soit sa faute ou son dérapage, on ouvre le dialogue. Nous ne sommes ni des flics, ni des robots. Il faut rester cordiaux, et traiter les gens au cas par cas. Un smiley par-ci par-là, une bonne dose d'empathie et de l'échange. Toujours. C'est fondamental. Si le dérapage implique des insultes, il faut savoir être malin. Selon comment la personne répond au MP de modération, tu avises. « Désolé, je me suis emporté, je le reconnais… », un peu de pédagogie derrière et ça peut suffire à régler le conflit. En revanche, si les insultes et les menaces se poursuivent, le membre est banni de Wanted, à vie.

Il arrive que l'on tombe sur de vrais cinglés. Des types qui nous envoient des seaux d'injures avec parfois, je dois le dire, une dose de créativité assez bluffante. Il y a aussi celui qui en profite pour t'envoyer une photo de sa bite. Le plus bizarre que j'ai reçu, c'est un membre qui a pris ma photo de profil pour la mettre en fond d'écran sur son ordinateur avec un post-it à côté sur lequel était écrit « Bisous Dey Esse ». Lui, c'était carrément *creepy*, je l'ai immédiatement bloqué. 😁

Le problème avec cette nouvelle mission qu'est la modération, c'est que ça tourne vite à l'obsession. Du matin 7 heures jusqu'à minuit le soir, je ne lâche plus Wanted. Sur mon smartphone ou sur l'ordinateur, je modère toute la journée sans interruption. Je me réveille Wanted, je « checke » les notifications de la nuit, les MP, les conversations, le midi je mange Wanted, le téléphone dans les mains, et mes soirées je les passe sur Wanted. Y compris lorsque je suis en visite chez mes parents, je reste scotchée à mon téléphone. Ma mère en fait même des blagues : « Si je veux te parler, je t'envoie un message sur Wanted ? » Même aux toilettes, je ne lâche jamais mon fil d'actu !

Et naturellement, tu te demandes quel impact cela a eu sur ma vie personnelle ? Eh bien, Wanted est devenu ma vie finalement. Mes collègues modérateurs sont devenus de vrais amis, que je côtoie dans la vraie vie. J'ai même fini par trouver l'amour au sein l'équipe !

Mais ça va plus loin. C'est plus profond que ça. Quand Wanted est entré dans ma vie, je ne me doutais pas à quel point ce groupe serait salvateur. Pour tout te dire, j'étais dans une période très compliquée à ce moment-là. Quelques mois auparavant, j'ai été agressée par 4 mecs dans le RER. À la suite de quoi j'ai développé une anxiété maladive assez grave. J'ai dû arrêter mes études, j'avais peur des gens, peur de prendre les transports, peur de sortir dans la rue. J'avais perdu toute confiance en l'humanité. Alors, lorsque j'ai vu qu'il existait un endroit où tous les jours des gens se tendent la main, se parlent avec respect, rigolent, organisent des maraudes, hébergent des sans-abri, j'ai retrouvé goût à la vie et foi en l'humanité.

Aujourd'hui, je me dévoue corps et âme à ce projet, je l'ai littéralement dans la peau. Regarde, Wanted est si important dans ma vie que je me suis fait tatouer le logo sur le poignet gauche !

Caro Trapey > Wanted Community Paris
7 mars 2015

Qui est chaud pour monter une chorale clandestine sur Paris ?
Pour ceux qui veulent chanter et qui n'ont pas les moyens d'aller dans une vraie chorale ou ceux qui s'y prennent trop tard dans l'année quand tout est déjà plein…
Un truc sans prise de tête, sans solfège, avec pourquoi pas quand même quelqu'un qui s'y connaît assez bien pour faire le chef d'orchestre.
Juste pour se faire plaisir avec des petites pauses musicales dans la semaine

60 · J'aime — 111 commentaires 1 partage

- 14 -

Plus qu'une semaine avant la date limite de dépôt des déclarations de revenus. Je suis exténué mais j'aperçois le bout du tunnel. Enfin, je crois. Xavier fait partie des rares personnes à savoir que je ne vais pas très bien en ce moment. Il entre dans mon bureau vers minuit.

— Ça va ? Tu tiens le coup ? Montre-moi où tu en es, me dit-il en se penchant vers mon écran d'ordinateur.

Des centaines de lignes de tableur défilent sous nos yeux. Et la plupart des voyants sont au vert.

— Ça va aller. Tu vas cravacher jusqu'au bout mais ça va le faire…

— Oui, je pense aussi.

— Dis-moi, le dossier de M. Purcell, c'est toi qui le traites ? Je ne le vois pas.

— Euh oui, je crois. Attends, je vais te le retrouver…

Après quelques minutes de tâtonnement, je finis par décocher un bouton du logiciel. Et là, c'est le drame ! Une nouvelle liste apparaît, remplie de dossiers auxquels je n'ai pas encore touché. La situation est tellement absurde que nous sommes pris tous les deux d'un fou rire nerveux pendant de longues minutes. Il y a bien un mois de travail pour venir à bout de cet Everest fiscal.

— Bon, il faut qu'on aille en parler avec Teddy. On va lui expliquer que tu as merdé. Et on va rattraper ça ensemble. Je vais travailler avec toi. On va se marrer quand il va falloir expliquer à tes clients qu'il y a urgence parce que tu t'es endormi sur leur dossier ! Tu vas en prendre pour ton grade, mon p'tit père !

Pendant sept jours sans interruption, nous allons enchaîner, Xavier et moi, des journées de quinze à seize heures sans pause repas. Teddy aussi met la main à la pâte pour sortir de l'ornière. Sans ces deux anges gardiens qui me soutiennent depuis le début, franchement je me demande si j'aurais tenu aussi longtemps. Sur ce coup-là, une fois de plus, ils décident de m'aider pour rattraper mon erreur. Des calculs, et des calculs, des coups de tampon, des corrections, des e-mails et des appels, « et votre époux, madame Lockwood, il vit chez vous ? ». Il faut tenir, il faut tenir. Corentin l'a dit : si je travaille bien, si je vais au bout, je pourrai partir. Tous les soirs, je rentre chez moi, je prends une douche, je dors trois heures et j'y retourne. Comme un zombie.

Traditionnellement chez Iwaï, le dernier jour, il y a toujours quelques dossiers bouclés à la dernière minute et envoyés par coursier jusqu'à la poste du Louvre, la seule poste dans Paris qui ferme à minuit. Avec des déclarations de revenus qui portent sur des millions d'euros, on ne peut se permettre de faire la moindre erreur. Il faut passer tous les stades de vérification, du junior au senior, du senior au manageur, du manageur au directeur, et jusqu'à l'associé qui donnera son aval pour cacheter, timbrer et envoyer. Ça prend du temps.

Il est 22 heures. Toutes les lumières de la tour First viennent de s'éteindre. Et tous les avocats fulminent en chœur : « Oh putaaaaain ! » L'un après l'autre, chacun sort sa petite lampe d'appoint pour continuer à bosser.

— Mais pourquoi ils ne nous laissent pas la lumière ? tempête un des juniors fraîchement débarqués.

— C'est le droit du travail mon grand. Théoriquement, après 22 heures, il ne devrait plus y avoir personne dans cette tour. Et apparemment il y a des inspecteurs qui traînent à la Défense pour s'en assurer.

Avec le recul, je crois que je n'ai jamais rien vu d'aussi aberrant. Le droit du travail cherche à protéger les cadres, tout le monde se plaint des cadences infernales dans ces grandes entreprises, mais quand la lumière s'éteint parce que nous sommes censés rentrer chez nous, les gens s'indignent qu'on les empêche de travailler. Et rassurez-vous, je ne fais pas exception à la règle. Mais il y a encore plus ridicule que cela : la pause clope après 22 heures. Si un salarié quitte la tour First en passant son badge devant la cellule de sortie après 22 heures, il est obligé de respecter un délai de onze heures avant de repasser dans l'autre sens, sous peine de faire sonner l'alarme générale et d'être éconduit par un agent de sécurité. Alors, pour sortir fumer sa clope au cours de nos longues nuits de travail, la stratégie consiste à jeter son badge par-dessus le tourniquet pour atteindre la borne d'entrée et non celle de sortie. Ainsi le système considère que tu viens d'arriver. Et donc tous les soirs, à chaque saison fiscale depuis cinq ans, je joue à Thierry la Fronde avec mon putain de badge pour pouvoir me griller une garo sur le parvis désert de la Défense.

À 23 heures, tous les employés encore présents sont sur le pont pour nous aider à remplir les derniers recommandés. *Mon stylo marche plus ! Mon stylo marche plus !* Trop tard pour le coursier. On descend au parking pour choper la Béhème du patron. Il est 23 h 32. On n'y arrivera jamais. On roule comme des braqueurs de banque dans tout Paris, à griller tous les feux rouges sur notre route. Quai des Tuileries, quai François-Mitterrand… La Seine à ma droite défile à la vitesse d'un TGV. À gauche toute. On passe devant *Le Fumoir* où quelques tradeurs en terrasse vident un whisky japonais 12 ans d'âge. Rue du Louvre. Rue Étienne-Marcel. Encore 500 mètres. On distingue au loin la foule qui s'étire sur le trottoir. Tous les ans c'est le même cinéma. Des particuliers et des avocats font la queue pour déposer à la dernière minute leurs déclarations. Il y a même un service de sécurité pour éviter les conflits lorsque les portes se ferment. Frein à main. Tout le monde descend. Comme des hooligans, on se jette à l'intérieur du bureau de poste. Et juste derrière, un agent baisse le rideau. Il est minuit. Mission accomplie.

Pour fêter ça, nous allons dîner à *La Maison de l'Aubrac*, sur les Champs-Élysées. Un steak tartare, une quille de rouge. Et je me lance.

— Merci beaucoup, les gars. Vous avez sauvé ma dernière saison.

— Comment ça, ta dernière saison ?

— Plus jamais ça, les gars. Je n'en peux plus.

— C'est vrai que cette année, c'était costaud.

— Non mais je vous le dis. C'est fini pour moi.

Évidemment, personne ne prête vraiment attention à ce que je raconte. Il y en a tellement qui menacent de partir à la fin de ces satanées saisons fiscales. Ils sont encore plus nombreux que ceux qui partent sans rien dire. Mais je suis au bout du rouleau. Je le sens. Je ne veux plus courir en costard-cravate avec des dossiers sous le bras pour passer la porte d'un bureau de poste comme à « Fort Boyard ».

En septembre, après trois bonnes semaines de

vacances, le retour est encore plus douloureux. Avec Luc, Vincent et Jérémie, on se fait une énième réunion Wanted. C'est toujours l'impasse. Chez Iwaï, mes évaluations sont correctes. Une fois de plus, ils sont satisfaits. C'est désespérant. Il faut que je tranche. Je ne peux pas continuer à poursuivre une chimère qui empiète sur ma vie professionnelle. Soit j'abandonne Wanted et, comme 90 % des Français, je me résigne à exécuter un travail qui ne me plaît plus mais qui me permet tout de même de vivre parmi les 8 % des Français les mieux payés. Soit je plaque tout ça pour me mettre à 100 % dans un projet qui m'excite mais qui ne me rapporte pas un radis.

— Bonjour, Corentin.

— Bonjour, Christian. Qu'est-ce que je peux faire pour toi ?

— Eh bien. Tu sais. T'as vu, j'ai bien travaillé…

— Oui. C'était moins une. Mais t'as fait du bon boulot.

— Et du coup comme tu m'avais dit qu'on pourrait en reparler…

— Écoute, excuse-moi. Mais je n'ai vraiment pas le temps maintenant. Est-ce que tu veux bien qu'on remette ça à plus tard ?

Je vais ronger mon frein pendant deux semaines avant d'avoir un nouveau rendez-vous avec Corentin. Deux semaines, ce n'est rien. Mais quand tu rumines, ça paraît très long.

— Alors oui. Cette fois-ci je t'écoute. Qu'est-ce qu'il y a ?

— Corentin. Comme on en avait déjà parlé, après la saison fiscale, que je pouvais partir. Tu te souviens.

— Évidemment, Christian. Tu peux partir. Mais il va falloir que tu démissionnes.

— Mais non. On avait parlé d'une rupture…

— On ne fait pas de rupture chez Iwaï. Ça n'existe pas. En plus, pour constituer une rupture conventionnelle, il faudrait que j'aie envie de te faire partir. Or je n'ai pas du tout envie que tu partes. On n'a rien à te reprocher. Tu travailles bien.

Je suis écœuré. Tout ça pour ça. Il est malin, le Corentin : il a joué les ambigus pour que je termine la saison fiscale avec eux. Mais je suis très vexé par cette manœuvre. Je me sens acculé et je déteste ça. D'autant que je n'ai pas le choix, il me faut le chômage pour pouvoir envoyer Wanted sur la lune. Je repars donc à Bordeaux avec un formidable sentiment de revanche. Dans le train, je me galvanise. Je suis remonté comme un coucou. Je me fais mon film. *Je veux une rupture et j'aurai une rupture. Ah, tu vas voir, mon copain. Je vais travailler comme un tocard. Tu vas voir si tu ne vas pas me la donner ma rupture !* Je suis en plein délire. Comme si je pouvais exiger de partir à ma guise. *D'ailleurs, je vais le dire aux autres. Le meilleur moyen de ne pas reculer devant l'obstacle, c'est de l'annoncer. Je vais me mettre au pied du mur, tout seul, comme un grand.*

— Les gars, on ne peut plus continuer comme ça. Wanted est un diamant brut qui ne demande qu'à être taillé, et nous on regarde passer les trains. On hésite, on avance d'un pas pour reculer de trois. Wanted, c'est la plus belle opportunité qu'on ait jamais eue dans nos vies, une chance inouïe de faire quelque chose dont on pourrait être fiers. Et ça ne se représentera peut-être jamais. Vous réalisez un peu ? On a réussi à créer une immense communauté de gens bien. Personne avant nous n'avait fait un truc pareil…

Pendant trente minutes, je harangue mes trois camarades de route comme un entraîneur de foot à la mi-temps d'une finale de Coupe du monde mal engagée.

— Il faut y croire, les gars. On n'a pas le droit de baisser les bras après tout ce qu'on a fait. Moi, j'y crois. Je ne peux pas vous dire ce qu'il va se passer demain mais j'y crois. Et d'ailleurs j'y crois tellement que je vais quitter mon taf. C'est décidé. Voilà. Maintenant si plus personne n'y croit, si vous pensez en toute honnêteté que Wanted n'a aucun avenir, que tout cela ne rime à rien, si vous n'y croyez plus, alors je reviendrai sur ma décision.

Après quelques secondes de flottement, Jérémie, le plus rationnel d'entre nous, prend la parole.

— Moi, j'y crois. D'ailleurs je pense que tout le monde y croit. Parce qu'il y a du potentiel. C'est évident. Et en même temps, on a peur pour toi.

— Moi aussi, ajoute Luc. J'y crois dur comme fer. C'est mon bébé. Mais en cas d'échec, il ne faudra pas que tu regrettes ton choix.

Au bout de la table, Vincent regarde ses pieds. Il n'a pas encore dit un mot depuis le début de la réunion. Soudain il se lève, l'air grave.

— Désolé, les gars, je sais qu'il y a certainement de grandes choses à faire avec Wanted. Mais moi, j'ai besoin de réfléchir. Et je ne suis plus tout à fait sûr que ce projet doit rester une de mes priorités.

Alors que je donne le feu depuis une bonne demi-heure, le discours de Vincent me fait l'effet d'une douche froide. Déjà que l'on n'y arrive pas à quatre, à trois ça va devenir très compliqué. Et puis ce n'est jamais bon signe de voir des gens raisonnables sortir le canot de sauvetage. Peut-être voit-il un iceberg que je n'ai pas encore vu. Aussitôt je pense à ma mère qui ne va pas du tout me soutenir sur cette affaire. Et Nico, mon poteau, il va vouloir chercher à me faire redescendre sur terre. C'est sûr. Je l'entends déjà : « Mais t'es pas bien, mon Kiki ! T'as un job de fou, un salaire de ministre, qu'est-ce que tu veux de plus ? »

De retour à Paris, j'essaie de tâter le terrain auprès de mes collègues les plus proches. Tous se montrent plutôt bienveillants, mais lorsqu'ils abordent la question du *business model,* les sourires se crispent. « On n'en a pas. On va le chercher. » Tout le monde me prend pour un fou qui part à la conquête de l'Ouest avec un sécateur et un chapeau de paille. Mais je sens monter en moi une réaction d'orgueil. Je retrouve l'insolence de mes années fac. *Rien à foutre. Je vais leur montrer à tous ces pisse-froid qu'on va réussir !*

Quelques jours plus tard, Vincent m'appelle pour m'expliquer en détail sa décision. Il m'avoue que lui aussi a peur pour moi.

— Réfléchis, Christian. Réfléchis bien aux conséquences. En tout cas, pour moi, c'est fini. J'arrête. Je ne veux pas rester à moitié sur Wanted. Ce ne serait pas honnête. J'espère que tu ne m'en veux pas.

— Je ne t'en veux pas, mec. Tu as peut-être raison. Peut-être qu'on va se planter. Mais je ne reviendrai pas sur ma décision. T'inquiète pas.

Courageux, le Kiki ? Non, même pas. Je sens le potentiel de Wanted. On n'arrête pas de nous dire que l'on a de l'or entre les mains. Et surtout, depuis mon annonce à Bordeaux, je me sens libéré. J'étais pris au piège de la tour First, et j'ai enfin trouvé la sortie de secours. Mon entêtement tient surtout à la bouffée d'air frais, à l'aventure humaine que représente Wanted et que je veux pérenniser. Maintenant c'est l'heure. Il faut mettre la balle au fond des filets.

La veille, comme un boxeur devant la glace, je me chauffe, je me mets des tartes et je visualise la scène. *Je vais aller le voir, le Corentin, et je vais tout lui expliquer. Il va faire trois tours dans son costume sans toucher les bords.* La nuit je rêve du spot de pub pour le loto: «Au revoir, président! Au revoir, président!» *Oui, je me barre. Tu veux pas? Eh bien, je me barre quand même!* Dans le métro, je regarde autour de moi tous ces types étranglés par leur cravate et je rêve éveillé de monter sur un siège avec un porte-voix pour annoncer que c'est la dernière fois que je prends cette putain de ligne 1 avec eux. *Je me barre, les gars! Plus jamais je l'enfilerai, votre déguisement de pingouin!* Dans l'ascenseur avec tous mes semblables, je suis à deux doigts de me mettre à poil pour danser la carioca. Arrivé au 30e étage, je pose mon ordinateur et j'entame la tournée de tous mes collègues.

— Je vais quitter la boîte. Je préfère te le dire plutôt que tu l'apprennes par quelqu'un d'autre.

— Oh, Christian, c'est vrai? Tu vas nous manquer!

Voilà. Maintenant, il n'y a plus qu'à entrer dans le bureau de Corentin pour tout balancer. Y a plus qu'à, mais ce n'est pas le jour. Il a l'air un peu énervé là. En plus il a un stylo dans la main, il doit être très occupé. Ça attendra demain. Le soir, je reprends mon métro en me justifiant silencieusement auprès des mecs que je rêvais de rudoyer le matin même. *Non, mais c'est parce qu'il avait un stylo dans la main. Je ne pouvais pas le déranger.* Cette comédie intérieure va durer trois jours.

Finalement je choisis un vendredi, le jour du relâchement. *Thank God it's Friday*, comme disent les Américains. J'entre dans son bureau. Il fait drôlement chaud d'un seul coup. J'essuie la sueur sur mon front et je me lance.

— Bon, Corentin, je te l'ai déjà dit plusieurs fois. Je veux quitter Iwaï.

— Oui…

— Eh bien voilà. Je pars.

— Ah, très bien. Donc tu poses ta démission ?

— Non, je ne démissionnerai pas.

— Christian, je te l'ai déjà dit : on ne fait pas de rupture conventionnelle…

— Tu ne veux pas que je parte parce que je travaille bien. C'est ce que tu m'as dit, n'est-ce pas ?

— Oui…

— Eh bien, à partir de maintenant je vais mal travailler.

Je ne me démonte pas. On se regarde droit dans les yeux. Puis il reprend.

— Écoute, voilà ce que je te propose. Tu vas aller voir la responsable des ressources humaines et tu en parles avec elle. Tu verras que ce que je te dis est vrai. Il n'y a pas de rupture conventionnelle chez Iwaï.

La vérité, c'est que je suis bien incapable d'assumer mon coup de poker. Je suis un bon garçon. Il m'est impossible de mal travailler. Encore un vestige mental du foot, le rapport au coach et l'injonction indiscutable de toujours donner son maximum. Mais je me renseigne auprès de mes collègues. Apparemment, il y a eu par le passé quelques cas de départs un peu obscurs. Des salariés partis en bons termes sans que l'on sache vraiment comment. Une chose est sûre, je ne vais pas pouvoir raconter à la responsable RH que je monte un projet avec des amis et que j'ai besoin du chômage pour conquérir le monde. Je vais la jouer grande dépression. Attention les yeux, sortez les mouchoirs : Actors Studio !

— Je ne me sens vraiment pas bien.

— Qu'est-ce qu'il vous arrive, monsieur Delachet ?

— Je suis au bout du rouleau. Le matin j'ai des pensées bizarres.

— Je vois…

— Vous savez, il y a même des jours où je ne viens pas au bureau. Je dis que je suis malade. Mais en fait je reste chez moi, je regarde des films. Je perds un jour de congé mais je m'en fiche.

Attention, Kiki. Mollo sur les trémolos. Il faut rester crédible.

— Et à votre avis quelle serait la solution à votre mal-être ?

— Je ne sais pas. C'est vrai qu'il n'y a pas de rupture conventionnelle chez Iwaï ?

— Disons qu'on n'a pas très envie que vous partiez chez la concurrence.

— Mais enfin, regardez-moi : je suis tatoué, j'ai les cheveux longs. Je ne suis pas à ma place ici. Je ne veux plus être avocat. En plus j'ai un autre projet à côté, un réseau Internet basé sur l'entraide.

— Ah, c'est chouette ça !

— Oui, c'est un beau projet. Mais je ne peux pas le développer convenablement parce que j'ai trop de travail.

— Écoutez, c'est compliqué. Votre associé est au courant de votre désir de partir ?

— Corentin ? Oui, bien sûr. C'est lui qui me dit que c'est impossible d'avoir une rupture conventionnelle.

— Il a raison. En théorie, ce n'est pas possible. Mais vu votre situation, je vais voir si on peut faire quelque chose. Je ne vous cache pas que ce n'est pas la norme. Je reviens vers vous dans la semaine.

— Merci, madame. J'espère que je ne vais pas craquer.

Ce que j'ignore au moment de cet entretien, c'est que la boîte est dans le collimateur de l'inspection du travail depuis quelques mois. Et pour éviter de se faire épingler, les RH font la police auprès des associés qui chargent un peu trop la barque de leurs salariés. Voilà pourquoi Geneviève semble prendre mon cas au sérieux. En fait, je fais mine de contrôler la situation mais ce que je viens de mettre en place comporte un gros risque. S'ils refusent mon départ, c'est simple : je me retrouve au placard. Ma carrière est foutue. L'alternative serait d'aller bosser ailleurs et de me faire virer pendant la période d'essai. Autrement dit, de faire exprès de mal travailler, mais dans une autre boîte. Une perspective pas franchement exaltante.

« Monsieur Delachet,

Je fais suite à notre rendez-vous du 8 novembre 2016 et je vous confirme que nous ne nous opposerons pas à une rupture conventionnelle de votre contrat de travail sous condition que l'associé responsable de votre département confirme ce désir de rupture. »

Ça y est ! Je suis enfin libre ! Merci, Geneviève ! Je croise Corentin dans les couloirs. Et pour la première fois depuis des mois je lui sers mon plus beau sourire.

— Ah, Corentin, ça tombe bien que je te croise. On va se dire au revoir…

— Euh… non. Au revoir, pourquoi ? On en a parlé : ce n'est pas possible…

— Eh bien si. Je suis allé les voir, les RH. Et si tout le monde est d'accord, ils ne s'opposeront pas à mon départ.

Enfin, je le vois à son regard, il dépose les armes. Corentin n'est pas un méchant. Nous avons une relation de confiance. En bon avocat qu'il est, il a tenté habilement de m'obliger à rester sans entrer en conflit avec moi. Mais il sait que je suis malheureux ici et qu'il est temps pour moi de partir. En fait, ce qui m'échappe depuis le début, c'est que la seule personne qui s'oppose à mon départ, ce n'est pas lui, mais Étienne, son associé. Corentin, que je considère comme un obstacle à mes projets, est en réalité celui qui manœuvre en coulisses pour me donner le ticket de sortie. Heureusement pour moi, et en dépit de ma lecture totalement erronée de la situation, c'est lui qui l'emporte.

— Mais les dossiers, reprend-il, tu vas devoir les boucler…

— Je pars dans deux mois.

— Alors tu as deux mois pour terminer ton travail.

Noël approche. Je rentre à Bordeaux. Il faut que j'annonce ma décision à Maman mais je peine à trouver les mots. Elle qui vient de retrouver du boulot après une courte période de chômage, je sais que ça va la faire paniquer. Elle va aussitôt m'imaginer dans le caniveau. Mais il y a quand même un truc qui va la mettre sur orbite, c'est que je rentre à Bordeaux. On va donc se voir beaucoup plus souvent.

— Tu sais, Maman, je réfléchis sérieusement à quitter mon boulot.

— Non, mon cœur, il ne faut pas faire ça. Il ne faut jamais lâcher son job.

C'est trop dur pour elle. Il a suffi d'une phrase pour la déboussoler, elle se tord les doigts en me regardant. Je n'y arrive pas. C'est plus fort que moi, je déteste la voir comme ça. Je change de sujet. Et je n'y reviens qu'au bout d'une semaine, juste avant de repartir à Paris.

— Bon. Et si je te dis que je l'ai déjà fait.

— Quoi ?

— J'ai quitté mon taf.

Les larmes aux yeux, elle allume une cigarette, prend une grande bouffée et esquisse maladroitement un sourire de maman qui se voudrait confiante. Mais elle a peur. Je le sais. Elle a l'impression que je suis en train de gâcher ma vie.

— Mais c'est une bonne nouvelle, Maman. Je rentre à Bordeaux. Je me rapproche de toi.

Ses yeux s'éclairent. Elle rit, ses mains se délient. En l'espace de quelques secondes, j'ai l'impression de lui avoir apporté à la fois la pire et la meilleure nouvelle de sa vie. Naturellement, je me garde bien de lui dire que je pars la fleur au fusil dans un projet moins proche d'une création d'entreprise que d'un TPE de chimie.

Mes deux mois de préavis sont passés. Je ne fais pas « au revoir, président ! ». J'organise un pot de départ pour remercier tout le monde et partir dans de bonnes conditions. À ma grande surprise, tout le service s'est cotisé pour m'offrir un ordinateur portable. Le lendemain, je rends mon badge, mon téléphone Iwaï, je passe dans chaque box pour une dernière accolade. À 18 heures, je me laisse avaler pour la dernière fois par une des portes-tambours de la tour First et je me retrouve dehors, mon carton sous le bras. Je marche. Quelques mètres. Je m'arrête pour jeter un dernier coup d'œil au temple de la Défense. Voilà, c'est fini. Je n'y remettrai plus jamais les pieds.

À partir de maintenant je n'ai plus de plan. Je ne sais pas comment je vais gagner ma vie. Je suis en apesanteur. Et je n'ai pas la moindre idée d'où, de quand ni de comment la gravité va me retomber dessus. Tout ce que je sais, c'est que je dois vider mon studio et rentrer à Bordeaux, pour emménager dans un appartement que je ne connais même pas puisque c'est Luc qui l'a visité à ma place.

Le soir même, je récupère un Ford Transit de location. Juste le temps de passer un coup de serpillière et je quitte Paris, en pleine nuit, aux alentours de 2 heures du matin. Pourquoi ne pas prendre la route le lendemain ? J'ai besoin d'arracher le pansement d'un coup sec pour ne surtout pas réfléchir. Devant moi, sept heures d'autoroute, en plein mois de janvier. Et une seule trouille : ne pas arriver au bout. Pour une fois dans ma vie, je suis très mesuré, je respecte bien les limitations de vitesse. Je me gave de Red Bull et de bonbons. Et j'essaie d'y voir clair. Les bandes blanches défilent à un rythme parfaitement régulier. *Alors il va falloir que j'ouvre un document Word pour noter nos idées.* Je me fais tous les scénarios, celui du millionnaire comme celui de la catastrophe industrielle. *Suis-je en train de faire le meilleur pari de ma vie, ou bien la plus grosse connerie ?* Cette question me provoque une décharge d'adrénaline. Je hurle comme un possédé sur mon tableau de bord. Les paroles de « Blizzard », le tube aux quelque 10 millions de vues de Fauve, résonnent sur la tôle du camion.

Trompe-toi, sois imprudent, tout n'est pas fragile
N'attends rien que de toi, parce que tu es sacré
Parce que tu es en vie
Parce que le plus important n'est pas ce que tu es mais ce que tu as choisi d'être…

Impossible de m'arrêter. J'ai peur d'avoir trop froid. Je me colle des baffes pour ne pas m'endormir, je tire sur mes yeux et je continue de chanter à tue-tête.

Tu nous entends la Dignité ? Tu nous entends ?
Si tu nous entends sache qu'on a un genou à terre et qu'on est désolés.
On est désolés de tout ce qu'on a pu te faire, mais on va changer !
On va devenir des gens bien, tu verras !
Et un jour tu seras fière de nous !

Marine Beurelle > Wanted Community Paris
13 avril 2018

•••

Il y a quelques jour, la Chorale Sauvage et Clandestine de Paris fêtait ses 3 ans... Et tout ça c'est grâce à VOUS car notre chorale est née à partir d'un message sur le groupe Wanted ! 😍
#BelleHistoire#ChoraleisTheNewCool#merciWanted – 😄 reconnaissante

👍 ❤️ 21 — 7 commentaires 1 partage

Chorale Sauvage et Clandestine de Paris, 😎 **cool.** •••
30 avril, 16 :25

❗ COMPLET ❗ ... Déjà ???
Et ouiiii, les réservations pour le 1er juin sont terminées, on est complet, merci ! 🤩😍
Il reste encore quelques places pour notre SHOW du Jeudi 13 juin à 20 h... Prenez vos places avant qu'il ne soit trop tard !
👉 Réservez vite (si ce n'est pas déjà fait) : https://bit.ly/2vwchSV

👍❤️😮 28 **4 commentaires 7 partages**

- 15 -

Au milieu de la pièce, un grand gaillard au physique de déménageur gueule comme un possédé. Devant lui, ou plutôt *dessous lui* tant la différence de taille est saisissante, une toute petite bonne femme essaie de répondre raisonnablement à sa colère.

— Monsieur, je voudrais bien vous aider mais je ne suis pas certaine de comprendre. Vous dites que vous n'avez pas touché vos indemnités ? Est-ce que vous avez fait votre actualisation ?

Mon premier jour à Pôle emploi, dans les bâtiments sordides du quartier Mériadeck, à Bordeaux, j'ai l'impression que l'ascenseur social est brutalement retombé et que ma tête était juste au-dessous. Toute ma vie j'ai entendu dire que le chômage était une situation à éviter par tous les moyens, et moi j'y plonge la tête la première sans l'aide de qui que ce soit. Le sentiment de déclassement le dispute à la gêne d'être là parce que je l'ai décidé. Je n'ai jamais fait la queue de ma vie, je suis incapable de me servir de la machine où l'on renseigne ses nom, prénom, numéro de demandeur d'emploi. Et je frissonne à l'idée que peut-être, comme le grand gaillard qui aboie sur tout le monde depuis un quart d'heure, je vais me retrouver sans indemnité. Une conseillère m'invite à la suivre dans son bureau.

— Alors, monsieur Delachet. Une petite seconde…

J'ouvre votre dossier… Bien, bien, bien… Bac + 5… Six ans d'expérience chez Ernst & Young…

— Oui, en comptant la période de stage…

— À quel niveau de salaire prétendez-vous ?

— Eh bien, la même chose. Disons entre 4 000 et 5 000 euros.

— Alors laissez-moi vous expliquer. Pour les profils comme le vôtre, il n'y a pas de suivi. Tout simplement parce qu'on ne peut rien faire pour vous aider à retrouver un emploi. En tout cas rien que vous ne puissiez faire vous-même. Vous êtes déjà contacté par des chasseurs de têtes, j'imagine…

— Oui.

— Donc on se verra une fois par an. Et c'est tout.

Je suis un peu déconcerté par la remarque. Mais elle a raison, que pourrait-elle faire pour moi ? Il est évident que je n'entre dans aucune case du logiciel.

— J'imagine que si je vous envoie des informations par Internet vous serez capable de les consulter.

— Euh, oui.

L'entretien se termine par le calcul de mes indemnités. La colère du type dans le hall se poursuit et les remarques de ma conseillère flottent péniblement à la surface d'un brouhaha généralisé. Je pianote sur la calculatrice de mon smartphone pour vérifier le montant qu'elle m'annonce. Je devrais toucher environ 2 000 euros par mois. Une somme plus que suffisante pour vivre et travailler à la réalisation de mes projets pendant deux ans. Je pense à ma mère qui m'a briefé avant ce rendez-vous. Elle a trouvé exactement ce qu'il lui fallait à Pôle emploi. Des formations, un suivi précis, rigoureux, et surtout un conseiller à l'écoute qui l'a rassurée durant cette période difficile. Maman était la meilleure vendeuse de sa boîte de prêt-à-porter. Tous les mois, elle rentrait chez elle avec son trophée sous le bras. Mais la boîte a fini par couler. Et elle a dû se ronger les sangs pendant huit mois avant de retrouver du boulot. Alors, lorsqu'elle m'a vu sortir avec mon petit dossier de demandeur d'emploi, elle a cru voir son fils sombrer dans la même galère. En réalité, je fais partie de la petite caste des chômeurs pour qui les indemnités servent à monter une entreprise. Je comprends à quel point ce système est généreux pour les gars comme moi. Il est clair qu'en Angleterre jamais je n'aurais pu me permettre cela, Luc non plus d'ailleurs. Et Wanted n'existerait certainement pas.

Afin de marquer symboliquement notre volonté de structurer nos activités et surtout pour que Luc retrouve l'usage de son salon, Jérémie parvient à nous obtenir un petit bureau prêté par une association bordelaise. Et nous nous retrouvons enfin pour notre première réunion Wanted 2017. Il va falloir faire un tour d'horizon de tous les modos pour savoir sur qui on peut miser pour poursuivre le développement dans de nouvelles villes. Il faudra également faire un audit de nos propres compétences pour se fixer des tâches bien précises. Définir un logo, déposer le nom de la boîte à l'INPI, faire un site Web, identifier la meilleure structure juridique pour encadrer tout ça. Et surtout, surtout, on va devoir trouver pourquoi on n'avance pas !

Luc est très proche de la communauté. Il doit donc garder cette prérogative. De mon côté, je m'occuperai du développement. Quant à Jérémie, il est encore très pris par sa propre boîte, mais il nous apportera une aide précieuse lorsque nous aurons le nez dans le guidon et les idées façon salade piémontaise. L'enjeu est simple : trouver un *business model* en adéquation avec nos valeurs d'entraide et de solidarité. Et il faut faire vite, parce qu'avec un taux de croissance d'environ 10 000 nouveaux membres par mois, Wanted est en train de devenir un paquebot qu'il sera de plus en plus difficile de manœuvrer.

Depuis quelques semaines, nous sommes invités à participer à des événements de *start-uppeurs*. Pour les puristes, ce type de petites sauteries porte un nom : les *meet up*. En français, on dirait des « rencontres », mais évidemment c'est beaucoup moins sexy. Généralement, on est accueillis avec de la bière et des Chamallows et on discute avec des gens qui nous ressemblent, assis sur des canapés de couleurs vives, dans des *open spaces* au décor savamment étudié pour associer le combo gagnant du geek en jean slim : béton brut, OSB, câbles électriques apparents. La première question est toujours la même : « Est-ce que l'on reste sur Facebook ? » Tous les *start-uppeurs* poussent vers la sortie. La grande tendance du moment consiste à peaufiner une idée d'application en mettant tous les moyens nécessaires dans le marketing à grand renfort de vidéos promotionnelles souriantes et *eco-friendly* pour draguer des investisseurs et lever des millions de dollars. Mais faire en sorte que les gens lâchent Facebook pour se connecter sur une autre application est beaucoup moins évident qu'il n'y paraît. Pour réussir cette pirouette, il faut une *value proposition*. Autrement dit, il faut que l'utilisateur trouve sur l'application quelque chose qu'il n'a pas sur Facebook. Si la seule promesse de l'application est de faire gagner de l'argent à ses créateurs, ça ne peut pas fonctionner. Pour

Wanted, la problématique est différente : nous voulons aider un maximum de personnes. Et nous n'allons pas nous appesantir très longtemps sur la question. Tout le monde est sur Facebook ? Donc, si on veut toucher tout le monde, il faut rester sur Facebook. Conclusion : on reste sur Facebook. Contre l'avis de tous les mecs cool, barbe de trois jours, New Balance, chemise en jean. Dès notre deuxième *meet up*, je commence à prendre la mouche. Évitons de nous attarder dans cet écosystème qui n'est pas adapté à nos besoins parce que nous allons perdre notre temps et peut-être même notre cap. Plutôt que de parler pendant des heures d'un truc qui n'a pas encore vu le jour – ce qui constitue l'essentiel du travail d'un *start-uppeur* puisque sa mission est de vendre une idée, stratégie que résume parfaitement le slogan très en vogue : « *Fake it till you make it* » ! –, moi je propose un concept révolutionnaire : retourner au bureau pour bosser.

Nous commençons par sécuriser le nom du projet. Inutile de préciser que « Wanted » est déjà déposé dans tous les secteurs d'activité, et dans tous les pays du monde. Par chance, la marque Wanted Community, elle, n'a pas encore été protégée. C'est déjà ça de gagné. Débute alors la farandole des nouvelles idées pour trouver notre *business model*. Lorsque j'en tiens une, je travaille dessus pendant une semaine, je fais mes recherches, mes calculs, un joli PowerPoint, et je le présente la semaine suivante à mes petits camarades. Attention, les yeux : Kiki va sauver le monde !

— Bon, les gars, j'ai une idée. Je sais qu'on a décidé de ne pas quitter Facebook. Mais rien ne nous empêche de créer un autre concept, en complément de Wanted, n'est-ce pas ?

— Vas-y, on t'écoute !

— On va faire une application de navigation GPS, sur le même modèle que Waze. Mais au lieu d'indiquer les embouteillages et les radars, on affichera toutes les annonces de Wanted.

— OK. Ça a l'air bien. Mais je vois pas l'intérêt de ton truc !

— Eh bien, imaginez, lorsqu'un objet est disponible dans la zone géographique où vous vous trouvez, un petit « W » s'affiche sur la carte. Par exemple, si j'ai besoin d'un frigo, l'application m'indique où se trouvent tous les frigos mis en vente par les wantediens autour de moi.

— C'est bien mais en quoi ça permet de tendre la main aux plus démunis ?

— Si ça marche pour un frigo, ça marche aussi pour aider spontanément une personne dans le besoin. Un sans-abri poste une annonce pour demander un hébergement parce que les services de Météo-France annoncent des températures glaciales. Son annonce s'affiche sur la carte sous la forme d'un « W » rouge, et si c'est à côté de chez toi, tu peux descendre voir le type, discuter et boire un café avec lui. Bref, tu peux lui tendre la main parce qu'il est juste en bas de chez toi.

— Pour ça il faudrait que les sans-abri possèdent un smartphone. C'est le cas pour certains, mais pas tous.

— C'est vrai.

— Et il y a un autre problème. Il est où ton *business model* ? Comment on génère de l'argent avec ton histoire ?

— D'abord il y a de la data à exploiter. Et puis on peut faire des partenariats avec des marques. Par exemple H & M qui pourrait utiliser notre application pour envoyer des alertes aux wantediens, du genre: «Apparemment tu viens de passer devant notre boutique! Si tu viens nous voir dans les trente prochaines minutes, on te fait une ristourne de 20%.» Et nous, on prend une commission sur les achats.

À son regard fuyant, je comprends que Jérémie n'est pas emballé par ma proposition. Il voit déjà poindre le virage business dans lequel on pourrait perdre nos valeurs. Quant à Luc, il n'a pas levé les yeux de son téléphone depuis le début de notre réunion. Encore une idée qui va finir au placard. Elle n'est pourtant pas mauvaise. L'ennui, c'est qu'une fois de plus nous n'avons aucune compétence technique pour la mettre en œuvre.

Les semaines passent, je m'essore les méninges pour trouver la martingale. Et lorsque je tiens quelque chose, c'est l'euphorie. Toute la nuit, je sue, je tourne et je retourne l'idée dans une transe délirante. Et à 9 heures du matin, j'arrive au bureau en hurlant ma joie – oui, quand il s'agit de travailler sur un projet qui a du sens, même moi je suis capable de sortir de mon lit avant 10 heures! «C'est bon, les gars! J'ai trouvé! J'ai l'idée qui va nous faire exploser! Avec ça, on atterrit directement sur la lune!» Parfois, l'idée fait son chemin. On bosse chacun de notre côté. Et généralement, au bout de quelques semaines, tout s'achève par du «je sais pas trop, les gars. Est-ce que l'on a vraiment envie de faire ça de nos vies?». Et hop, à la poubelle! Heureusement, Luc a pris le développement de la communauté à bras-le-corps et tous les mois nous ouvrons de nouveaux groupes, en France, en Europe et même en Afrique. On recrute des bénévoles. Et le bébé grandit sans se soucier de notre tambouille d'apprentis entrepreneurs.

Tous les jours, nous tournons autour de cette équation qui nous rend dingues : « Nous sommes une communauté de gens bien qui veulent faire le bien. Il faut donc proposer à cette communauté de faire une action, la moins contraignante possible, et que son impact soit bénéfique pour tout le monde. Quelle est l'action que nous réalisons tous les jours et qui pourrait avoir un impact positif ? »

— La carte bleue.

— Quoi la carte bleue ?

— Tous les jours on utilise sa CB !

— Ah ouais, pas con ! Mais les banques prélèvent déjà un pognon de dingue en frais bancaires !

— Justement, il faut inventer une carte bleue qui a un impact positif sur le monde à chaque fois que tu paies.

Aucun des trois intellectuels en présence n'a fait une école de commerce. D'ailleurs nous ne sommes ni entrepreneurs ni *start-uppeurs*. Nous avons donc un rapport à la « création » qui relève moins de la gestation de projet business que de l'atelier jeu de piste en colonie de vacances. Zéro limite, avec nous tout est possible. Mais si l'idée est mauvaise, nous y passerons beaucoup trop de temps avant de nous en apercevoir. Pas par entêtement, mais par ignorance.

— Bon, si on fait, disons, 20 euros de paiement par jour avec sa carte bleue, et que sur un million de membres on arrive à en convaincre 100 000. On prend 1 % de frais bancaires solidaires, ça fait 20 000 euros par jour…

Je pianote sur mon téléphone et écarquille les yeux.

— 7,3 millions par an !

— C'est énorme !!!

Luc lève le nez de son iPhone. Ses yeux ont du mal à faire le point sur la pièce.

— Qu'est-ce qui est énorme ?

— Luc, on va créer notre propre carte bancaire !

Dès le lendemain nous commençons à faire nos recherches. Au bout de quelques jours, on comprend qu'il est impossible de créer une carte bleue sans être un établissement bancaire. L'alternative consiste à s'associer à une banque. Évidemment, si l'un d'entre nous avait fait une école de commerce, même une toute petite, nous n'aurions pas passé trois jours sur Google en imaginant pouvoir devenir banquiers. Devant la complexité du projet, la sagesse la plus élémentaire nous suggérerait de renoncer. Nous préférons tenter notre chance dans un salon consacré à la dématérialisation, où se retrouvent tous les professionnels du paiement sous toutes ses formes. Smartphone, empreintes digitales, reconnaissance faciale, bienvenue dans le futur de la consommation. Nous passons de stand en stand avec notre idée de carte bleue solidaire sur PowerPoint mal imprimé. Il faudra que l'on pense à changer la cartouche d'encre. Dans ce nuage compact de costumes-cravates, nos têtes d'ahuris en jean-baskets font désordre. Personne ne comprend notre projet. À les écouter, cette histoire de carte bancaire solidaire n'a aucun sens. La vérité, c'est que nous ne maîtrisons pas du tout les sujets que l'on aborde. Nos questions sont naïves, les mots que nous employons ne sont pas ceux du milieu. Bref, nous n'avons pas les codes, et les types le sentent tout de suite. On nous prend pour des charlots. Mais nous repartons avec quelques informations importantes. La première, c'est qu'il va être très difficile d'être compétitifs parce que notre projet ne peut aboutir qu'en ajoutant des frais supplémentaires à ceux déjà imposés par l'établissement bancaire. Eh oui, les gars, aucune banque n'acceptera de baisser sa marge pour nous permettre de financer des actions solidaires. En tous les cas, pas à ce stade de l'aventure. C'est trop tôt. Pour le moment, personne ne nous prend au sérieux.

Durant cette période, nous mettons en place un système de bilans, sous forme de tableaux Excel, avec des questions précises qui doivent nous permettre d'avancer autant sur les projets que sur la cohésion du trio. « Quelles sont les trois choses que j'ai bien réalisées ce mois-ci ? » « Quelles sont les trois choses que j'ai mal réalisées ce mois-ci ? » « Quelles sont mes qualités relationnelles ? » « Quels sont mes défauts relationnels ? » « Quelles sont mes qualités professionnelles ? » « Quels sont mes défauts professionnels ? » Chacun remplit le tableau autant pour lui que pour les deux autres. Une méthode efficace pour exprimer sans tabou ce que l'on pense de sa propre situation et de celle des deux autres. Que nous avancions ou non dans la réalisation de nos projets, il faut pouvoir se dire les choses, se cracher à la gueule si nécessaire. Cela évite d'ajouter de la rancœur à la frustration.

En juillet, finalement, nous abandonnons l'idée de la carte bleue solidaire. Et encore un bébé mort-né ! Le seul point positif, c'est que nous avons identifié un énorme problème : Luc est complètement absorbé par la modération. Il est même complètement *addict*. C'est le polisseur de diamant qui est devenu accro à son précieux. Jusque-là nous n'avions pas vraiment pris conscience de l'ampleur de la tâche. Avec Jérémie, nous voyions ça de loin. C'est vrai qu'il avait l'air très impliqué et nous comparions les notifications sur son téléphone à un patron un peu envahissant. Mais là, nous nous rendons vraiment compte du phénomène. Administrer un groupe Facebook aussi vaste que Wanted, ce n'est pas juste envahissant. C'est comme si tu te baladais dans la rue et qu'à chaque seconde des inconnus venaient te tirer la manche pour se plaindre, te donner leur avis ou te demander de l'aide. Et Luc a une tendresse, une empathie naturelle pour tous ces gens. C'est la raison pour laquelle il faut sevrer Luc. Comme avec un junkie, nous sommes obligés de lui confisquer son téléphone, au moins pendant les réunions. Et surtout, nous lançons une vaste campagne de recrutement pour constituer une *team* de modérateurs digne de ce nom. Il n'y a que comme cela que Luc va pouvoir à nouveau respirer.

Entre-temps, une troisième idée de monétisation a germé : nous allons vendre des fringues. Des vêtements, tiens donc, quelle drôle d'idée ! Mais pourquoi ? Pour deux raisons au moins. La première tient à cette question qui nous hante depuis le début : « Quelle action accomplit-on tous les jours ? » On enfile un tee-shirt. La deuxième raison, c'est qu'avec ces fringues les membres vont pouvoir revendiquer et renforcer leur sentiment d'appartenance à la communauté. Enfin, surtout, pour une fois, il s'agit d'un projet à notre portée. Fabriquer et vendre des vêtements, ça ne demande pas de compétences particulières, ça rapporte des sous et nous allons pouvoir très simplement reverser une partie des bénéfices à une association ou une cause plus grande. Et voilà comment nous allons sauter à pieds joints dans un des fiascos les plus cocasses de notre aventure. Nous commençons évidemment par chercher une cause.

— Moi, je veux une cause universelle.

— C'est bien, mon Kiki. Mais c'est quoi pour toi, une cause universelle ?

— J'ai trouvé une association basée à New York dont la mission consiste à planter des arbres partout sur la planète pour lutter contre la déforestation.

— Pourquoi pas…

On ne peut pas dire que ma proposition soulève les foules. Mais à défaut d'avoir une meilleure idée, les gars acceptent et je contacte les bureaux de l'association à Bruxelles. Et après un rapide calcul, nous parvenons au résultat suivant :

— Si nous vendons un tee-shirt à 20 euros, on peut financer combien d'arbres ?

— Je dirais trois arbres.

— Ah super. Donc si 10 000 personnes achètent un tee-shirt, on peut planter 30 000 arbres. C'est cool !

Il y a quand même un petit angle mort dans notre affaire. Jamais, mais alors jamais, nous n'avons parlé d'écologie sur Wanted. Jusqu'à maintenant, nous avons sauvé des chiens abandonnés, nous avons aidé quelques sans-abri à trouver un hébergement. Et soudain, sans prévenir, on va se mettre à planter des arbres en Afrique. Tout cela n'est pas très cohérent, mais nous fonçons tête baissée. Au passage nous occultons un détail essentiel : en réalité, fabriquer et vendre des tee-shirts, c'est un vrai métier.

Première étape : le design. Et c'est parti pour l'atelier dessin et travaux manuels à la MJC de Saint-Médard-en-Jalles. Il nous faut des motifs à imprimer : on fait des bananes, des ours, des flamants roses, même un marin avec un béret et une pipe. Tout ce qui nous passe par la tête, avec juste au-dessous l'inscription

« Wanted Community ». J'ai quitté mon job d'avocat fiscaliste il y a six mois et je me retrouve à vendre des tee-shirts pour planter des arbres en Afrique. À ce niveau-là ce n'est plus du hors-piste, mais de la chute libre.

Dans la mesure où nous avançons sans moyens financiers, nous optons pour la solution de l'impression à la demande. Un tee-shirt acheté est un tee-shirt fabriqué. Et nous choisissons une entreprise que nous connaissons bien, fondée et gérée par des potes à Bordeaux. Autant le dire tout de suite, on n'a pas vraiment affaire à une multinationale du textile.

On n'a tellement pas d'argent que l'on ne peut pas payer un *shooting* photo. J'envoie un e-mail à Stanley/Stella, la référence belge du vêtement bio, éthique et responsable. Innocemment, je leur demande de me transmettre les photos de leur catalogue de tee-shirts sur lesquelles nous allons apposer nos illustrations et nos logos en bidouillant maladroitement sur Photoshop. Seulement, nous voulons également vendre des casquettes et des sacs. Et pour cela, il va falloir improviser un *shooting*. Impossible de payer un photographe, on va le faire nous-mêmes. Pour les mannequins, on demande aux copains. Les photos sont d'une qualité à peine supérieure à nos selfies de fin de soirée. Heureusement, j'ai un dernier as dans la manche. Dans notre réseau de proches, certaines filles sont devenues « influenceuses » sur Instagram. Luc demande à l'une d'entre elles de prendre quelques clichés habillée en Wanted.

— Ce serait vraiment cool si tu pouvais poster une ou deux *tofs* avec un de nos tee-shirts. Tu sais bien, c'est pour la bonne cause. 😜

— Mais oui, bien sûr ! Envoie-moi ce que tu veux que je porte !

Je passe une commande de tee-shirt avec un modèle pour femme auprès de notre fournisseur. Et je donne son adresse au transporteur pour que le colis arrive directement chez elle. Quelques jours plus tard, elle nous recontacte.

— Les gars, c'est pas possible. Je peux pas porter ça !

— Pourquoi ? C'est quoi le problème ?

Le dessin que nous avons choisi n'est peut-être pas du meilleur goût : deux pastèques imprimées au niveau des seins, avec « Wanted » à droite et « Community » à gauche. Mais de là à refuser de le porter, on ne comprend pas.

— Le problème, les gars, c'est que j'ai une pastèque sur le sein gauche, et l'autre au niveau du nombril !

Le château de cartes finit par s'effondrer sur la même mélodie tragi-comique que cette histoire de pastèques. Les clients ne reçoivent pas la bonne taille ou le bon logo. Des colis se perdent aux quatre coins du pays. Nous vendons 300 tee-shirts à peine, et nous prenons la décision de tout arrêter au bout de trois semaines. En grande partie pour éviter de perdre de l'argent. Quatre mois de travail à penser, dessiner, commander, communiquer partent en fumée.

Et le problème, c'est que l'on ne peut plus se voir en peinture. Luc me sort par les trous de nez et la réciproque est évidente. Toute l'équipe part en toupie. En décembre 2017, le bilan est catastrophique. L'amitié semble avoir totalement disparu et une seule question nous préoccupe lors de cette dernière réunion : « Est-ce que l'on a envie de poursuivre l'aventure ? » Le paradoxe de notre situation, c'est que, même si toutes nos tentatives de monétisation se fracassent sur le mur de notre amateurisme, ce que nous accomplissons sur Facebook fonctionne au-delà de toutes nos espérances. Le taux de croissance de la communauté passe haut la main la barre des 12000 nouveaux membres chaque mois. Le rythme de publication de messages liés à des initiatives solidaires s'est accéléré lui aussi. Il ne se passe plus une journée sans qu'un wantedien ne prenne la plume pour solliciter l'aide de ses camarades en faveur d'une personne en grande difficulté. Mieux, l'accueil de ces initiatives par les autres membres est toujours très positif, avec un nombre de *likes* et de « UP » qui crève le plafond à tous les coups. Le meilleur appareil de mesure pour avoir un regard précis sur cette boucle vertueuse, c'est le retour d'expérience de nos modérateurs. Dans la montagne de requêtes en tout genre qu'ils doivent traiter quotidiennement, jamais il n'est question d'une action solidaire dénigrée ou fustigée. Une évidence, dites-vous ? Il suffirait d'aller constater l'impact du même message, de la même initiative publiée sur d'autres réseaux pour comprendre que Wanted est devenu une bulle de bienveillance tout à fait nouvelle. Et nous n'en avons pas encore pris conscience mais cette bulle, par sa taille, est totalement inédite dans l'histoire d'Internet. L'entraide n'est pas nouvelle sur le Web. Mais, par sa dimension, Wanted est désormais un phénomène sans précédent. C'est d'ailleurs ce qui nous lie tous les trois et tout ce qu'il nous reste, cette vision commune d'une entraide spontanée à très grande échelle. Mais comment s'en sortir ? Dans un an, je n'ai plus de chômage. Luc, lui, n'a plus que six mois devant lui. Je me vois déjà tout seul à ramer à temps plein sur une coque percée. J'enrage. Quel gâchis ! Toutes ces disputes, ces incompréhensions, ces invectives et ces frustrations, tout cela est sur le point de détruire à la fois le projet et notre amitié. Nous avons tous les trois les larmes aux yeux en nous quittant. On va partir en vacances chacun de son côté pour réfléchir, et nous prenons simplement rendez-vous en janvier pour décider : stop ou encore. Nous sommes bien loin d'imaginer que de cet échec cuisant va naître finalement la meilleure idée de notre aventure.

- Sarah -

Les vagues de solidarité qui se lèvent sur Wanted Community sont toujours très spectaculaires. Mais dans le cas de Sarah, l'histoire a dépassé tout ce que nous avions vu auparavant. Il faut dire que son cas était particulièrement révoltant. Le 2 septembre 2018, cette jeune maman de 28 ans publie sur Wanted un message qui commence par les phrases suivantes. « Je vous écris car je suis dans une difficulté sans fin, et je n'arrive plus à sortir la tête de l'eau. Voilà, mon conjoint et moi sommes SDF avec un enfant de 18 mois. » Un bébé d'un an et demi à la rue, le scandale absolu face auquel même les plus cyniques ne peuvent rester insensibles. « L'hiver approche à grands pas, poursuit-elle. J'ai peur pour mon enfant, pour notre santé, j'ai mal au cœur de ne pas pouvoir subvenir aux besoins les plus naturels de ma petite. Lui offrir un toit décent [...] Aujourd'hui j'ai besoin de vous, je ne demande pas l'aumône ni l'hébergement. Mais cette nuit une idée m'est venue. J'aimerais vous demander à chacun d'écrire une lettre à la mairie d'Orly pour leur expliquer qu'il est inconcevable de laisser une famille sans aides à la rue avec un bébé. » Et puis quelques lignes plus loin, Sarah ajoute : « Je tiens à dire que je travaille en CDI, et que j'ai déjà une demande de logement en cours. » Une maman qui dort dans sa voiture avec son bébé, et qui se rend tous les matins au travail. Toute l'absurdité de notre société condensée en une phrase. Évidemment, certains commentaires mettent en doute la véracité de ses propos : « Que fait le papa ? » « Comment s'est-elle retrouvée à la rue ? » « Et les amis ? » « Et la famille ? »

À la suite de ce post, nous prenons contact avec elle, pour nous assurer qu'elle ne croule pas sous les messages intrusifs ou malveillants. Mais Sarah a, semble-t-il, touché le cœur des wantediens, qui, dans leur immense majorité, lui proposent aide et soutien. Beaucoup, d'ailleurs, suivent sa demande et interpellent la mairie d'Orly par courrier. *Le Parisien* lui consacre même un article. En vain. Quelques semaines plus tard, Sarah publie un autre message. Déchirant. « Trop riche pour un HLM, trop pauvre pour du privé. L'hiver approche, je regarde ma fille et mes larmes coulent, je me déteste de la mettre dans cette situation. Pourtant je donnerais ma vie pour elle. Faut-il que j'en arrive à me retirer à jamais pour que l'on nous entende ? »

Avec le temps et l'expérience, nous avons appris à traiter toutes sortes de messages sur Wanted, y compris les appels au secours de personnes au bord du suicide. Sarah s'est battue et, grâce à cela, elle a obtenu un hébergement de quinze jours dans un hôtel du 115. Mais cette courte parenthèse s'achève. Et derrière, plus rien. Elle va devoir retourner dans sa voiture, avec son conjoint et sa gamine. Sarah est au bout du rouleau et cela se comprend. Pourtant son message se termine sur une note plus souriante, positive : « J'avais besoin de vous écrire, votre soutien m'a tellement aidée, dit-elle. Vous êtes tous magnifiques et vous me redonnez le sourire chaque fois que je vous lis. » Évidemment, nous redoublons d'efforts pour l'entourer. Les modérateurs échangent avec elle le plus souvent possible. Mais que faire quand l'administration de votre pays détourne le regard ?

Fin octobre, Sarah rédige un nouveau post dans lequel elle explique être au point mort malgré la mobilisation : « Je pense avoir joué toutes mes cartes pour trouver un toit pour mon bébé. Je n'ai plus envie de me battre. Depuis juillet nous ne sommes pas pris au sérieux, malgré la gravité de notre situation et malgré l'intervention des médias. Je ne dors plus la nuit, je ne mange plus. Je pleure beaucoup aussi, surtout quand je regarde ma fille, je remercie Dieu qu'elle ne soit pas en âge de comprendre. » Malgré tout, comme dans le message précédent, elle prend soin de remercier les wantediens : « J'aime vous écrire, ça devient ma petite thérapie. Vous lire me fait un bien fou. » Le statu quo est insupportable. Savoir qu'une gamine d'un an et demi risque de passer l'hiver dehors nous donne la nausée. Et l'idée de vivre dans une société où cette situation est « envisageable » nous rend tous fous. La seule note d'optimisme dans cette histoire, c'est que la communauté des wantediens semble lui apporter le réconfort dont elle a besoin pour ne pas sombrer.

Et puis, le 2 novembre 2018, nouveau post de Sarah : « Coucou les W. C'est encore moi, la maman de M. Cela fait plusieurs mois que beaucoup d'entre vous nous suivent, nous portent attention, soutien et aide. Je vous écris avec une bonne nouvelle, ON A ENFIN NOTRE CHEZ NOUUUUUUUUS 😍😍😍😍. Après plusieurs mois dans la rue, mon combat pour avoir un toit a enfin porté ses fruits. Ç'a été difficile, toutes les portes se fermaient sur mes demandes. Mais on a gagné, on a réussi. Beaucoup d'entre vous nous ont aidés financièrement, moralement. J'écris aujourd'hui car beaucoup se retrouvent à la rue. S'il vous plaît, battez-vous, ne baissez jamais les bras. Ma fille a été mon moteur et mon carburant. »

Ce message a généré plus de 2000 *likes* et des centaines de commentaires. Un soulagement général qui reflète deux choses à mon avis. D'abord le besoin fondamental que nous avons tous de voir que la solidarité peut fonctionner. Mais aussi une forme de révolte, un bras d'honneur même, contre cette menace dont on entend en permanence le grondement sourd dans nos sociétés : le déclassement. « Gare à toi, travailleur. Ce n'est pas parce que tu trimes tous les jours que tu es à l'abri. » C'est aussi cette épée de Damoclès que Sarah, son conjoint et leur petite fille ont matérialisée pendant deux mois sur Wanted. Aussi, le jour où nous nous rencontrons pour la première fois *in real life*, bien après cet heureux dénouement, c'est la première question que je lui pose : « Comment l'épée a-t-elle fini par tomber ? »

« Nous avions un logement, dans le 93. Il était encore en travaux lorsque nous avons emménagé. Mais le propriétaire nous avait fait la promesse que tout serait terminé en quelques semaines. Moi, je travaillais comme secrétaire à Orly. J'étais en CDI. Mon mari aussi travaillait. Et on payait 750 euros de loyer. L'hiver est arrivé et les travaux n'avaient pas du tout avancé. Nous n'avions pas de chauffage, mais des trous dans les murs. On faisait de la buée en parlant. Et à plusieurs reprises j'ai été hospitalisée pour des bronchites sévères. Mais nous continuions à payer notre loyer tous les mois, sans sourciller. Régulièrement, on le relançait pour faire avancer les choses. Il venait boucher les trous avec un bout de tissu.

Il nous refourguait un vieux chauffage d'appoint. Mais rien de plus. Nous vivions dans un logement totalement insalubre. Et comme c'était notre premier appartement, nous ne savions pas quoi faire. Nous étions des proies faciles. Nous avons fait une demande HLM en espérant partir rapidement. Mais nous n'étions pas prioritaires puisque nous avions déjà un logement.

La petite est née en février, il faisait un froid de canard. On a traversé l'hiver tant bien que mal. Un an plus tard, toujours aucune avancée. Alors on a décidé d'arrêter de payer le loyer pour forcer le proprio à faire les travaux. C'est à partir de là que tout a dérapé. Il a commencé par nous couper l'électricité. On ne s'est pas démontés. Et un jour il a débarqué chez nous, sans prévenir. Il a commencé à casser notre voiture. Mon mari a essayé de l'en empêcher. L'autre a appelé deux de ses frères. De mon côté, j'ai appelé la police et heureusement ils ont débarqué juste avant que ça ne dégénère en bagarre générale. »

Les traits de Sarah se crispent en évoquant cette période. Son récit est ponctué de petits gestes nerveux, façonnés par l'impuissance et la colère.

« Nous avons porté plainte évidemment. Mais les policiers étaient pessimistes. Ils disaient : “On ne pourra pas vous protéger tous les jours” ; “Un jour, ça va vraiment partir en vrille” ; “Le mieux pour vous et votre petite fille, c'est de partir.” On a pris peur. On a fait nos valises et on est partis. En abandonnant tous nos meubles. En une journée c'était réglé. On est allés à l'hôtel. Mon mari ne travaillant plus, il s'occupait de la petite pendant que j'étais au travail. On avait un petit peu d'argent de côté mais ça part vite quand il faut payer une chambre d'hôtel et trois repas par jour. Tous les matins, nous contactions les services sociaux pour faire avancer notre demande d'HLM. En vain. Et nous avons dû nous résoudre à quitter l'hôtel. Voilà comment on s'est retrouvés à dormir dans la voiture début juillet. »

Le visage de Sarah se fige. En quelques secondes, les signes de colère s'effacent pour laisser place à une profonde mélancolie.

« Moi, je n'ai plus que ma mère, et elle habite dans les Alpes. Quant à la famille de mon mari, nous n'avons pas osé leur en parler. C'est compliqué d'expliquer qu'on a dégringolé. Et puis, à ce moment-là, je pensais que ça ne durerait pas plus de quelques jours. J'étais loin d'imaginer qu'on allait nous claquer toutes les portes au nez. Je suis allée voir la mairie d'Orly pour leur demander de l'aide. Les services sociaux ? Rien. La mairie ? Rien. "Vous n'êtes pas une habitante d'Orly", me répondaient-ils. Mais je travaillais pourtant à Orly ! »

Je suis sidéré. Comment une famille SDF peut voir ses demandes refusées sous prétexte qu'elle n'a pas d'adresse ? Du cynisme ? Je crois que c'est pire que ça : la conséquence inhumaine d'une administration kafkaïenne. Une machine infernale que l'on est incapable de dérouter et qui écrase tous les faibles qui n'entrent pas dans ses cases.

« Mais j'étais déterminée à me battre. C'est à ce moment-là que j'ai pensé à Wanted. Wanted, c'est le groupe où l'on rit, on pleure et on partage. Moi, je suis membre depuis très longtemps. Je me souviens du post d'un papa qui demandait qu'on envoie des cartes postales à son fils autiste. J'avais été très touchée par ce message. Et c'est ce qui m'a donné l'idée de mon premier post. Celui où je demandais aux wantediens d'envoyer une lettre à la mairie. Mais ça m'a pris du temps d'écrire ce premier message. J'avais peur des réactions. Le jour où je me suis décidée, c'est parce que je n'en pouvais plus. J'étais épuisée. Cela faisait deux mois qu'on était à la rue. Ma petite dormait sur la banquette arrière, mon mari s'installait à l'avant, et moi je me faisais une place dans le creux entre les deux, allongée sur une pile de couvertures. Tous les matins, je me levais aux aurores pour pouvoir faire ma toilette dans les sanitaires au boulot, avant que mes collègues n'arrivent. Toute la journée il fallait que je sois pimpante, que je donne le change, pour ne pas éveiller les soupçons. Pendant ce temps-là, mon mari emmenait la petite dans les parcs. Et le soir on se retrouvait dans notre voiture. Exténués, démoralisés. À la suite de ce premier message, j'ai reçu une immense vague de soutien. Les gens voulaient nous aider, on nous proposait des hébergements pour quelques jours, des vêtements, des repas. Je ne demandais pas l'aumône moi, je voulais trouver une solution pérenne. Mais c'était très important de se sentir soutenus. »

Soudain, le regard de Sarah se remplit de larmes. Sa voix se voile.

« Après l'article du *Parisien*, j'ai pris peur. Certains m'ont dit de me méfier des services sociaux qui pouvaient me prendre ma fille si je continuais à faire du bruit. Ma fille était mon moteur. À chaque nouvelle humiliation, c'est pour elle que je me relevais. C'est grâce à elle si mon couple n'a pas explosé. L'idée qu'on puisse me la prendre me rendait malade. Paranoïaque. On changeait la voiture de place régulièrement, on essayait de trouver des lieux discrets, à l'abri des regards. On n'avait pas le droit de nous faire ça. J'en suis arrivée à détester l'humanité tout entière. J'ai vraiment songé à me foutre en l'air. Heureusement que Wanted était là. Les modérateurs, et tous les membres qui prenaient de mes nouvelles. J'ai continué à me battre. J'ai accepté une interview sur Beur FM, et une autre avec Sud Radio. Je cherchais un propriétaire au grand cœur pour nous louer un studio malgré notre dossier un peu bancal. Mais la situation ne faisait qu'empirer. On a été logés dans un hôtel du 115, d'abord gratuitement. Mais ensuite, comme j'avais un salaire, on nous a demandé de payer un loyer de 400 euros par mois. C'est le serpent qui se mord la queue. Comment régler ces 400 euros, et garder de quoi payer les frais pour accéder à un nouveau logement ? En octobre, on nous a proposé un studio mais nous n'avions plus les fonds pour régler les deux mois de caution et le premier mois de loyer. Des wantediens avaient organisé une cagnotte privée pour nous soutenir et ils avaient récolté 880 euros. C'était génial mais il manquait encore 2000 euros. Et c'est là que le miracle de la solidarité nous a sauvés. Une dame qui avait entendu mon interview chez Sud Radio m'a appelée. Je me souviens encore de cette discussion. C'était un jeudi, la veille de la date butoir pour réserver l'appartement.

— Ne te prends plus la tête, Sarah. Tu as besoin de combien ?

— Pardon ?

— Combien tu dois ? Je m'occupe de tout.

Elle m'a demandé le RIB de la propriétaire et elle a fait le virement pour nous. J'ai encore du mal à y croire. Sans elle, je pense qu'on aurait coulé. On n'avait vraiment plus rien. »

Un sourire furtif se fraie un chemin sur son visage.

Si ce dénouement a été un soulagement pour toute la communauté, pour Sarah et sa famille cela prenait une dimension presque divine.

« Lorsqu'on a posé nos valises dans notre nouvel appartement de 30 mètres carrés, j'ai trouvé cela immense. Et la salle de bain, j'étais tellement heureuse de voir une salle de bain ! Mon Dieu comme c'est beau la solidarité. Wanted m'a redonné foi en l'humanité. »

À présent, nous sourions et pleurons tous les deux, en silence. Des larmes de gens qui veulent y croire. L'épée de Damoclès peut tomber, mais il y aura toujours quelqu'un pour vous aider à vous relever. Avant de nous quitter, Sarah tient à me raconter une fable issue de la culture amérindienne.

— Tu sais que nous avons deux loups en nous. Un noir et un blanc.

— Oui.

— À ton avis, lequel des deux prend le pouvoir ?

— Je ne sais pas…

— Celui que tu nourris.

Marion Nedellec > Wanted Community Paris •••
5 février 2018

Coucou wanted community
Besoin de soutien
Mon petit bébé (mon Resto / bar à vins) passe un très mauvais moment €€€
Je cherche donc des musiciens pour faire une belle soirée vendredi en mode « sauvetage du bar »
Payé au chapeau (si besoin je rajouterai) mais surtout ambiance rock / jazz / blues...
De quoi faire vibrer un peu et avoir une belle soirée pour proches et clients
Mp no soucis 🙏🙏🙏 merci les amis 😌

- 16 -

C'est la soupe à la grimace. Je passe les fêtes en tête à tête avec ma mère. J'essaie de faire bonne figure, de garder le sourire, je ne veux pas qu'elle s'inquiète. Pourtant, j'ai le goût de la défaite dans la bouche. Je n'ai aucune nouvelle de Luc. Jérémie, lui, ne s'avoue pas vaincu. Il m'appelle régulièrement pour parler de l'avenir. Je lui balance du « à quoi bon » et il me sert du « haut les cœurs ». S'il n'était pas là pour opposer ses qualités de manageur à notre émotivité débordante, je me demande si Luc et moi n'aurions pas déjà tout balancé. Tout le monde nous l'avait dit : le plus dur quand on monte un projet, c'est de rester soudés dans l'adversité. Heureusement, Jérémie joue à merveille ce rôle de liant pour que l'on ne s'embourbe pas dans des débats stériles au lieu de chercher des solutions.

— On a fait n'importe quoi, mec !

— Kiki, je suis d'accord avec toi mais…

— Non mais sérieux ! On n'a aucune expérience dans le textile et on se met à faire des fringues. On n'a jamais parlé d'écologie et on se met à planter des arbres. C'est n'importe quoi ! On fait n'importe quoi !

— Oui, mais on apprend de nos échecs. C'est comme ça qu'on avance. Tu as encore un an devant toi. On va y arriver. Faut pas que tu lâches !

La vérité, c'est que j'ai déjà des touches dans de grands cabinets d'avocats. Le parfum de l'opulence me chatouille à nouveau les narines. *Salaire, bagnole, appart, vacances en Grèce et week-ends au Cap-Ferret.* C'est fascinant comme le cerveau tourne vite lorsqu'il est stimulé par l'argent. Pourtant, une partie de moi-même, certainement celle de l'orgueil, refuse ce constat d'échec. *On ne peut pas en rester là. Je n'ai pas tout quitté pour rien quand même.* Et un matin je me réveille totalement habité par une nouvelle obsession.

— Allô ?

— Salut, mon gros. C'est Kiki. Ça va ?

— Mec, qu'est-ce qui te prend ? Il est 7 heures du matin…

— Faut que je te parle d'un truc.

— Qu'est-ce qu'il t'arrive ?…

— Luc, il était directeur de café.

— Oui et alors ?

— Et alors tout le monde boit de la bière !

— Quoi ? Tu veux qu'on monte une marque de bière maintenant ?

— Non. Mais on pourrait ouvrir un café ! Un café Wanted !

— C'est pas idiot. Laisse-moi réfléchir.

Nous raccrochons. Le temps de prendre une douche, Jérémie me rappelle.

— Écoute, c'est une super idée. Parce que le café, c'est ce qui ressemble le plus à Wanted dans la vie réelle. Si on ouvre un troquet, on transforme le virtuel en réel.

— Exactement ! On va faire Wanted *in real life* ! Et pour les personnes en difficulté, on fera des repas gratuits.

— On peut faire le système du café suspendu. Tu connais ?

— Oui, le client paie deux cafés et il en laisse un en suspens pour une personne dans le besoin.

— On pourrait faire la même chose pour les repas. Tu paies deux plats et tu en laisses un pour un sans-abri.

En quelques phrases, la boussole de nos idéaux retrouve le nord. Des gens qui parlent, draguent, font des blagues, échangent des contacts, des coups de main, des conseils, des recommandations musicales, littéraires, Wanted est un bar, évidemment ! Mais pourquoi n'y a-t-on pas pensé plus tôt ?! L'idée est d'autant plus intéressante que pour la première fois nous envisageons de miser sur nos compétences, en l'occurrence celles de Luc. On coche une case essentielle dans le monde du business, une règle fondamentale de la réussite : toujours commencer par ce que l'on sait faire ! Et puis aider les sans-abri, c'est cohérent, c'est un message qui nous correspond. La sensation de tenir enfin une bonne idée me provoque une décharge d'adrénaline qui relance toute la machine. Les idées précédentes n'étaient pas toutes mauvaises. La plupart souffraient surtout d'un mauvais timing. D'ailleurs, certaines attendent bien au chaud que l'on ait l'envergure nécessaire pour les développer. Mais la bonne idée au bon moment se distingue de toutes les autres par la saveur très familière qu'elle recèle. Tu viens de faire sa rencontre et pourtant tu as le sentiment de l'avoir toujours connue. Tu peux la retourner dans tous les sens, jouer avec elle, la faire danser dans ta tête en toute confiance, comme un gosse avec une chanson qu'il connaît par cœur.

— Écoute, parles-en avec Luc. Moi, je ne veux pas l'appeler sinon ça va partir en sucette. Mais je te préviens, s'il n'est pas d'accord, je me casse. Je retourne à ma vie d'avocat.

— T'inquiète pas, mon Kiki, je suis sûr qu'il sera partant. Si tu pars, tout tombe à l'eau. Et personne n'a envie de ça.

Cette idée de bistrot est tellement bonne que Luc a eu la même de son côté. Seulement, il pensait que j'allais tout plaquer. Il envisageait donc de s'associer avec son cousin, Louis Jaubert, qui a déjà monté quelques projets dans l'hôtellerie et la restauration. Lorsque nous nous retrouvons en janvier, c'est l'euphorie.

— Mais putain, les gars, moi je pensais qu'on allait tout arrêter ! lance Luc.

— C'est ce qu'il va se passer si on ne monte pas notre café, lui dis-je en toute provocation.

— Tu vas le faire, ton café, reprend Jérémie. Tu vas le faire, sauf qu'on va l'appeler Wanted et que ce sera un café solidaire !

En deux semaines, nous passons donc d'une réunion funeste au bord des larmes à cette discussion où l'on se chamaille comme des gamins les yeux pleins d'étoiles. On s'embrasse, on se galvanise, on s'emballe comme au premier jour de l'aventure. Et le plus drôle, c'est qu'ils ne savent pas tout. Je leur réserve une petite surprise !

Depuis quelque temps, Facebook entretient une relation opérationnelle avec nous. Ils nous consultent régulièrement pour avoir notre avis d'utilisateurs experts sur l'outil « groupe ». Nous leur faisons ce que l'on appelle en marketing du « retour client ». Et souvent, nous leur proposons des améliorations. Le meilleur exemple étant le bouton qui permet d'accepter tous les nouveaux profils en un seul clic. Être obligés de cliquer sur « Accepter » à chaque fois qu'une nouvelle personne souhaitait rejoindre notre communauté était une perte de temps délirante à notre échelle. Avec les taux de croissance que l'on observait sur Wanted, l'attente pouvait atteindre parfois plusieurs jours. Nous aurions dû pouvoir refuser au cas par cas les profils qui ne nous correspondaient pas, comme les gens que l'on avait déjà bannis et qui tentaient de revenir, et, suite à ce tri préalable, disposer d'un bouton unique pour accepter tous les autres. Dont acte. Facebook a fait le nécessaire.

Un autre problème qui découle de cet exemple. Comment vérifier les bonnes intentions des gens qui souhaitent nous rejoindre? Pour chaque nouvel entrant, nous devons d'abord contrôler son profil, s'assurer qu'il ne pose pas en photo avec des drapeaux nazis, vérifier également qu'il ne s'agit pas d'un robot, un profil Facebook géré par un ordinateur. Ces derniers sont de plus en plus nombreux sur les réseaux sociaux. Nous proposons à Facebook un système de questionnaire que le néo-wantedien doit remplir pour pouvoir accéder au groupe. Cela évite au moins les robots.

Ce que l'on ignorait, c'est que, depuis plusieurs mois, Facebook travaillait à une modification profonde de son algorithme. Une nouvelle politique dont les contours furent esquissés lors du Facebook Communities Summit à Chicago, le 22 juin 2017. Au cours de cette conférence, Mark Zuckerberg a dévoilé la nouvelle «mission» de Facebook: *Bring the world closer together* («rapprocher le monde»).

«Les dix dernières années, nous avons travaillé à rendre le monde plus ouvert et connecté. Ce travail n'est pas terminé. J'ai longtemps pensé qu'il suffisait de donner la parole aux gens et de les connecter pour rendre le monde meilleur. Et à de nombreux égards cela est vrai. Mais notre société est toujours divisée. Désormais je crois que nous avons la responsabilité de faire encore mieux. Connecter le monde n'est pas suffisant, nous devons également travailler pour "rapprocher" le monde.

Nous devons donner la parole aux gens pour en faire ressortir des opinions diverses, mais nous devons également créer un terrain d'entente pour pouvoir progresser tous ensemble. Nous devons rester connectés avec les gens que nous connaissons et dont nous nous soucions, mais nous devons aussi rencontrer de nouvelles personnes avec de nouvelles perspectives. Nous avons besoin du soutien de nos familles et de nos amis, mais nous avons aussi besoin de construire des communautés qui nous soutiendront. »

Pour Luc, Jérémie et moi, le discours du grand manitou de San Francisco était aussi clair que l'énigme d'un oracle. Qu'allait-il faire exactement ? En quoi Facebook allait-il changer ? À vrai dire, cela nous passait bien au-dessus de la tête. Lorsque la réponse à ces questions tombe le 11 janvier 2018, nous sommes bien trop occupés à ressouder nos liens d'amitié autour de notre projet de bistrot. Pourtant le message est fondamental : « Les premiers changements que vous verrez seront sur le fil d'actualité, où vous pouvez vous attendre à trouver plus de contenus de vos amis, de votre famille et des groupes. » Ce changement d'algorithme va tout bouleverser. Soudain, les contenus issus de groupes vont faire un bond tout en haut du fil d'actualité. L'outil « groupe » va devenir le nouveau centre de gravité du réseau. Cela signifie que nous allons être projetés sur le devant de la scène Facebook. Et nous sommes loin d'imaginer à quel point !

Dans la mesure où je suis celui des trois qui parle le mieux anglais – merci, Xavier ! – c'est à moi qu'est revenue la mission d'interagir avec les équipes de Facebook depuis plusieurs mois. Rien d'extraordinaire jusque-là, un e-mail de temps en temps. Rien de plus. Mais en fin d'année, au moment même où une guerre de tranchées s'était installée entre nous, j'avais reçu une invitation à postuler pour le Facebook Communities Summit Europe. Sans vraiment savoir de quoi il s'agissait, j'avais rempli le dossier, sans en parler à personne. Et je viens tout juste de recevoir une réponse positive.

— Bon, les gars, il faut que je vous raconte un truc.

— T'as une nouvelle meuf ?

— Mieux que ça. En décembre j'ai posé une candidature pour participer au Communities Summit que Facebook organise en Europe. Et a priori ça va se faire. Mais il me demande de faire des entretiens en visio.

Quelques jours plus tard, je me retrouve en visioconférence avec un type de San Francisco. Pas tout à fait à l'aise avec mon anglais, j'ai prévu quelques antisèches sur l'écran de mon ordinateur, comme un prompteur avec des phrases toutes faites pour dérouler notre argumentaire, nos valeurs, nos objectifs. Au bout de 5 entretiens avec 5 personnes différentes, Facebook nous envoie un e-mail pour nous annoncer que nous sommes sélectionnés pour participer à l'événement qui aura lieu à Londres le 8 février. En post-scriptum, l'auteur de ce courrier ajoute une drôle de pirouette : « Une surprise t'attend sur place. »

Marion Nedellec > Wanted Community Paris
4 avril 2018

Merciiiii Wanted & The Bank$sters
Il y a quelques temps j'avais lancé un sos pour mon restaurant & Bar à vins Robe Rouge dans le 15eme qui se porte pas très bien et la magie Wanted a fonctionné... The Ban$sters ayant vu mon post organise un concert ce vendredi ! Vous êtes les meilleurs ❤️

55 — 4 commentaires

- 17 -

Dans le bus qui m'emmène à l'aéroport de Mérignac, je songe aux dernières semaines que nous venons de vivre. Nous avons mangé notre pain noir pendant de longs mois et l'année 2017 s'est achevée sur une note terriblement triste. Et puis 2018 a démarré sur les chapeaux de roues avec le projet d'ouvrir un café solidaire et cette promesse énigmatique de Facebook qui nous tient en haleine. Surtout, nous avons trouvé les clés pour nous réconcilier et nous relancer comme le font de vrais amis.

Je pars seul à Londres. Je pouvais emmener quelqu'un avec moi mais personne n'a pu se libérer, ni Luc ni Jérémie. C'est dommage. On aurait pu se marrer. Je vais retrouver cette ville que je connais si bien. Je me demande ce qui m'attend. À mon arrivée, un chauffeur en costume noir m'accueille avec une pancarte à mon nom. Je m'assieds à l'arrière d'une berline de luxe et sur le trajet je reçois un e-mail de Perry, mon contact chez Facebook.

Hi Christian!

Lorsque tu arriveras à l'hôtel, il faudra te présenter à la réception. Nous t'attendrons dans une chambre pour réaliser une interview.

See you soon!

Merde alors, encore une interview en anglais. Et cette fois-ci je n'aurai pas mon prompteur. La tannée. Je déteste m'exprimer en anglais. Mon ruminement s'arrête soudainement devant les portes du *DoubleTree by Hilton Hotel London – Tower of London*. Ma petite valise à roulettes à la main, je m'engouffre dans la porte-tambour qui m'entraîne vers un hall surdimensionné, coiffé d'une immense verrière en losanges, et meublé façon club anglais contemporain avec de grands Chesterfield en cuir camel et des bibliothèques au design très épuré. *Ah ben, ils ne se moquent pas de nous chez Facebook!* Je retrouve la fameuse Perry, qui me demande de la suivre.

Un ascenseur, un couloir, une volée de marches, et me voilà dans une chambre, ou plutôt une suite, vu les dimensions. Dans la pièce du fond, une femme en pleine lumière est en train de se faire maquiller. Je vois un ingénieur du son, deux cadreurs, un type très sérieux derrière une table de mixage et deux autres gars qui semblent superviser tout cela. Devant la femme qui ressemble à une animatrice de télévision, je repère un fauteuil en velours beige avec des spots brûlants et une caméra qui glisse le long d'un rail. *Mais enfin c'est quoi cette superproduction ? C'est moi le héros du film ? Il doit y avoir erreur!* Je sens la sueur me couler dans le dos. *Je vais devoir parler de Wanted là ? Il ne faut surtout pas que je dise de conneries!* C'est la panique. La présentatrice m'a repéré. Elle accourt déjà, se penche vers moi les bras grands ouverts et le sourire éclatant. Je m'apprête à lui faire la bise mais elle me serre délicatement dans ses bras, ma joue reste en l'air et je manque de lui marcher dessus comme dans une espèce de tango maladroit. Le *hug* à l'américaine, je ne m'y attendais pas. Il va falloir que j'apprenne vite. Si je galère déjà pour dire bonjour, je n'ose même pas imaginer ce que ça va donner sur le fauteuil.

— Hum… I'm sorry… I don't speak English very well… I don't think it's a good idea to do an interview with me…

— *Don't worry! You're doing well!*

Mon Dieu ! Heureusement que Luc et Jérémie ne sont pas là pour voir ça. Je commence à élaborer un mytho en cas de pépin, au cas où ça partirait en vrille. Les minutes passent, j'ai les mains moites, comme un gamin que l'on envoie au tableau alors qu'il n'a pas appris sa leçon. Une fois de plus je navigue à vue, mais cette interview va servir à sélectionner les 4 *community leaders* qui seront présentés à Chris Cox, le numéro trois de Facebook. Perry m'invite à poser mon manteau pour m'asseoir. Une jeune femme s'approche pour me poudrer le visage. Les yeux fermés, j'essaie de me répéter mon laïus sur Wanted, nos valeurs, nos objectifs. *Merde merde merde, comment on dit « entraide » ?* Je suis en tee-shirt blanc, tatouages apparents, et j'ai complètement oublié de me raser… depuis un mois. J'essaie de me défiler une dernière fois.

— Are you sure? My English is not very good. Maybe it would be better to do the interview in French…

— *No! You're perfect! Your English is better than my French!*

Ouais super. Ça me fait une belle jambe. Le temps de me passer la main dans les cheveux, le bruit cesse autour de moi. L'animatrice me regarde droit dans les yeux. Le blanc de ses dents est irréel. Elle jette un rapide coup d'œil vers la caméra et c'est parti.

— *First of all, could you please introduce yourself? And tell me what is the name of your community? And around what cause are you mobilizing?*

— My name is Christian Delachet. I am French. I am from Bordeaux. I am the co-founder of Wanted Community. We are almost one million members. But the most important is that we are a community based on social cooperation and mutual AIDS.

— *On what?*

— On mutual AIDS.

— *OK... And what are your future goals? Do you already set up events in real life?*

Les questions sont prévisibles. Rien que l'on ne m'ait pas déjà demandé des dizaines de fois. Malgré mon anglais hésitant, je parviens à faire illusion. On n'est pas vraiment un million mais je ne sais pas dire « 800 000 ». À part ça, et quelques gouttes de sueur sur les tempes, tout va bien.

— The most important is the commitment of our members. We have around 30 million interactions per year. And that is the fruit of our values, cooperation, social link and mutual AIDS!

L'animatrice acquiesce pour faire mine de comprendre ce que je raconte. Je déroule mon argumentaire :

— Notre but est d'aider le plus grand nombre, avec une attention particulière pour les personnes les plus vulnérables, en grande difficulté. Les sans-abri, les chômeurs, les réfugiés. Mais si notre communauté était uniquement réservée à ce type de messages, nous n'aurions que des photos de sans-abri, nous ne serions qu'entre gens déjà convaincus, il y aurait 500 membres et personne pour aider ces SDF. C'est la raison pour laquelle on a créé des groupes localisés sur des villes, Paris, Bordeaux, Toulouse, Marseille... Avec des activités très diverses, de l'achat-vente, de la recommandation professionnelle, des conseils de vie quotidienne, etc. Et dans ces multiples activités, nous faisons le nécessaire pour mettre la lumière sur les actions de solidarité. Le résultat de cette stratégie, c'est que les posts qui appellent à tendre la main aux personnes en grande difficulté récoltent des centaines de commentaires et des milliers de *likes*. Ces messages gagnent en visibilité et sont susceptibles de toucher un très grand nombre de membres. C'est la raison pour laquelle vous pouvez trouver une photo de table basse et une photo de sans-abri côte à côte. L'important pour nous, c'est que le membre qui vend sa table basse sera peut-être touché par la situation du sans-abri et qu'il décidera peut-être de lui tendre la main.

Claire Chazal est toujours là. Elle m'écoute religieusement en écarquillant ses grands yeux de temps en temps. Je conclus en précisant que j'étais avocat fiscaliste chez Iwaï et que j'ai tout quitté pour ma communauté. C'est une manière de leur glisser que je ne suis pas neuneu. Je parle peut-être anglais comme un enfant de 5 ans, mais j'ai l'âme d'un entrepreneur.

Ce dispositif à l'américaine était assez impressionnant pour imaginer tout un tas de choses. Télé, promo, publicité. Je ne sais pas ce que je fais là. Mais ça a l'air drôlement important. À vrai dire, avec ces gens-là, n'importe quel moment est important. Rien n'est anodin. Ils analysent le moindre de tes gestes. Le seul point positif, c'est que je les ai fait marrer. Mes hésitations en anglais, mon tempérament un peu foutraque, et ma barbe de naufragé, je crois que tout ça leur a plu. En tout cas, le courant est bien passé. Ce n'est pas diffusable mais ce que je leur ai raconté les a marqués. C'est sûr.

Enfin dans ma chambre, je prends un bain avec plein

de mousse, pour la première fois depuis des années. J'ai l'impression de retrouver *Le Normandy* à Deauville, la gueule de bois en moins. En début de soirée, Perry toque à ma porte. Un bus nous attend devant l'hôtel. Je fais la rencontre des autres *community leaders* invités par Facebook. Je n'aime pas beaucoup ce terme. Je n'ai pas l'impression d'être un leader. Si je donnais des consignes aux membres de Wanted, ils ne les suivraient pas. Les trolls me tomberaient dessus pour se payer ma tête. Et mon message passerait probablement pour une tentative de prise de pouvoir. Wanted appartient aux wantediens. À mon sens, nous sommes plutôt des *community builders*. Nous construisons un environnement favorable à l'épanouissement d'une communauté. Rien n'est possible sans l'impulsion de ses membres. Un peu comme un marin sur son bateau, nous avons besoin du vent pour avancer. Sans vent, tu as beau orienter ta voile, il ne va rien se passer. Dans le bus, je constate que tous les « leaders » sont venus en binôme. Il n'y a que moi pour voyager seul. Je pense à Luc et Jérémie. Il ne faut pas que je les déçoive.

Le bus nous dépose sur la marina de Canary Wharf, un ensemble de gratte-ciel construits dans les années 1990 sur l'île aux Chiens, au cœur des Docklands. Face à nous, un bâtiment aux formes cyberpunks, comme un vaisseau spatial posé sur les eaux de la Tamise. Tout en haut, écrit en lettres orange comme sur les vieux radioréveils : *Giant Robot*. Le nouveau spot à la mode pour tous les yuppies de Londres qui cherchent à claquer leur bonus en champagne, burgers, frites. Mais ce soir, l'endroit a été privatisé par Facebook pour rassembler une centaine de *community leaders* venus de toute l'Europe, une vingtaine de nationalités différentes. L'un derrière l'autre, nous descendons du bus en attrapant à la volée un *tote bag* aux couleurs de Facebook, tendu par une hôtesse aux couleurs de Facebook. À l'intérieur du sac, une poignée de *goodies* et un badge Facebook. Je me dirige tout droit vers le bar pour commander une pinte de Carlsberg. *Il va falloir que je me fasse des copains sinon ça va être long.* J'entends parler français. Deux types à quelques mètres. Ils me font bonne impression. Benoit Laurent et Cédric Giorgi sont deux *start-uppeurs* à succès. Très vite nous abordons l'énigme de notre présence ici.

— Moi, je suis arrivé vers midi et je n'ai même pas eu le temps de poser ma valise. Ils m'ont enfermé dans une suite pour faire une interview.

— Ah ouais ?

— Pas vous ?

— Non. C'était quoi cette interview ?

— Je ne sais pas. Ils voulaient que je leur raconte l'histoire de ma communauté sur Facebook. Mais j'ai déjà fait cinq visioconférences pour expliquer la même chose.

— Ah ouais, c'est bizarre. Peut-être qu'ils n'avaient pas bien compris !

— Ha, ha, ha ! C'est sûr qu'avec mon accent à la Louis de Funès, ils doivent pas comprendre grand-chose. My name is Christian. I am the co-founder of Wanted Community. Which is a community based on social cooperation and mutual AIDS…

Mes deux interlocuteurs éclatent de rire à s'en faire remonter la bière dans les narines.

— Quoi ? Qu'est-ce que j'ai dit ? Qu'est-ce que j'ai dit ?

— En gros, si j'ai bien entendu, tu t'occupes d'un groupe d'échange de Sida !

Mais quel tocard ! C'est pas possible ! Nous sommes encore pliés en deux lorsque Perry nous interrompt. Derrière elle, un beau bébé de 120 kilos tout en muscles, crâne rasé et costume noir.

— *Christian. It seems you're having a good time.*

— Yes indeed!

— *In a few minutes you with three more leaders, you're going to meet Chris Cox. Please get ready. OK?*

— OK!

Je me tourne vers mes deux camarades. Avec la musique, je n'ai pas bien compris ce que disait Perry.

— Oh, mec, t'as trop de chance ! Tu vas rencontrer Chris Cox, c'est la *big resta* chez Facebook !

— Ah ouais ? Faut que j'arrête de picoler !

— Mais qu'est-ce que tu vas lui raconter ? Tu n'arrives même pas à traduire le mot « entraide » correctement !

— Arrête, il faut que j'assure !

— Non mais sérieux, c'est une opportunité de malade, mec ! T'as une chance incroyable !

Au comptoir, une jeune femme ravissante me fait perdre le fil de la conversation. Tandis que j'élabore secrètement ma technique d'approche, je sens que l'on me tapote l'épaule. À peine le temps de me retourner que le gros bébé en costard me tire par le bras et me guide vers un recoin du bar fermé par un cordon de sécurité. Les trois autres champions sont là. Je suis le seul avec une bière à la main. Nous passons le cordon. La musique est trop forte. On essaie de me parler mais je n'entends rien. Les dialogues en anglais m'échappent. *« Don't worry! Enjoy! »* me dit-on dans un regard compatissant. *Si je ne comprends rien à ce qu'on me dit, ça va être compliqué. Je ne vais quand même pas demander à baisser la musique.* Soudain un mouvement de foule. Grand brun ténébreux coiffé très court, en jean, chemise ouverte et Chelsea boots noires, un sosie de Colin Farrell, les yeux bleus en plus, vient d'arriver. Le millionnaire 2.0 beau comme un dieu grec, jeune et charmeur, mélange parfait entre la Silicon Valley et la couverture de *Men's Health*, Chris Cox, c'est du rêve américain en épandage massif. Il me tend la main dans un sourire de cinéma.

— *Hey, Christian! How are you?*

Il connaît mon nom! Totalement ébahi par la pluie de paillettes qui me tombe dessus, je prends les marques de courtoisie américaines pour des déclarations d'amour.

— *I love what you do! It's amazing! Tomorrow I will speak about you and your community. You must stand up while I speak about you. All right?*

Deuxième sourire de cinéma et il passe aux autres. Je n'ai pas dit un mot. C'est lamentable. Comment faire pour tirer le meilleur de cette rencontre ? Trouver quelque chose d'intelligent à dire ? Les minutes passent, j'observe les trois autres *community leaders* tenir avec lui de longs échanges ponctués de mimiques d'approbation. Je reste en retrait. *Sors les mains de tes poches, bordel ; fais quelque chose !* Trop tard. Les deux cerbères sifflent la fin du match. Et tout le monde se dirige vers la sortie. Mais il me reste peut-être une ouverture. Une chance de remonter au score dans les toutes dernières secondes. Pour éviter de passer pour l'alcoolo de service, j'ai déposé ma pinte de bière sur le bout du comptoir à l'opposé du cordon de sécurité.

— I'm sorry. Can I go get my beer?

— *All right, get your beer. You will get out through here.*

— OK. Thank you.

Le temps d'aller chercher mon verre, je comprends que toute l'équipe Facebook va rester là, dans cette espèce de carré VIP. Et si je restais là tranquillement avec ma bière ? Si quelqu'un vient me prendre la tête, je ferai le neuneu comme si je n'avais pas compris. Je bois deux ou trois gorgées pour temporiser. Et là, comme un signe du Ciel, je vois Chris Cox s'approcher du comptoir. *Allez, c'est le moment, mon Kiki, faut y aller. Faut te lancer là !* Nos regards se croisent. La gêne me pétrifie. Il commande un verre de vin. Le serveur débouche une bouteille de rouge et, comme dans une parodie de film d'époque, lui verse un godet jusqu'à ras bord. Une pinte de pinard façon vieux rade de punks. Et là ça sort tout seul :

— Ouh là ! *This kind of glass, it's not possible!* Moi, je viens de Bordeaux et chez moi il repartirait avec son verre pépère !

J'accompagne mon insolence d'un éclat de rire bien forcé. Mais le génie de l'informatique commence à se bidonner.

— *He must think that I'm tired! I had a rough day!*

Afin de faciliter la lecture, je vais dorénavant traduire les dialogues. Après tout, certains lecteurs sont peut-être aussi mauvais que moi en anglais. Il faut penser à eux aussi. Et on ne se moque pas !

— Alors, ta communauté, ça se passe bien ?

Bingo ! Le but est grand ouvert devant moi. Je n'ai qu'à pousser la balle au fond des filets. Avec mon anglais d'enfant de 5 ans, je lui déroule tout l'argumentaire de Wanted.

Dans le carré VIP avec l'équipe Facebook. Chris Cox est à ma droite.

— J'ai quitté mon boulot d'avocat chez Iwaï pour monter cette communauté avec deux amis. On est déjà un million, et on accueille 12000 nouveaux membres tous les mois.

Les chiffres font mouche. Il se tourne vers une fille, lui parle à l'oreille, elle prend note. Je poursuis.

— Ce n'est pas facile. On n'a pas d'argent. Mais je m'accroche parce qu'on veut vraiment aider les gens…

— Tu sais, moi, il n'y a pas si longtemps, j'étais comme toi. J'ai pris des risques, mais regarde: ça valait le coup!

— Did you see my face? I'm not sure that I'm like you!

— Ha, ha…

Chris Cox a abandonné ses études à Stanford pour rejoindre Mark Zuckerberg au tout début de l'aventure Facebook en 2005. Nous reprenons un verre en discutant.

J'ai enfin retrouvé mon naturel et je lui parle comme à un pote.

— En une semaine on a aidé un sans-abri à sortir de l'ornière. Grâce à Wanted, il a trouvé un toit et un travail…

À nouveau, il demande à quelqu'un de prendre des notes. Plusieurs personnes se sont approchées pour écouter notre conversation. Comment les reconnaître ? Ils sont tous jeunes, beaux et cool. Impossible de différencier le stagiaire du directeur.

— … Et tout ça sans subvention, sans rien.

— *Wow, it's amazing!*

— On a déjà 82 groupes locaux. On va en ouvrir d'autres, partout dans le monde. Mais notre projet aujourd'hui c'est de monter des cafés solidaires pour que les gens de Wanted se retrouvent et s'entraident dans des lieux physiques. Et tout ça nous permettra de gagner de l'argent pour financer des actions sociales et solidaires.

Cette fois-ci, c'est à toutes les personnes présentes autour de nous qu'il s'adresse :

— Ça, les gars, il faut suivre !

Au bout de trente minutes, je mets un terme à ma petite conférence privée.

— Je ne vais pas te saouler trop longtemps avec mes histoires. Je vais aller retrouver les autres pour boire des coups. Je te remercie beaucoup pour le temps que tu viens de m'accorder.

— Merci à toi, Christian. À demain.

En repassant le cordon de sécurité, je marche sur l'eau. John Travolta, *La Fièvre du samedi soir*, l'adrénaline me fait péter les méninges. Je retrouve les deux

Français, Cédric et Benoit, que j'avais laissés une heure plus tôt. Je leur raconte mon numéro de claquettes avec Chris Cox. La bière coule à flots. Mon anglais gagne en fluidité et perd quelques consonnes. Dans le bus qui nous ramène à l'hôtel, j'ai le sourire satisfait de celui qui vient d'accomplir une *remontada* spectaculaire.

Ahmed HB
26 min • Neuilly-sur-Seine

#Help#Deuxième Tentative
Quand vous verrez marqué « il y a 9 minutes »
en dessous de ce statut, prévenez-moi, je sortirai mes pâtes de l'eau.
Merci !

166 • J'aime

Marie Line
22 min

Ça fait trois minutes, tu peux remuer un peu déjà.

Cat
22 min

Une cagnotte Leetchi pour un minuteur ?

Isabelle
16 min

commence a sortir la passoire !

Willy
17 min

Ca y est

Jeanne
16 min

GO GO GO !!!

- 18 -

L'ouverture des yeux à 7 heures du matin est laborieuse. Programme de la journée : conférences, ateliers et interviews avec des journalistes de toute l'Europe. Un jus d'orange, un croissant, et c'est parti pour une plongée masque et tuba dans le monde merveilleux de Facebook.

Nous pénétrons dans le hall d'exposition réservé pour l'occasion. Dès notre arrivée, drapeaux et banderoles rappellent l'identité de la maison mère. J'apprends au passage la raison de cette dominante bleue. Mark Zuckerberg est daltonien. Le bleu est tout bêtement la couleur qu'il voit le mieux. Partout des ordinateurs bleus, des employés en tee-shirt bleu, des stickers, des ballons, des *goodies* bleus. On nous offre encore un *tote bag*. Bleu. Et de la bouffe. À volonté. Des gâteaux, des bonbons, des biscuits, des sodas. En quantité océanique. Invraisemblable. Si tout le sucre disponible autour de nous était déversé dans la Tamise, le Tower Bridge aurait les deux pieds dans le caramel.

Le plus étrange reste la découverte des portraits de tous les *community leaders* accrochés au mur. Retrouver ma tronche de cake avec une description en deux lignes, c'est un shoot de narcissisme auquel je ne m'attendais pas. Muséifié avant d'avoir réalisé quoi que ce soit, c'est quand même le comble de l'*ego trip*. Je n'ai plus qu'à faire un selfie devant moi-même et je rejoins la *Instagram Inception* 😂. Une jeune fille me surprend dans ma rêverie pour me demander si tout va bien. Régulièrement, tout au long de ces journées de travail dans la galaxie bleue, des gens en bleu s'approcheront de moi pour s'assurer de mon bien-être. Des gens très souriants et manifestement payés pour combler nos moindres besoins.

Quelques cadres de Facebook France ont fait le déplacement pour nous guider pendant ces trois jours bleus. Ben, le plus jeune, toujours en jean, baskets, casquette, me croise un peu hagard dans les travées.

— Ça va ? T'as l'air un peu fatigué, me demande-t-il.

— Ouais, disons que j'ai un peu glissé hier soir.

— Ha, ha, ha, tu veux un Guronsan ?

— Non, ça va merci.

— C'était bien, la soirée ?

— Génial. J'ai parlé avec Chris Cox pendant une demi-heure.

— Sérieux ? C'est génial ! Je suis content pour toi !

— Merci.

— Mais t'as quand même des tout petits yeux !

L'espace d'un instant, je repense à notre aventure avec Luc et Jérémie. Il y a quelques semaines, nous étions sur le point de tout balancer. Aujourd'hui, je suis traité comme un ambassadeur, chaque personne que je croise trouve notre projet «*amazing*», et bizarrement tous soulignent le fait que nous n'ayons pas gagné d'argent. J'ignore encore pourquoi, mais ce dernier point semble tout à fait essentiel.

— Cet après-midi tu as plusieurs interviews prévues. *Le Monde*, *Le HuffPost*, *Neon* et *Melty*. Passe-toi un peu d'eau sur le visage !

— C'est en anglais ?

— Non, toutes ces interviews seront en français.

— Ça ira alors. Ne t'inquiète pas.

Il n'est pas possible, ce Ben, à l'entendre je ressemble à Elephant Man. Je vais tout de même faire un tour aux toilettes pour jeter un coup d'œil au miroir. Et je découvre une salle de bain *all inclusive* avec brosses à dents, dentifrice, bain de bouche et même du déodorant. *Eh ouais, gros, chez Facebook il y a du déo dans les* techio*! Le grand Zuckie, il ne doit pas apprécier quand il croise un employé qui sent le poney!*

Dans la salle de conférence, sur les centaines de sièges bleus alignés devant la scène, Ben, avec qui je commence à bien me marrer, me montre ma place, avec mon nom écrit sur le dossier de la chaise. Tiens, c'est marrant, seuls les 4 leaders qui ont eu le privilège d'échanger hier soir avec Chris Cox ont des places à leur nom. Dans tous les recoins, je repère les intarissables sources de sucre. À l'aide d'une petite panière, je fais quelques provisions de Mars, Skittles et M&M's. Dans mon dos, la salle se remplit. Puis, l'intensité de la lumière diminue et soudain la musique explose. Des spots de toutes les couleurs parcourent l'assistance. Le Facebook show commence. Sur scène défile tout l'état-major de la firme. Michelle Gilbert, directrice de la communication Europe du Sud, Nicola Mendelsohn, vice-présidente de Facebook Europe, Moyen-Orient et Afrique, Ime Archibong, vice-président des partenariats produits. Ils sont tous beaux, smart et charismatiques. Archibong improvise même quelques pas de hip-hop en arrivant sur scène. Je boulotte mes M&M's les yeux écarquillés comme un gamin devant *La Reine des neiges*. Enfin, c'est au tour de Chris Cox. Le dieu gréco-hollywoodien fait son entrée sous un tonnerre d'applaudissements.

— *I would like to introduce Christian Delachet...*

Il a cité mon nom ? Je crois bien. Un spot de lumière s'arrête sur moi. Je me lève un peu ballot, jette un coup d'œil pour vérifier que je suis bien le seul debout. Ce serait con de se lever en entendant le nom de quelqu'un d'autre. J'esquisse un salut de la main en souriant comme un nigaud. Des caméras capturent ce moment de grâce. De l'autre côté de la Manche, Jérémie et Luc suivent l'événement en direct. Et déjà la lumière s'en va. Je me rassieds, soulagé d'avoir géré convenablement ce quart de seconde de célébrité.

— Nous allons débloquer 10 millions de dollars pour vous soutenir, vous les *community leaders,* dans le développement de vos projets !

— 10 millions ? Il a bien dit 10 millions ?

— Il y aura dans ce programme mondial cent leaders qui recevront une enveloppe de 50 000 dollars pour leur communauté. Et cinq autres qui recevront un million.

Si j'en crois les réactions de surprise autour de moi, personne ne s'attendait à une telle annonce. *Facebook va lâcher 10 millions pour nous aider à développer nos communautés.* Il faut tourner plusieurs fois la phrase dans sa bouche pour s'assurer que l'on n'est pas en train de rêver. Un géant du Net qui décide de payer ses usagers, ce n'est pas banal. Les data que nous leur cédons gratuitement et qui leur permettent d'engranger des montagnes de fric en publicité valent bien quelques poignées de dollars. Évidemment. Mais ce contrat « data contre services gratuits » est celui qui a structuré la culture Internet depuis toujours. Nous occupons tous nos journées avec des activités pour lesquelles nous ne débourserions pas un centime. Qui imaginerait payer pour faire une recherche sur

Google ? L'argent sur Internet est devenu tabou. Gênant. Suspect. Et apparemment, ça marche dans les deux sens. Pourquoi nous donneraient-ils de l'argent ? Que cachent-ils derrière ce programme de bourses ? Toutes ces questions vont alimenter nos conversations à Bordeaux pendant des mois. Mais pour le moment, il faut bien l'avouer, c'est l'euphorie !

— Allô, Luc ?

— Ouais, mon Kiki ! Ça va ? T'as été cité en direct, mec ! C'est énorme !

— Ouais, c'est *ouf* ! Et t'as suivi l'histoire du programme d'aide ?

— Non. Je comprends rien quand ils parlent en anglais.

— Ils vont lâcher 10 millions de dollars. Cinq communautés à qui ils donneront un million chacune. Et cent autres qui vont recevoir une enveloppe de 50 000.

— Attends, t'as bien dit un million de dollars ? Mais c'est un truc de *ouf* !

— Votre colin, avec ou sans patates ?

— CENT PATATES !!!

— Tu vas voir, je vais leur en foutre plein la gueule ! Je vais les déchirer ! On va le choper, ce million ! Je te jure qu'on va le choper !

— CENT PATAAAAAATES !!!

Au bout du douzième « CENT PATATES », je finis par raccrocher. Derrière moi, à quelques mètres, Ben me regarde. J'espère qu'il n'a pas entendu la teneur de cette conversation. *Non mais quand je disais « les déchirer », tout ça, c'était juste pour rire.* Je retrouve Benoit et Cédric, les deux *start-uppeurs*, à qui je raconte ma bourde.

— Quel gros naze, j'ai tout flingué !

— Non mais arrête ton délire. Tu crois vraiment qu'ils vont filer un million à des types qu'ils ne connaissent pas ? Mec, les bourses à un million, elles sont déjà attribuées.

Cédric me fait redescendre un peu de mon nuage. Il a sûrement raison. Mais 50 000 balles, c'est encore jouable. Et ce serait largement suffisant pour nous payer, Luc et moi, pendant un an. Ça nous donnerait le temps de trouver un modèle économique viable. C'est l'heure des interviews. Une poignée de M & M's, un grand verre de Coca et je me dirige vers la salle de presse. Lauren Provost, la rédactrice en chef adjointe à l'époque du *HuffPost*, connaît bien Wanted. Je déroule tout l'argumentaire de nos valeurs et de nos objectifs, le café, les nouveaux groupes. Et je finis par mon petit storytelling personnel.

— J'étais avocat, j'ai tout plaqué pour Wanted. Mais on ne gagne pas encore d'argent.

— Attendez, vous êtes en train de me dire qu'avec Wanted vous ne gagnez pas d'argent ?

— Bah non. Je suis au chômage.

Elle pose son carnet de notes, éteint son dictaphone et se penche vers moi.

— Il faut que je t'avoue un truc. Quand j'ai appris que je devais interviewer Christian Delachet, de Wanted, j'ai cherché ton profil sur LinkedIn. J'ai vu que tu bossais chez Iwaï et je me suis dit : « Ouah, ils sont forts les mecs, pour les interviews ils envoient directement leur avocat ! »

— Ha, ha, ha ! Bah non, Christian Delachet, c'est moi, cofondateur de Wanted. Je ne suis plus avocat et on n'a pas un rond.

— C'est génial ! Si tu veux bien, on se cale un rendez-vous pour une interview plus approfondie dans nos locaux, à Paris.

— Avec plaisir.

Le titre de cette interview du *HuffPost* sera: «Les créateurs de "Wanted Community", la plus grande communauté Facebook française, n'en tirent aucun profit (au contraire).» On ne pouvait pas mieux résumer l'aberration de notre vie depuis un peu plus d'un an. Et maintenant je comprends mieux l'obsession de nos interlocuteurs chez Facebook à propos de l'argent. Leurs bourses ne vont certainement pas servir à financer des boîtes qui font déjà du blé. Le but d'un tel programme est évidemment de soutenir des initiatives sociales et solidaires non lucratives.

Le contact avec les journalistes se passe bien. Je crois que tout le monde adhère au message de Wanted et leurs compliments me rassurent sur les choix que nous faisons, à commencer par refuser la pub. Mais la valse des interviews prend fin. Ben me demande de faire acte de présence au dernier atelier de la journée.

Sur scène, Alex Deve, directeur produit chez Facebook, et Christian Vanizette, cofondateur de la plateforme MakeSense, pour la promotion de l'entrepreneuriat social. Dans la salle une petite centaine de personnes. Vanizette raconte son parcours, sa communauté, ses initiatives sociales et solidaires à travers le monde. Sa dégaine me plaît. Nous avons le même âge, les mêmes utopies. Si nous avions fréquenté la même cour de récréation, nous aurions probablement été amis. Le maître de cérémonie ouvre la séance de questions-réponses. Une jeune femme lève la main dans la salle.

— Hello. My question is for Alex Deve. J'aimerais bien intégrer des pages Facebook dans mon groupe Facebook.

— *Hello. I'm sorry, this is a recurring question. But it is not possible.*

Comment ça, pas possible ? Bien sûr que c'est possible. Je lève la main.

— Oui…

— Hello. I'm sorry but I think I have the solution.

J'entends quelques rires dans la salle. Avec mon anglais d'enfant de 5 ans, j'explique ma petite astuce.

— Sur un groupe, la seule page autorisée est celle qui administre le groupe. Si tu veux faire entrer une page, tu donnes les droits d'administrateur à la page en question, le temps de l'intégrer, et tu lui retires aussitôt. Voilà.

Soudain, je prends conscience qu'avec un million de membres nous avons retourné tous les problèmes possibles, dans tous les sens. Nous sommes devenus experts dans l'art de contourner les restrictions de Facebook. Alex Deve reprend la parole.

— Alors c'est une astuce intéressante. Mais il ne faut pas faire comme ça. Nous travaillons sur des innovations qui faciliteront ce type de démarche.

Une autre main se lève dans la salle.

— Bonjour, moi j'ai quinze groupes. Et à chaque fois que je veux faire une publication, je suis obligée de répéter mon action groupe par groupe. C'est vraiment long. Est-ce qu'il existe une méthode pour aller plus vite ?

— Effectivement, c'est un problème, admet le directeur produit. Nous sommes en train de travailler pour faciliter ces choses-là.

Avec plus de quatre-vingts groupes Wanted, nous avons évidemment trouvé la combine pour éviter cette perte de temps. À nouveau, je lève la main.

— Sorry again. But I think I have the solution again.

Éclats de rire dans la salle. Christian Vanizette est plié en deux.

— C'est assez simple. Il suffit de passer tous les groupes en catégorie « Achat-Vente ». Quand tu fais ça, il est possible de publier ton post sur tous les groupes en même temps. Voilà voilà.

L'atelier s'achève dans un brouhaha indescriptible. Un attroupement se forme autour de moi. Les gens me demandent de leur répéter mes astuces pour prendre des notes. Vanizette s'approche.

— Tu m'as bien fait marrer, toi !

— Ce n'était vraiment pas voulu.

— C'est quoi ta communauté ?

— Un réseau d'entraide et de solidarité. Mais on est encore tout petits à côté de ce que tu as créé. Je trouve ça génial ce que vous faites !

— Oh non, vous n'êtes pas tout petits. La seule différence c'est que, nous, on a un modèle économique. Toi, t'es une machine de guerre. Et avec un million de membres, lorsque vous aurez trouvé votre *business model*, vous allez tout casser !

La conversation se poursuit dans le bus qui nous ramène à l'hôtel. Vanizette est le premier à pointer du doigt les possibilités que peuvent offrir nos projets solidaires.

— Mais comment faites-vous pour trouver de l'argent ?

— De l'argent pour aider les autres, il y en a partout. Si vous n'en avez pas encore, c'est soit que vous n'avez pas frappé à la bonne porte, soit que ces gens-là ne vous connaissent pas encore.

— …

Je suis sidéré par l'assurance de ce type. Si jeune et déjà si à l'aise dans notre monde en pleine mutation. Avec Luc et Jérémie, nous avons l'impression de grandir dans un cagibi dont les murs seraient les règles du vieux monde. Il m'explique qu'il suffit de taper à la porte pour que quelqu'un nous invite à la grande table.

— Écoute, j'ai vu ce que tu as fait pendant l'atelier. Tu lèves la main devant une centaine de personnes pour expliquer tes astuces. En cinq minutes, toute la salle se marre.

— C'était pas ce que je voulais !

— Le mix entre ton personnage et ce que vous voulez faire de Wanted, vous allez soulever des montagnes, mec.

Je suis très sensible à la flatterie. Surtout lorsque je ne suis pas sûr de mon coup. Le discours de Christian Vanizette me galvanise. Je l'écoute parler et j'ai l'impression que nous allons changer le monde. Je suis l'attaquant de pointe qui n'a pas trouvé le chemin des buts en première période. Il est le coach qui me met le feu à la mi-temps pour que je retrouve confiance en moi. En sortant du bus, gonflé à bloc, j'appelle mes deux acolytes pour leur rapporter cette conversation.

— On est lancés comme des frelons, les gars ! On va tout péter !

Pour la dernière soirée, Facebook envoie du rêve. Rendez-vous au Lee Valley VeloPark. Le vélodrome des Jeux olympiques d'été de 2012 réservé pour 250 personnes avec DJ, *open bar* et bicyclettes en libre-service. Comme chez Iwaï, je suis la fripouille numéro un dont on se rapproche pour s'encanailler. Avec l'alcool et les courses de vélo improvisées, les gens se lâchent enfin un petit peu. Vanizette me propose de le suivre pour faire durer la fête. Nous montons dans un Uber, direction London City Centre. À ma gauche, Joséphine Goube, 29 ans, P-DG de Techfugees, une plateforme d'aide aux réfugiés. Le magazine *Forbes* vient de l'inscrire dans sa liste des 30 jeunes de moins de 30 ans qui révolutionnent le monde. À ma droite, Vanizette. Lui aussi fait partie de cette liste. Et moi, au milieu, j'ignore tout cela, mais je sens enfin que quelque chose est en train de bouger.

En rentrant à Bordeaux, je ressasse un moment clé de ce séjour à Facebookland. Le regard de chasseur de Chris Cox lorsque je lui ai parlé de notre projet de café solidaire. C'est le plus important à leurs yeux. Je l'ai senti. Ils veulent prouver que Facebook peut avoir un impact positif sur le monde réel et nous sommes les clients idéals pour cela. Nos valeurs, mon histoire personnelle, tout cela leur plaît, et nos projets les excitent. Mon seul doute concerne la portée de notre action sociale. L'entraide est une noble cause. Mais que vaut notre combat à côté de celui de Miriam Hapig, alias Mimi, dont la communauté porte secours aux réfugiés qui arrivent sur le littoral grec ? Et que dire de Rami Elgebali, cet entrepreneur égyptien dont le combat pour retrouver les enfants disparus dans le monde arabe a déjà mobilisé plus de 8 000 bénévoles et permis le retour de 1 200 gamins dans leur famille ? À côté de ces gens-là, notre projet peut sembler insignifiant. Mais ce n'est pas grave. Avec Luc et Jérémie, nous avons retrouvé le sens du but, et le ballon entre nous circule comme au premier jour.

— Les gars, nous avons enfin une feuille de route, avec deux missions : ouvrir un café et faire partie du Facebook Community Leadership Program.

— C'est long…

— Quoi ?

— Facebook Leader-truc-machin-mon cul sur la commode…

— Eh bien, on n'a qu'à dire le FCLP !

Ashley Auster > Wanted Community Paris •••

24 octobre 2015

Bonsoir tout le monde, j'ai trouvé ce petit lapin abandonné, rue De Montmartre (75002), sur un banc !
Il y a une petite étiquette avec un nom et un petit renard !
Il a l'air tout triste et je suis sûre que le petit enfant qui l'a perdu est fort dévasté ce soir ! Si quelqu'un le reconnaît, faites-moi signe !

Vikram Sanath > Wanted Community Paris •••
22 avril, 19:35

Hello les Wantediens ?
J'ai trouvé des lunettes de soleil vers Gare de Lyon (Coulée Verte / Ground Control) sur la route.
MP moi si tu as perdu tes lunettes et qu'elles ressemblent à celles-ci !
PS : C'est des lunettes de soleil avec correction, donc petit malin s'abstenir

- 19 -

« Monter un café », c'est comme « élever des chèvres dans le Larzac ». Tout le monde en parle comme si c'était juste une question de volonté. En réalité, servir des pastis ou traire les chèvres, dans les deux cas, cela demande quelques compétences sans lesquelles on va droit dans le mur. Les a-t-on ? Luc sait faire un café. Louis, son cousin qui a accepté de nous rejoindre dans cette partie de l'aventure, nous fera profiter de son expérience précieuse dans la conduite de projets en hôtellerie et restauration. Et pour le reste, on fera comme d'habitude : au feeling. Première étape, trouver un local. Je me balade dans les rues de Bordeaux en prenant des photos de locaux à louer qui me font rêver. Lorsque j'appelle au numéro indiqué, j'essaie de prendre la posture de l'homme d'affaires connu comme le loup blanc. Ça ne marche pas très bien.

— Bonjour. Christian Delachet. Je suis le mec de Wanted. J'appelle pour le local cours d'Alsace-et-Lorraine…

— Ouais. C'est 1,8 million.

— Ah… Merci… Je vous rappelle…

Ah oui, parce que j'ai peut-être oublié de vous dire : on n'a pas un rond. Nos recherches s'orientent vers les quartiers populaires où l'installation de notre « café solidaire » aura du sens. Saint-Michel, les Capus, les quartiers de la gare… Je passe devant un grossiste en volailles à l'angle du marché des Capucins. Peral Volailles. Le panneau « À louer» vient d'être posé. Je passe un petit coup de fil à l'agence et j'apprends que l'ancien locataire a mis la clé sous la porte. Cessation d'activité professionnelle. Il n'y a donc pas de fonds de commerce à racheter, pas un centime à débourser. Il faut juste convaincre les proprios de nous faire confiance. Il va quand même falloir faire des travaux, parce qu'avec deux chambres froides de 40 mètres carrés on ne fait pas un café-restaurant. Mais c'est une chance inespérée et dans un quartier idéal pour nous. Un seul bémol : la propriétaire ne veut pas entendre parler de restauration.

En quarante-huit heures, nous imprimons un joli dossier de 40 pages avec des petits dessins d'architecte bidouillés par un pote plus à l'aise que nous sur Photoshop, quelques clichés de jolis cafés londoniens très chics téléchargés sur Google Images, une liste de partenaires avec lesquels nous ne bosserons probablement jamais, et un concept plein de bonnes intentions et d'étoiles dans les yeux. L'agence adore et s'engage à pousser notre candidature. Pendant la visite, nous déroulons notre argumentaire, les vertus de notre communauté sur Internet. La propriétaire est sous le charme. Elle promet d'en parler avec son mari et son fils. Et soudain, Luc s'aperçoit qu'il connaît son fils. Il l'a croisé à plusieurs reprises au café *L'Étienne Marcel*, à Paris. Voilà à quoi ça sert d'avoir 2000 amis sur Facebook !

En quelques jours, notre projet fait l'unanimité. Nous signons un compromis de vente avec un plan de financement à 120000 euros. Et nous laissons un chèque de 3000 euros en dépôt de garantie. Une somme qui sera perdue si nous ne trouvons pas les financements. Une somme que nous n'avons pas, cela va sans dire. Il est temps de faire les comptes.

— Si on réussit notre négo, on apporte 30 % et la banque finance le reste.

— 30 %, ça fait combien ?

— 36 000 euros. Disons 40 000 pour être large. Il faut qu'on trouve 40 000 balles. Ça fait 10 000 chacun.

On se regarde tous les quatre, assis sur nos fauteuils qui couinent. Impossible de réprimer le sourire que nous procure ce nouveau défi. Mais, il faut bien le dire, on est loin du compte.

— Luc ?

— J'ai plus rien.

— Jérémie ?

— Bah, vous savez bien. J'ai pas un rond.

— Et toi, Kiki ? T'as bien mis un peu de blé de côté quand tu étais avocat ?

— Tu parles ! J'ai tout claqué en boîtes avec vous !

— Moi, j'ai un peu de cash…

Le seul qui a de l'argent de côté, c'est Louis. C'est le seul à apporter sa part. Les trois autres, nous allons faire le tour des parents, des potes. Je vais devoir demander à mon père. Je m'en mords les joues mais il n'y a pas d'alternative. Tant bien que mal, nous parvenons à rassembler les 40 000. Et nous partons à l'assaut des banques.

Comment entrer dans le logiciel d'un banquier lorsque l'on veut donner à manger aux sans-abri ? En leur parlant de tune, évidemment. Facebook, le Community Leadership Program, le million de dollars que l'on va forcément décrocher. Nous les faisons grimper aux rideaux avec la novlangue des réseaux sociaux, les chiffres qui font tourner la tête – 130 000 membres à Bordeaux, un habitant sur deux, un sur six si l'on prend toute l'agglomération –, le tout agrémenté d'un dossier de 93 pages plus sexy qu'une invitation aux Oscars. Ils ne comprennent rien à notre histoire mais ils bandent comme des soldats en permission. C'est tout ce qui compte !

Le temps de trouver un notaire, une assurance, bref la paperasse, nous récupérons le local au mois de mai. Problème, nous n'avons pas d'architecte et, sur les quatre, il n'y en a pas un qui sait planter un clou. Mais nous verrons tout cela lundi. Ce soir, je sors boire un verre pour me détendre, sortir un peu la tête de Wanted. Je prends conscience que je n'ai pas mis le nez dehors depuis un an. Et, le plus étonnant, c'est que je ne m'en suis même pas aperçu. J'ai les cheveux qui m'arrivent aux épaules, faisant la jointure avec ma barbe. En regardant ma tronche dans le miroir, je vois un drôle de type, on dirait un clochard, ou bien un navigateur qui vient de boucler son tour du monde en solitaire. Peut-être un artiste aussi, ou alors un gourou. En tout cas, j'ai une bonne gueule de marginal, c'est clair. Une fille me sourit et s'approche de moi. Nous avons quelques amis en commun. Elle veut mon numéro. Je refuse de le lui donner. Juste pour faire le malin. *Eh, je ne suis pas un garçon facile moi.* À 5 heures du matin, alors que je somnole déjà au fond de mon lit, elle m'envoie un message privé sur Facebook. Elle m'a retrouvé, dis donc !

— Tu dors ? me demande-t-elle.

— Non.

— Tu veux venir chez moi ?

— Non. Toi, viens chez moi.

Dehors il pleut des cordes. Je m'endors. J'ouvre les yeux vers midi. En panique. J'attrape mon téléphone. Ma messagerie est farcie d'insultes. Bien méritées. La pauvre a sonné à ma porte pendant trente minutes sous la pluie. Je m'excuse platement et lui promets un brunch cinq étoiles. Elle accepte de revenir. Le cul aussi, je n'avais plus pratiqué depuis longtemps. C'est quand même fou que le cerveau humain puisse mettre en sourdine un truc aussi primaire que la libido pour se focaliser sur une création d'entreprise. À moins que ce ne soit qu'un problème de temps. Je crois que je trouverais ça plus rassurant.

— Et sinon tu fais quoi dans la vie ?

— Je suis architecte.

— Ah ouais ? Vas-y, montre-moi ce que tu fais…

Quelques jours plus tard, je présente notre nouvelle architecte aux trois autres. Inutile de leur détailler le processus de sélection. De toute façon, il faut que l'on avance. Et nous rencontrons un nouvel obstacle. Il manque 10 000 euros dans le budget. Nous allons devoir faire la démolition nous-mêmes. L'ancien avocat fiscaliste qui n'a jamais réussi à monter un meuble Ikea met les mains dans le cambouis, et ça lui fait le plus grand bien. Louer un camion, péter des cloisons à la masse, négocier avec les gars de la déchetterie pour ne pas prendre une contravention lorsque l'on jette nos débris dans la mauvaise benne. Enfin on a l'impression d'être dans le concret. Le problème, c'est qu'à ce rythme-là on y est encore dans un an.

Pour la première fois depuis le début de Wanted, nous osons solliciter la communauté pour un coup de main. Alors que l'on s'attendait à recevoir une horde de trolls se payant nos tronches de bobos incapables de casser trois murs, nous ne récoltons que des messages de soutien. Des dizaines de personnes nous contactent. Le réseau d'entraide fonctionne si bien que nous sommes même obligés de faire un planning, avec des roulements de dix personnes toutes les quatre heures. Mieux, certains wantediens qui ne peuvent pas se libérer nous font livrer des repas à midi. Lorsque les gens nous quittent, nous les remercions en leur promettant une tournée générale dès l'ouverture du troquet.

— Bah non, c'est normal ! nous disent-ils. C'est nous qui vous remercions pour tout ce que vous faites !

En questionnant les gens sur le chantier, nous prenons le pouls de notre communauté.

— Moi, je suis venu parce que j'ai trouvé un appartement grâce à vous.

— Moi, j'ai vu la photo d'un SDF. Et j'ai vu des wantediens qui lui apportaient de la nourriture et des couvertures.

— Moi, j'ai trouvé mon boulot grâce à Wanted.

Sur les cinq jours de démolition, seuls deux de nos potes viennent nous voir sur le chantier. Tous les autres sont des wantediens que nous n'avons jamais vus de notre vie. Il y a d'ailleurs plus de femmes que d'hommes. Et même un petit garçon de 10 ans qui nous aide à fermer les sacs de gravats en buvant des jus de fruits. Ces gens-là ont choisi de passer du temps avec nous dans la poussière, le sourire jusqu'aux oreilles, juste pour le plaisir de nous aider. L'espace de quelques secondes, je fais un arrêt sur image pour enregistrer le souvenir de cet instant improbable. *Mais c'est complètement dingue ce qu'il se passe !*

La démolition achevée, nous passons aux travaux. Aucun d'entre nous ne sait comment surveiller un chantier. Il faut monter des cloisons pare-feu, refaire les sols, poser des toilettes pour handicapés. Et le plus dur, c'est de faire passer les ordres. Surtout quand les ouvriers ne parlent pas la même langue. Un matin, nous donnons un pot de peinture vert kaki au peintre en lui montrant le mur. Le soir même, notre mur est vert fluo. Le lendemain, nos canalisations rendent l'âme à coups de marteau-piqueur. Et le surlendemain, il nous faut presque un téléski pour remonter la pente du béton posé sur le sol. Tout casser, et recommencer pour obtenir les bonnes couleurs, les bonnes dimensions, les installations aux normes… Heureusement, le découragement ne fait pas partie de notre ADN. On avance.

Au fait, qu'allons-nous faire exactement dans ce café solidaire ? Reprenons. Nous souhaitons créer un lieu ouvert à tous, favorisant la mixité sociale et les échanges. Le bien-vivre ensemble est évidemment la valeur socle de ce nouveau projet. Le but : mélanger des gens qui n'ont habituellement pas les moyens d'aller au restaurant avec ceux pour qui il s'agit d'une activité banale. Autour d'un repas offert pour les uns et financé par les autres, nous tenterons de rassembler dans un même espace deux catégories de personnes que la vie en société a tendance à séparer. Il faut donc créer un véritable lieu de vie, beau, bon et chaleureux qui donnera envie à tout le monde de venir. Et tout cela avec un budget serré. Pour le beau, nous reprenons les codes des endroits où l'on a l'habitude d'aller. Le comptoir ? Nous optons pour un mur en briques à mi-hauteur sur lequel nous posons de la tôle ondulée que nous récupérons dans une grange en Charente. Bien rouillée, la tôle. « Indus », comme disent les blogueuses déco. Une paroi en béton qui jouxte un mur en vieilles pierres bordelaises 🤔 ? Nous gardons tout

Le Wanted Café avant les travaux...

Le Wanted Café... après.

en l'état. « Indus », on vous dit ! Pour la vaisselle, il va falloir être malins parce que chez les professionnels ça coûte une blinde. Nous ferons un petit tour sur le marché aux puces de Saint-Michel, ainsi que chez Emmaüs. Mais nous allons quand même avoir besoin d'éléments de cuisine, et notamment une tireuse à bière. Je décide de contacter les grandes enseignes, Métro, Heineken, Conforama, Finarome... Dans un e-mail bien troussé, je leur explique toute notre

L'équipe du Wanted Café de Bordeaux. De gauche à droite: Louis, Ophélie, Christian, Luc, Kika et Jérémie.

histoire et le but de notre café solidaire pour leur proposer un partenariat. Pas une seule réponse. Rien. Tant bien que mal, nous parvenons, malgré la maigreur de nos moyens, à nous meubler. Heureusement, Restock, le grand cuisiniste de la région, et Bordeaux Aquitaine Boissons nous fournissent *in extremis* les équipements qui nous manquent. Ouf ! On y est ! L'endroit est beau. Première victoire.

Maintenant, il faut faire du bon. Pour ça, nous avons la chance d'être installés devant le marché historique des Capucins. Nous pourrons donc acheter des produits frais de qualité tous les jours. Encore faut-il les cuisiner. Il nous faut un chef, un grand chef. Il n'y a que comme cela que l'on attirera les amateurs de bonne cuisine. Là encore nous faisons la tournée de nos contacts avec notre argumentaire désormais très bien rodé. Et cette fois, ça marche. Kika Baumhauer a fait ses armes au *Miles*, le restaurant sacré meilleure table de Bordeaux par le *Fooding* en 2015. Séduite par le concept de café solidaire autant que par notre enthousiasme, elle décide de poursuivre sa brillante carrière chez nous. Et au fait, à quoi ça ressemble la carte d'un restaurant solidaire ? Combien de couverts faut-il prévoir ? Comment gérer les stocks ? Quels tarifs appliquer ? Kika, notre pépite, va devoir trouver une réponse à toutes ces questions. Sacré challenge!

Benjamin Toumelin > Wanted Community Paris •••
15 février

MAJ : PROPRIÉTAIRE RETROUVÉ

Hello la team cheloue !

Samsung s8 trouvé ce soir sur un banc public à Paris 08. S'il est à toi tu devras me dire les deux signes distinctifs qui se trouvent sur ta housse. Promis je te le rend 🙂
La bise.

Chloé > Wanted Community Paris •••
30 mai 2018

Wanted vous ÊTES magique une grande communauté qui fait des miracles merci à Cortez Rojas Raquel d'avoir ramasser mon sac n'y avoir absolument rien toucher ni voler et l'avoir directement déposée au commissariat de saint ouen je ne sais pas comment la remercier d'avoir été si humaine si juste si honnête tellement on ne voit plus de gens pareil. Honneur sur cette dame
merci à tous

- 20 -

Depuis mon retour de Londres, nous sentons qu'il est temps de théoriser ce que nous faisons intuitivement depuis des années. Il faut trouver le *wording* adéquat qui prouvera aux Américains que nous réfléchissons à ce que nous faisons. C'est l'heure de l'introspection.

Première question : c'est quoi Wanted Community ? Une communauté dont la valeur socle est l'entraide. Dans l'entraide, nous avons environ 10 % de « solidarité ». Et nous entendons par solidarité des actions désintéressées dont le seul but est de porter secours à des personnes en grande difficulté. Les 90 % restants représentent ce que l'on appelle « l'entraide quotidienne ». Notre première mission consiste à mettre en avant les 10 % de solidarité auprès des 90 % d'entraide quotidienne. C'est sur cet équilibre que repose toute la puissance de Wanted. Si le contenu de nos groupes était exclusivement consacré aux sans-abri, migrants ou travailleurs pauvres… les 90 % d'entraide quotidienne n'existeraient pas, notre communauté serait bien plus restreinte et la probabilité de trouver des solutions rapides pour les plus démunis serait proche de zéro. C'est l'activité généraliste qui fait le nombre, qui donne de la visibilité aux initiatives solidaires et qui permet de faire fleurir un élan de solidarité chez n'importe quel wantedien. Peut-être que la personne qui cherche des bons plans restos va être touchée par le premier post qu'elle voit concernant un sans-abri, peut-être qu'au troisième post concernant un sans-abri cette personne posera un *like*, peut-être qu'au cinquième elle va soutenir l'action par un commentaire, peut-être qu'au dixième elle se déplacera pour lui apporter une couverture, et peut-être qu'après vingt publications elle prendra elle-même l'initiative d'aider quelqu'un en bas de chez elle. C'est ça la force de Wanted : les membres s'incitent à agir par l'exemple et non par la culpabilisation. Notre but final, c'est que ce membre qui cherchait un bon plan resto se fasse happer par le pouvoir de l'entraide.

Deuxième question : où est Wanted ? Wanted Community, c'est un archipel de 82 groupes locaux indexés à des villes. En mars 2016, Vincent Glad, journaliste à *Libération*, disait ceci : « Ces groupes constituent la place du village des grandes métropoles où l'on ne connaît même plus ses voisins de palier. » Tout le monde peut se retrouver sur Wanted, pour s'entraider, s'informer, discuter, ou simplement passer un bon moment. Tout le monde s'intéresse à la vie de sa cité. Wanted peut donc fonctionner partout dans le monde, dans n'importe quelle ville, et s'adapter aux besoins de la population qui la compose. C'est comme si l'on ouvrait un restaurant et qu'on laissait les ingrédients à disposition des clients. Chaque population locale prépare instinctivement la recette qui lui correspond le mieux.

Troisième question : quelle est notre philosophie ? L'entraide n'est pas un passe-temps, mais un projet de vie. Le modèle de société dans lequel gagner signifie être tout seul sur la première marche du podium ne nous satisfait pas. Les wantediens nous prouvent chaque jour qu'un autre fonctionnement est possible, et c'est cette intuition qui nous anime depuis le début de l'aventure. Mais pendant longtemps, nous avons navigué les yeux bandés. Rien ne nous permettait d'écarter la possibilité que nous ne fussions qu'une bande d'illuminés *new age* avec trente ans de retard. En octobre 2017, la publication d'un livre scientifique nous a apporté le support de réflexion qui nous manquait. Dans *L'Entraide, l'autre loi de la jungle*, les chercheurs Pablo Servigne et Gauthier Chapelle remettent en question la loi du plus fort et son rôle dans l'évolution des espèces. Avec de très nombreux exemples de coopérations dans le monde animal, ils démontrent que l'entraide est une loi universelle plus importante encore que la compétition. *« Un examen attentif de l'éventail du vivant révèle que, de tout temps, les humains, les animaux, les plantes, les champignons et les micro-organismes – et même les économistes ! – ont pratiqué l'entraide. Qui plus est, ceux qui survivent le mieux aux conditions difficiles ne sont pas forcément les plus forts, mais ceux qui s'entraident le plus »*, expliquent-ils. Une thèse déjà développée par Pierre Kropotkine, le grand théoricien de l'anarchisme, dans *L'Entraide, un facteur de l'évolution*, publié en 1902, mais appliquée au monde moderne, avec l'état des connaissances scientifiques d'aujourd'hui. La coopération serait donc la clé de voûte de notre évolution, bien plus que la rivalité ou la prédation. Est-ce que cette référence à Kropotkine fait de nous des anarchistes ? Un peu de sérieux, voyons. Si nous en sommes là aujourd'hui, c'est en grande partie grâce à la solidité du modèle social français. Le chômage nous a donné le temps et l'argent pour faire mûrir le projet Wanted. Nous serions bien mal inspirés de prôner aujourd'hui la disparition de l'État.

Non, nous ne sommes pas anarchistes. Mais nous partageons avec eux cette idée selon laquelle l'altruisme est une vertu instinctive, génétique. Et d'ailleurs, paradoxalement, cela explique peut-être la création du système de protection sociale dont nous jouissons. Les êtres humains s'entraident parce que c'est dans leurs gènes. Nous pensons, en outre, qu'une société en bonne santé s'attache à ne laisser personne sur le bord de la route. Coretta Scott King disait : « La grandeur d'une communauté se mesure aux actes désintéressés accomplis par ses membres. » Et nous sommes persuadés que, comme nous, la plupart de nos concitoyens veulent en faire davantage pour aider les plus faibles.

Seulement, pour que l'entraide se concrétise, il faut lever plusieurs obstacles. Le premier pilier, c'est le rassemblement. Pourquoi croyez-vous que Wanted peut trouver un hébergement pour un sans-abri en quarante-huit heures ? Parce que nous sommes des centaines de milliers, pardi. L'assistante sociale, elle est toute seule. Le deuxième pilier, c'est la lutte contre le poison de la méfiance qui nous a intoxiqués depuis notre plus jeune âge. Pour que les gens se tendent la main, il faut établir un climat de confiance. Un défi capital relevé tous les jours par nos modérateurs et dont le pouvoir, soit dit en passant, déplairait fortement à tous les idéologues libertaires. Enfin, le troisième pilier de l'entraide à grande échelle, c'est la création d'espaces consacrés à l'entraide. Wanted était jusque-là un simple catalyseur de bonnes volontés. Mais l'outil informatique a ses limites. L'entraide nécessite généralement un espace physique. L'hébergement, les repas, l'hygiène, les besoins élémentaires des plus démunis ne peuvent pas être comblés par le Web. Se cantonner à notre activité sur Internet engendrerait une grande déperdition d'actions de solidarité. Il faut donc passer du virtuel au réel. Du *online* au *offline,* comme disent les *start-uppeurs*. Quand un wantedien écrit « Ahahaha » dans un commentaire, nous voulons lui donner l'occasion de faire « Ahahaha » dans un vrai lieu, avec une vraie bière, en présence de la personne qui le fait rigoler. Nous avons un terreau sur Facebook, il faut le fertiliser dans la vraie vie. C'est la raison pour laquelle nous avons monté un café solidaire !

La construction de cet argumentaire nous prend du temps. Plusieurs mois de lectures, de débats enflammés et parfois de disputes. Jérémie lit énormément pour nourrir notre réflexion. Luc et moi, nous écoutons, nous piochons ce qui nous plaît et nous recrachons ce qui nous saoule. C'est ainsi que nous trouvons le dernier élément de notre emballage théorique : le slogan. Dans ses *Proses philosophiques*, Victor Hugo écrit ceci : *« Rien n'est solitaire, tout est solidaire. L'homme est solidaire avec la planète, la planète est solidaire avec le soleil, le soleil est solidaire avec l'étoile, l'étoile est solidaire avec la nébuleuse, la nébuleuse, groupe stellaire, est solidaire avec l'infini. Ôtez un terme de cette formule, le polynôme se désorganise, l'équation chancelle, la création n'a plus de sens dans le cosmos et la démocratie n'a plus de sens sur la terre. »* Rien n'est solitaire, tout est solidaire. Toute notre philosophie résumée en dix syllabes qui riment à merveille. Nous sommes époustouflés par cette citation. Mais Jérémie est sceptique.

— On peut peut-être retourner la phrase…

— Comment ça ?

— « Tout est solidaire, rien n'est solitaire. » Ça

permettrait de commencer par la valeur positive tout en évitant la négation d'entrée. Et puis en anglais on pourrait faire un truc genre «*Always solidary, never solitary*».

— Ça en français, ça fait: «Toujours solidaire, jamais solitaire»…

— Génial!

L'air de rien, ce n'est pas un slogan que l'on vient de trouver, mais un véritable garde-fou qui dictera toutes nos décisions à l'avenir.

Facebook nous relance régulièrement par e-mail. Nous nous plions au jeu des visioconférences sur une application cryptée sans jamais savoir exactement ce qu'ils attendent de nous. À chaque fois, nous signons des clauses de confidentialité draconiennes. Et nous répétons en boucle les éléments de langage tirés de notre réflexion philosophique. Mais nous avançons sans la moindre indication. Combien y a-t-il d'étapes de sélection? Aucune idée. De quelle manière annonceront-ils les lauréats? Aucune idée. À quelle date? Aucune idée. Évidemment, chaque relance de leur part nourrit l'espoir de faire partie de leur programme de bourses. *Nous sommes encore dans la course* 💪💪💪. Mais pour combien de temps encore?

Un jour, je reçois un coup de fil. Une voix féminine en anglais, très enjouée.

— Bonjour, je m'appelle Brie. Je suis la responsable pour l'Europe du Facebook Community Leadership Program. J'ai beaucoup entendu parler de vous et de votre communauté. Est-ce que tu peux me raconter en détail de quoi il s'agit?

Sur le moment, je ne comprends pas bien l'intitulé de son poste. Et puis je suis surpris, c'est la première fois que je suis contacté de manière aussi informelle. Pour la 250e fois, je déballe l'argumentaire de Wanted. Mais sur un ton décontracté. J'ai un peu l'impression de parler à un pote.

— Merci, Christian. C'est très intéressant. Je serai à Paris dans dix jours. Est-ce qu'on peut se voir pour déjeuner ensemble ?

— Évidemment. Pas de problème. Je dormirai chez un copain !

Notre rendez-vous est fixé au vendredi 20 juillet à 13 heures. J'apprends la veille qu'une autre personne, sa boss, sera là également pour déjeuner avec nous. Ce que j'ignore, c'est que la boss en question est en fait celle qui dirige le programme à l'échelle mondiale. À dire vrai, je prends cette rencontre beaucoup trop à la légère. Et je profite de mon passage à Paris pour retrouver des vieux potes de Bordeaux que je n'ai pas vus depuis longtemps. Terrible erreur. À 6 heures du matin, nous sommes encore en train d'enchaîner des parties de *Mario Kart* en ligne contre des joueurs coréens. Et quelques heures plus tard, je me flagelle dans le métro. *Mais putain, t'es vraiment trop con !!!* Je suis encore complètement cramé. Tee-shirt blanc, jean passablement propre, et tatouages apparents. Je prie pour ne pas sentir la gnole à trois kilomètres. Avec ma barbe et mes cheveux longs, on pourrait me prendre pour un clochard. Dans le hall gigantesque des locaux de Facebook rue Ménars, je tombe sur Ben, mon baby-sitter à Londres. Il va encore me dire que j'ai la tronche en vrac.

— Salut, Christian ! Qu'est-ce que tu fais là ?

— Salut, Ben. J'ai rendez-vous avec Brie.

— Ah ouais ? J'étais pas au courant. Dis donc, t'as une petite mine.

— Oui, je sais. J'ai un peu chargé la mule hier soir.

Pour entrer chez Facebook, il faut renseigner son nom sur une tablette afin que le système vérifie l'identité de chaque personne. Je dois également taper le nom de la personne qui m'a invité. Mais quelle chienlit ! J'ai l'impression de ramer à l'envers avec des cuillères en bois. À l'autre bout du hall, trois filles me font de grands signes. Je fais mine d'être totalement absorbé par cette satanée tablette. Elles s'approchent.

— Salut, Christian…

— Ah, bonjour. Enchanté…

La blonde bondissante à l'accent britannique bien marqué, c'est Brie Rogers, que j'ai eue au téléphone. La brune au regard tout doux, c'est Deepti Doshi, la directrice Monde du Facebook Community Leadership Program. La dernière, la pétillante Afro-Californienne, c'est Anna Bofa, responsable des Community Leadership Circles. Les trois sont grandes, belles, souriantes, cool… Elles se penchent l'une après l'autre vers moi pour faire un *hug*. Je tends ma joue en retenant ma respiration. Au contact de ces *powerful women* parfumées au sable chaud de Venice Beach, j'ai l'impression de sentir La Villageoise. Tandis que nous prenons l'ascenseur pour monter jusqu'au self, je décide de désamorcer la bombe.

— Ouah, les filles, il faut que je vous dise : j'ai fait la fête hier soir. Je n'ai pas beaucoup dormi.

Ma remarque provoque un éclat de rire simultané comme dans les sitcoms des années 1980. Mon plateau-repas coincé sous le bras, je cherche ce qui me permettra d'émerger sans risquer la nausée. J'attrape un Coca, un petit sourire en coin. Je pose mon plateau sur la table, face aux trois Avengers des réseaux sociaux. Et j'entame mon argumentaire. Wanted Community, l'entraide, la solidarité, les groupes de ville, les modérateurs, le café, le passage du virtuel au réel. Au bout de quelques minutes, je surprends Deepti pensive qui hausse les sourcils en regardant les toits de Paris à travers les grandes fenêtres haussmanniennes. Je l'interpelle en roulant des mécaniques.

— Ça va ? T'as vu, ça envoie, hein ?!

Sobre, je ne me serais certainement jamais permis une telle familiarité. J'ai clairement les fils qui se touchent.

— Oui, ça va, me répond-elle avec bienveillance. C'est juste génial ce que vous faites. Mais donc là, vous avez un million de membres répartis dans 82 villes, c'est ça ?

— Oui, pas loin.

Un petit conciliabule s'organise devant moi, et je ne parviens à en extraire qu'une seule suite de mots : « Le plus grand d'Europe. » Je termine ma petite conférence par le récit de mon expérience personnelle. Avec mes cernes jusqu'au menton, et mon regard vitreux, je leur livre quelques bribes de mes années d'avocat chez Iwaï à 5 000 euros par mois.

— *But why do you do that?* me demande Deepti Doshi.

— What do you mean? Why did I quit my job for a solidarity community?

— *Yes.*

— Because it's cool. Don't you think it's cool?

— *Yes, I do!* s'esclaffe-t-elle.

— Bah voilà. Tu l'as, ta réponse.

Ouh là, il y a encore du kérosène dans le zeppelin. Je plane et je m'emballe. En espérant que ma désinvolture n'ait pas tout gâché.

Marie-Anne Klippan
25 avril 2016

•••

Coucou tout le monde !!!
Aujourd'hui discussion avec mon grand de 10 ans prochainement.. On parle de son anniversaire qui approche à grand pas... Il voulais une fête avec les copains de classe (impossible mon fils et autiste) du coup étant en IME ses camarades bref déjà tenté l'an dernier refus de lime et des parents...
Pour l'anniversaire de son frère en février nous étions à Disney... Du coup il est dépité de savoir que rien n'est possible pour ses 10 ans... Surtout que ma famille aussi l'évite beaucoup ... 😟
Me reviens l'idée que j'avais pour ses 7 ans et il avais adore le concept j'avais fait une opération carte postal ça consister à qui voulais de lui écrire une carte pour son anniversaire pour voir que d'autres personnes avait du coeur et penser à lui pendant un jour aussi important
Je voulais donc savoir si quelques unes voudrait bien participer à ce projet qui me tien à coeur ?
Merci d'avoir lu mon pavé 😘😘❤️

Matteo adore les Pokémon
Les bateau
Les Lego chima
Minecraft
Les dauphins...
Les Disney (toy story, reine des neiges)
Il est du 30 mai
Mais les cartes qui arrivent avant seront cachée pour le jour J
Henrique Matteo
18 rue Carel appt 6
72100 le mans
Autant de générosité vous me faite chaud au coeur 😭💙

👍❤️😢 1,5 K 1,3 K commentaires 1 partage

- 21 -

La fin du mois d'août approche. Le nez dans la poussière, les doigts bleuis par les travaux, nous recevons ce matin celle par qui le rêve de Luc se concrétise, celle grâce à laquelle depuis toujours tout devient possible : la tireuse à bière. Nous suivons le déballage et l'installation de notre précieuse avec la vigilance d'un gamin le jour de Noël. Nous sommes à quelques jours de l'inauguration, tout doit être parfait. Nous débattons encore pour trouver la bonne marque de café quand le signal sonore de ma boîte e-mail m'oblige à décrocher de cette passionnante conversation. Un message de Facebook : « *Congratulations. You are admitted to the Facebook Community Leadership Program* bla-bla-bla... » C'est *good* ! Nous faisons partie de leur programme de bourses. J'imagine qu'ils annonceront la répartition de l'oseille a posteriori. Je tourne l'écran vers mes deux camarades avec un petit clin d'œil et je referme mon ordi. Je leur répondrai plus tard.

Nous partons déjeuner le cœur léger dans un petit restaurant du quartier Saint-Pierre. L'odeur des pavés bordelais cuits au soleil, les bouilles ravies des touristes déjà rôtis au Lillet, le son du tramway au loin étouffé par la chaleur, la ville respire encore au rythme pépouze des vacances, et nous commandons quelques bouteilles pour fêter l'horizon qui se dégage devant nous. « 50 plaques, putain ça fait du bien ! » Sur le chemin du retour, mon téléphone vibre un coup sec au fond de ma poche. Un message privé de Brie.

— *Hello, Christian.* Est-ce que tu as lu tes e-mails ?

— Oui.

— Et alors ? Tu ne réponds pas ?

— Là je suis un peu occupé. Je vous répondrai plus tard.

— Je crois qu'il faut qu'on s'appelle.

— Bah en vrai là, j'allais bosser. Mais bon, si tu veux.

Ils sont relou, ces Rosbifs. La pause déj', c'est sacré, bordel. Je décroche.

— *Hi, Christian!!!*

La voix de Brie résonne plus fort que d'habitude. Je m'éloigne un peu pour éviter les éclats de rire tonitruants de Luc.

— Alors ! Est-ce que tu as compris que tu es « *resident* » ?

Résident ? J'ai un vague souvenir du *wording* utilisé par Facebook pour détailler les rouages de leur programme. Enfin, je me souviens surtout de ne pas y avoir prêté attention.

— Bah ouais. Merci. *But what does it mean?*

— *It means:* tu es dans les 5 !

— …

— Il y a un « *resident* » par continent. Vous avez été choisis parmi 6000 candidats, 46 nationalités. Il y aura 20 boursiers en Europe, et c'est vous qui avez décroché la résidence.

— But, wait a minute. Could you please confirm I have the million?!

— *YES! YOU DO!*

Ça fait six mois que tous les soirs je me couche en

imaginant cette scène, six mois que je regarde pousser ma barbe et mes cheveux en jachère, persuadé que cela me donne le truc en plus qui va me faire sortir du lot, six mois que tous les matins je répète devant mon miroir les premiers mots de ce moment où je devrais l'annoncer à mes deux acolytes. Je pose le téléphone par terre. À l'autre bout du fil, Brie cause toujours. Seules les notes les plus aiguës de son monologue me parviennent alors que j'essaie de reprendre mon souffle. Je regarde derrière moi. Personne n'a rien vu. Je reprends le téléphone.

— Christian, écoute-moi bien. Tu feras partie du voyage à San Francisco avec tous les gagnants. Mais trois semaines auparavant, il y aura une cérémonie à New York pour annoncer les cinq «*residents*». D'ici là, tu ne peux rien dire à personne. OK ?

— OK.

— Même à ta famille. *Do not tell anyone. Promise me!*

— I promise!

Mon cul ! Je retourne au café. Les mains sur les hanches, je reste quelques secondes dans l'encadrement de la porte, savourant cet instant magique du succès où tu es le seul de l'équipe à savoir que tu as décroché la timbale. J'ai peut-être le regard halluciné, le sourire béat du mec qui a vu la Vierge. Luc est en train de bricoler dans un coin. Il se redresse.

— Ça va, Kiki ?

— Bof, maintenant qu'on est millionnaires, ça va, ouais !

— Mais non, c'est pas vrai !

— Chut ! Ta gueule ! J'ai pas le droit de te le dire !

Depuis le «*YES! YOU DO!*» de Brie il y a quelques

minutes, j'ai l'impression de voyager à l'intérieur d'un clip techno en *jump cut* avec des grandes ellipses, et des bouts de réalité collés l'un derrière l'autre. Luc est dans mes bras. On s'attrape, on s'ébouriffe, on se secoue comme deux gorilles. Puis, on se regarde quelques secondes. On danse. Et on recommence. On serre l'autre de toutes nos forces.

— Ohlalalalalalalalala…

Luc est devant le rayon champagne.

— Il va rien comprendre, le Jérém' ! On va l'éclater ! Appelle-le ! Trouve une excuse bidon pour qu'il passe au café ! T'as qu'à lui dire que le plafond vient de s'effondrer !

— Bon, les gars, je suis déjà à la bourre ! C'est quoi le problème ?

— Écoute-moi bien, mon gars : tes clients, ils pourront comprendre que t'as dix minutes de retard quand tu leur diras que t'as décroché un million de dollars !

— Ouais non mais d'accord mais bon… Hein ? T'as dit quoi ?!

— Eh ouais, mon gars !

Câlins, gorilles, champagne, musique, étreintes, bisous, larmes…

— C'est le début de l'aventure, les gars ! C'est maintenant que tout commence !

Il faut que l'on sélectionne les personnes à qui on va le dire. Nos parents. Peut-être un ou deux potes. Jérémie veut le dire à sa compagne, évidemment. Et moi à mon ex, Emmanuelle. Est-ce que je dois vraiment expliquer pourquoi ? Comme tout le monde, je saisis l'occasion de briller auprès des personnes face auxquelles je suis le plus vulnérable. Tout simplement. J'appelle d'abord mon père.

— Salut, Papa. J'ai une bonne nouvelle. Mais j'ai l'impression que tu es très occupé.

— Oui, je suis à la banque, je fais de la paperasse.

— Ah ben, écoute, ça tombe bien que tu sois à la banque, je viens de décrocher un million de dollars !

— Non ! Arrête tes conneries !

— Mais si, je te jure !

— Oh ben alors ça, c'est super. Bon, je te laisse. On se rappelle.

Voilà voilà. Simple, efficace. Mais je sais bien qu'il est content pour moi. J'appelle Maman.

— Salut, Maman. Ça va ?

— Oui, mon cœur, et toi ?

— T'es assise ?

— Oui, pourquoi ?

— Ça y est, Maman, on a le million !

— C'est pas vrai ?

— Si, je te jure !

— Mais tu as l'argent sur ton compte, mon chéri ?

Ma mère et sa méfiance habituelle face aux questions d'argent. Impossible pour elle de concevoir qu'une affaire puisse se dérouler sans un vice caché. Alors de l'argent qui semble tomber du ciel, c'est carrément de la science-fiction.

— Non, je n'ai pas encore l'argent sur mon compte. Mais c'est normal.

— Ah ben, si t'as pas l'argent, mon chéri, t'es pas sûr !

— Mais arrête, Maman !

— Bon, j'arrête de t'embêter. Mais tu vas faire quoi maintenant ?

— Bah, on va faire la fête avec Luc et Jérémie.

— Ah non, tu vas pas commencer à tout dépenser, hein !

Sa remarque me fait éclater de rire ! Je lui annonce que l'on vient de décrocher un million de dollars, et elle imagine que je vais tout cramer à Las Vegas comme dans un film de gangsters.

— Maman, tu sais combien il y a de zéros après le un ?

— Euh… non, mais tu fais attention, hein !?

— Oui, Maman.

Vers 21 heures, nous baissons le rideau pour inaugurer enfin notre tireuse à bière. Luc sort quelques verres d'un carton. Mais l'on frappe à la porte. Un groupe de potes qui a vu de la lumière. Ils veulent boire un canon avec nous. « Une bière alors. Mais juste une. Après il faut nous laisser, on a encore du boulot. » Nous sommes tous les trois galvanisés par ce qui vient de nous tomber dessus. Mais impossible d'en parler. Nous avons les gestes amples et la démarche sûre des vainqueurs, sans pouvoir expliquer pourquoi. Certains s'en rendent compte et nous cuisinent. Nous prenons un malin plaisir à feindre l'innocence. En réalité, nous crevons d'impatience de nous retrouver tous les trois derrière notre comptoir, pour fêter notre café et notre million.

Ah, les bougres, ils font circuler l'info : « La nouvelle tireuse à bière est arrivée. Ramène-toi. » En moins de temps qu'il n'en faut pour servir une pression, la meute débarque par petits groupes de quatre ou cinq. « Une petite bière, les gars. Mais juste une. » En toute clandestinité, et avec des étoiles plein les yeux, nous recevons ce soir-là un nombre invraisemblable de personnes. Le *Wanted Café* n'est pas encore ouvert. Mais déjà notre vie sociale dicte sa loi. Devant nous, les potes discutent, bataillent, rigolent et se chamaillent, mais je n'entends rien. Seules les voix de Luc et Jérémie me parviennent. Je ne vois rien, seules les ganaches de mes deux potes semblent être éclairées par la lumière du café. On s'est tellement engueulés, entre-déchirés. Mais qu'est-ce que je les aime, ces deux cons !

Marie-Anne Klippan
Ça commence à arriver

J'aime

Marie-Anne Klippan
Aujourd'hui 🙂

J'aime

Marie-Anne Klippan
Récolte du jour !

J'aime

Marie-Anne Klippan
Ce matin…

J'aime

Marie-Anne Klippan
Ce soir !

J'aime

Marie-Anne Klippan
Aujourd'hui !!!

J'aime

Marie-Anne Klippan
Réception du jour

J'aime

- 22 -

Le 28 août 2018, nous inaugurons le *Wanted Café*. Et, une fois n'est pas coutume, le concept est très clair dans nos têtes. Ce café a beau être solidaire, il doit être économiquement viable. Ceux qui ont du pouvoir d'achat seront invités à payer pour ceux qui n'en ont pas. Une fois que l'on a dit ça, il faut mettre en place des mécanismes. Le plus simple serait de pratiquer des tarifs plus élevés en expliquant aux clients que la différence de prix finance la solidarité avec les plus pauvres. Mais à nos yeux cette méthode n'est pas la bonne. D'abord, le client qui paie le prix fort n'a aucune preuve que son argent est bien utilisé. Et il n'est évidemment pas obligé de nous croire. Ensuite, c'est une forme de solidarité passive et désincarnée qui nous déplaît. Nous voulons que le client soit acteur et non pas spectateur, qu'il soit responsable de l'acte de solidarité, que l'initiative vienne de lui.

Le café suspendu, *caffè sospeso* comme disent les Napolitains, inventeurs de cette tradition durant la Seconde Guerre mondiale, est un acte de solidarité qui consiste à commander un café et en payer deux, le second étant mis « en attente » pour un client démuni qui en fera la demande. Nous reprenons cette tradition italienne et nous l'étendons aux repas. Un client qui commande un plat peut, s'il le souhaite, en payer deux afin d'en laisser un suspendu. Cette idée vient de nous, de nos discussions à quatre. Mais ce n'est pas toujours le cas. La communauté est une formidable intelligence collective, et une source d'inspiration intarissable. Un jour, un wantedien, Jérémy Neyrat, nous écrit pour nous suggérer de faire une carte de fidélité solidaire.

— C'est-à-dire ?

— Eh bien, comme dans tous les restaurants, au bout de 10 repas le client en a un gratuit, mais au lieu de le garder pour lui, il sera donné à une personne dans le besoin.

— Super idée ! Merci beaucoup !

Avec les cafés et les repas suspendus, ce sont les clients qui s'entraident. L'impact sur l'atmosphère qui règne dans le restaurant est très positif. Voir une personne démunie manger un repas qu'il n'a pas payé, cela permet à nos clients réguliers de constater l'effet immédiat de leur acte de solidarité. C'est toujours rassurant de voir où passe son argent. Et puis c'est stimulant. Ça donne envie de recommencer, et surtout d'échanger avec les personnes qui bénéficient de ce repas. Pour aller au bout de la démarche, nous prenons le numéro de téléphone des clients qui le souhaitent et, lorsque le repas qu'ils ont laissé en suspens est consommé, nous leur envoyons un texto de remerciement, avec le prénom du bénéficiaire et une photo du plat qu'on lui a servi. « Merci. Grâce à toi Bernard s'est régalé avec une feta en papillote et ses légumes rôtis. Excellente journée et à bientôt au *Wanted Café*. »

Vous trouvez cela un peu léger ? Nous aussi 😉. Les gens « dans le besoin » ont tous les besoins : chaussures, vêtements, chaussettes, sous-vêtements, bonnets, gants, couvertures, duvets, tubes de dentifrice, brosses à dents, shampoing, savon, serviettes hygiéniques, tampons. Alors le café-restaurant sera aussi un lieu de collecte.

Tous les clients qui le souhaitent peuvent déposer un sac de vêtements ou de produits d'hygiène. Et au bout de la chaîne, une personne sans-abri qui pousse la porte du *Wanted Café* est accueillie avec le sourire dans un bel endroit où toutes les classes sociales sont représentées. Nous lui offrons d'abord un café, si elle a faim nous lui servons à manger, à une table, un vrai plat de restaurant. Et peu importe qui tu es, au *Wanted Café* tout le monde mange la même chose. Puis nous entamons la conversation pour connaître ses difficultés, ses besoins. Nous traitons cette personne comme tous les autres clients, à une

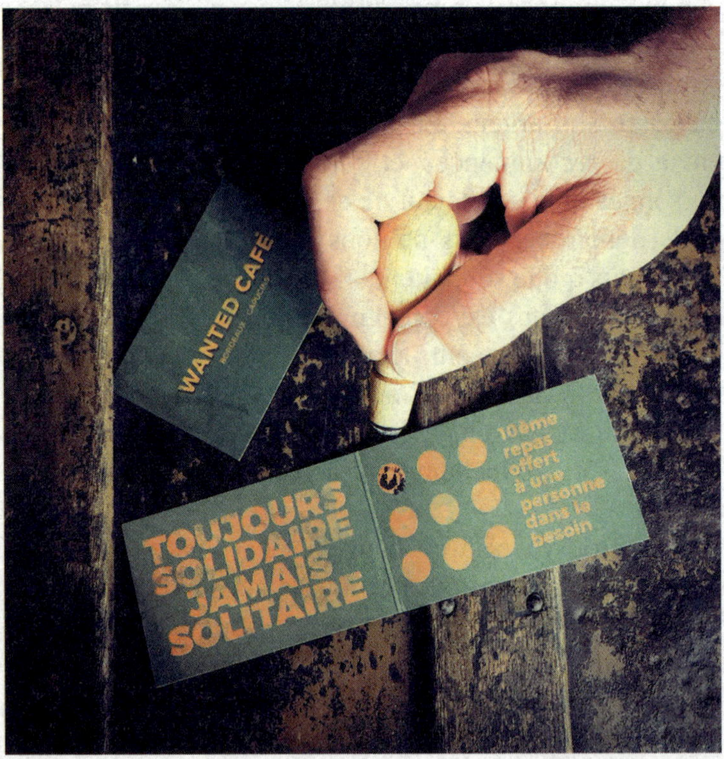

seule différence près : elle ne passera pas à la caisse. Et avant de repartir, si cette personne a froid, nous essaierons de lui donner des vêtements chauds. L'idée est de ne stigmatiser personne, de n'assister personne. On n'aide personne, on vit ensemble.

Très vite, le bouche-à-oreille de notre réseau se met en branle. Et les gens commencent à donner. Certains donnent même beaucoup. Une fois par semaine, un de nos clients passe boire un café et, au moment de payer, laisse systématiquement cinq plats suspendus. La solidarité libre et facultative est une démarche qui fonctionne. Nous n'en doutions pas, mais c'est toujours rassurant de le constater. Le problème, c'est qu'aucune personne dans le besoin ne passe nous voir. La population visée n'a pas connaissance de ce nouveau lieu d'entraide. Et l'idée qu'ils puissent se présenter spontanément sans avoir été introduits est une aberration à laquelle nous, petits bobos ignorants de Bordeaux, n'avions pas pensé. C'est pourtant évident. Ces gens vivent dans un monde qui a pris l'habitude de les rejeter sans ménagement, sans un regard, un monde où l'on installe des pics sur les parapets où ils ont l'outrecuidance de s'asseoir, un monde où les halls d'administrations, les galeries marchandes, les bibliothèques, tous les lieux où ils pourraient se réchauffer en hiver, leur sont interdits d'accès. Ces gens-là ont le rythme de vie des parias, des traqués. Ils ont intégré dans leur chair les réflexes de la proie qui ne peut survivre qu'en se rendant invisible. Alors imaginer ces gens débarquer dans un café en commandant deux Coca et un risotto, c'était aussi stupide que de demander à un soldat de traverser un champ de tir en dansant la carmagnole.

Nous avons peut-être trouvé le bon concept pour que ces deux rives du monde moderne se retrouvent enfin, mais nous avons oublié de construire le pont.

Pour tenter de corriger notre erreur, nous partons à la rencontre de ces gens, aux alentours du restaurant, pour leur proposer de venir boire un café. Le dialogue n'est pas évident. Il y a beaucoup de méfiance de part et d'autre. Et nous comprenons très vite ce qu'il nous manque. Nous sommes des Bisounours pétris de bonnes intentions, mais nous ne sommes pas des travailleurs sociaux. Alors nous décidons de nous adresser à ceux qui connaissent le métier et le terrain, les associations locales, pour leur suggérer de recommander notre établissement à ces personnes qu'ils connaissent si bien. Les Robins de la rue, Le Carillon, Ovale Citoyen, La Maraude du cœur, le Diaconat de Bordeaux et le Samu social. En quelques semaines, le problème est réglé. Les plus démunis osent venir nous voir. Et notre plus grande fierté désormais, c'est que le Samu social nous appelle lorsqu'ils viennent de recueillir des personnes qui n'ont pas encore mangé. Le *Wanted Café* est devenu un partenaire utile et complémentaire dans le tissu d'entraide bordelais.

Au contact de ces professionnels, nous découvrons leurs besoins. Ces associations manquent d'argent et de visibilité. L'argent pour agir. La visibilité pour exister. Avec le *Wanted Café*, nous pouvons récolter des dons, donner à manger à leurs bénéficiaires. Peut-être que nous pourrions essayer de les financer. Pour cela, il faudrait que nous partagions avec eux ce que nous gagnons. Et puis, nous pourrions faire de la communication sur l'action de solidarité que ce partage financerait. Partage des recettes et communication. Si nous trouvons le bon dispositif, nous pourrions apporter une réponse, ou plutôt un bout de réponse, à ces deux besoins dont ils nous parlent tous.

— OK, on partage. Mais combien on reverse ?

— C'est compliqué, on ne sait même pas si le café est rentable…

— Il faut donner un pourcentage de notre chiffre d'affaires. Parce que si on donne une partie de nos bénéfices, il y aura des mois où l'on donnera rien.

— Ouais, on pourrait même être tentés de gonfler les charges pour baisser le bénéfice et diminuer les dons.

Il en va peut-être de la survie de notre café. Donner une partie de nos recettes, c'est risquer de se mettre dans le rouge les mois où l'on tourne moins bien. Le sujet est donc très délicat. Et pourtant, c'est certainement la délibération la plus courte de notre histoire.

— Oui, mais alors, on donne combien ?

— Si on donne 1 %, ça fait que dalle. C'est ridicule.

— Ouais, c'est vrai, c'est un peu naze. 2 % ?

— On peut monter à 3 %…

— Non, mec. À 3 %, on coule la boîte.

— Bon alors, va pour 2 % !

Et voilà le travail. Nous nous sommes écharpés sur des réunions de plusieurs heures pour choisir la couleur des chaises. Mais deux minutes nous suffisent pour cette décision technique capitale pour notre avenir. Aucune étude, aucun précédent ne nous permet de prendre la température de ce que nous allons faire. Et un expert-comptable tenterait certainement de nous raisonner à grands coups de « mais vous êtes fous ! » Pourtant, aucun de nous n'envisage les choses autrement. Nous sommes en train de nous imposer une taxe supplémentaire que personne ne nous demande, mais il en va de nos convictions. Nous ne voulons pas redistribuer si le café fonctionne bien, nous voulons un café qui tourne à bloc pour redistribuer un maximum. Et même en cas de perte, nous continuerons à reverser 2 % de nos recettes au monde associatif bordelais, en augmentant au passage nos pertes de deux points.

Sur les quatre premiers mois d'exercice où nous apprenons le métier, nous parvenons pile-poil à l'équilibre après avoir reversé nos 2 %. Oui, vous avez bien lu. Cela veut dire que nous reversons 100 % de nos bénéfices ! Et attendez, ce n'est pas fini. La seconde absurdité de ce système, c'est que, dans la mesure où nous publions nos dons sur Wanted, chaque mois tout le monde connaît l'état de nos recettes. Je ne vous raconte pas le jour où l'on explique tout cela au banquier qui nous a fait un prêt de 120 000 balles. On n'a toujours pas commencé à rembourser l'emprunt mais tous les mois on distribue de la tune à des associations. Et à quelle association ? Eh bien, là encore, c'est aux wantediens de décider par le vote à quelle association ils souhaitent que nous versions l'argent. Le 30 septembre 2018, nous donnons 450 euros à Croquette & Macadam, une association qui distribue des croquettes et des nécessaires de soin pour les animaux des personnes à la rue. *J'en vois deux au fond de la salle qui ricanent bêtement.* Sachez que pour de nombreux sans-abri, l'animal est à la fois le seul compagnon de route et le dernier rempart contre la folie. Tous les travailleurs sociaux vous le diront : prendre soin de son chien, c'est un premier pas pour commencer à prendre soin de soi. Les mois suivants, nos 2 % sont reversés à La Maraude du cœur et aux Robins de la

Le Wanted Café, un lieu d'accueil et de convivialité. Un moment de partage avec l'association Ovale Citoyen pendant la coupe d'Afrique des nations.

rue, pour financer des repas et des toiles de tente, puis à Trikes N'Bikes, un groupe de motards qui distribuent des cadeaux de Noël aux enfants dans les hôpitaux. Ce sont les wantediens qui choisissent, mais évidemment nous privilégions les toutes petites associations locales qui manquent de moyens.

Ce que nous leur donnons peut paraître dérisoire, mais avec une moyenne qui tourne entre 600 et 800 euros depuis l'ouverture du café, on finance une trentaine de toiles de tente deux places, des dizaines de repas et des sous-vêtements. Sans compter la visibilité. Chaque action est filmée et publiée sur « Wanted Community Bordeaux ». Un habitant sur six peut voir apparaître cette nouvelle action de solidarité sur son fil d'actualité et découvrir une association qu'il ne connaissait peut-être pas. De son côté, l'association peut se servir de ce nouveau support de communication pour obtenir plus de dons et attirer de nouveaux bénévoles. Par ailleurs, c'est la meilleure manière pour nous de créer un réseau d'entraide. Nous apprenons à travailler en équipe avec ces associations. Leur expertise nourrit notre projet. À leur contact, nous perfectionnons notre démarche et nous améliorons notre relationnel. Avec Le Carillon, nous organisons une « soupe impopulaire ». Vous ne connaissez pas ? Ce sont les SDF qui font la cuisine, et les clients paient leur repas pour financer de nouvelles actions. Un concept génial inventé par Le Carillon.

Enfin, pourquoi s'arrêter là ? Rêvons un peu. Si nous réussissons notre coup, d'autres commerçants peuvent s'y mettre et faire boule de neige. Des restaurateurs déjà mobilisés se rapprochent de nous pour organiser des repas solidaires. Avec *La Jeune Garde*, un restaurant engagé socialement et très en vue à Bordeaux, nous préparons un réveillon de Noël pour une cinquantaine de sans-abri, dans une ambiance à notre image. De la bonne musique, quelques quilles de rouge, et surtout aucun complexe. Quand je regarde Bernard, à la rue depuis des années, qui vient de s'endormir sur le canapé avant même que l'on ait servi le repas, je me dis que l'on est sur la bonne voie. On lui a proposé un verre de sangria quand il s'est pointé mais il n'en voulait pas. Il voulait du vin. Alors on a débouché une bouteille et on a bu un canon avec lui. Bernard, il a peut-être fait les pires conneries de la terre, mais le temps qu'il passe au *Wanted Café*, on déconne avec lui comme avec un pilier de comptoir. Nous ne sommes pas des travailleurs sociaux. Cela nous permet de garder une innocence que nous aurions déjà perdue si comme eux nous étions dans le dur tous les jours.

Au bout de quatre mois, les résultats sont encourageants. Cumuler la vie d'un troquet et notre puissance de communication sur Facebook nous fait prendre conscience de la porosité entre les deux mondes. Les wantediens de Bordeaux connaissent le *Wanted Café*. Mais la surprise, c'est quand le canal d'influence change de sens. Quand le café vient nourrir le réseau social Wanted.

— Salut, Fabrice. Moi, c'est Luc. C'est quoi ton problème ?

— Je n'ai plus de logement. Du coup, c'est vraiment compliqué de trouver du boulot. J'ai pas d'adresse pour remplir les papiers. Je dors dans un parc.

Fabrice est un jeune SDF qui vient pour manger un morceau. Il a été orienté par le Samu social. Luc prend le temps de discuter avec lui.

— Et tu cherches quoi comme boulot ?

— Bah, moi je bosse dans le bâtiment.

— On doit pouvoir faire un truc pour toi. Déjà on peut poster une annonce sur « Wanted Community Bordeaux ». Tu connais Wanted ?

— Non.

— On va t'aider à rédiger un message. On s'occupera de supprimer les commentaires désagréables, s'il y en a. Mais ce sera à toi de répondre aux gens qui vont te contacter pour te proposer leur aide.

— OK.

— C'est primordial. C'est en discutant avec les gens, en montrant que tu es impliqué, que tu donneras l'envie à quelqu'un de venir t'aider.

Wanted n'est pas une baguette magique. La personne qui demande de l'aide doit être actrice de la solution qu'elle cherche. Comme tous les membres, elle doit interagir avec la communauté, répondre aux messages. Jeter une bouteille à la mer sur Wanted n'aura aucun impact si la personne se croise les bras en attendant un miracle.

— Le mieux, c'est de mettre une photo de toi. L'impact sera plus fort. Bien sûr, tu n'es pas obligé. Est-ce que tu veux prendre une photo ?

Pour les gens qui ont tout perdu, la honte est souvent le sentiment qui chapeaute tous les autres. C'est la raison pour laquelle on n'insiste jamais pour qu'une personne s'expose.

— OK.

— Tu es sûr de toi ?

— Bah oui, les gars. Je suis à la rue. Je risque quoi ?

— Ça marche. De toute façon si le message ne te plaît pas, tu peux le supprimer quand tu veux.

Deux jours plus tard, j'ai rendez-vous au café avec des journalistes de France 3 et M6. Je trouve Fabrice accoudé au comptoir avec une bière à la main. Je suis un peu surpris. Théoriquement, on ne sert pas d'alcool aux sans-abri. Sauf lorsque l'on organise un repas de fête. Je fais discrètement la remarque à Luc.

— Il n'a pas le droit…

— Ah si ! Aujourd'hui, il a le droit ! Il vient de choper un job grâce à son post sur Wanted ! Et il a même trouvé une piaule pour quelques jours !

En entendant cela, les deux journalistes se tournent vers moi avec des yeux friands. Le reportage qu'ils vont pouvoir faire avec les images de Fabrice au café, Fabrice qui mange son premier repas, Fabrice qui pose son barda dans sa chambre, c'est du pain bénit. Sauf que nous allons refuser toute prise d'image avec Fabrice. Hors de question que l'on affiche son statut de rescapé de la rue sur un média national alors qu'il vient tout juste de trouver une solution à ses problèmes. La visibilité ne doit servir qu'à générer une vague de soutien. Et cette vague, pour le moment, Fabrice n'en a plus besoin. Le *Wanted Café* n'est pas fait pour montrer la misère humaine.

Apparemment, notre système fonctionne. Nous commençons même à envisager de nouveaux horizons : un *Wanted Café* dans chaque ville où est implantée notre communauté. De nouveaux lieux de rencontres *in real life*, de nouveaux laboratoires d'expérimentations sociales. Nous réfléchissons même à développer une franchise de cafés solidaires. Pour cela, il faudrait trouver un modèle adapté à nos besoins. Nous prenons rendez-vous avec un spécialiste du sujet pour en savoir un peu plus. Mais nous marchons sur des œufs. Les 2 %

du chiffre d'affaires reversés à des associations, ça ne fait pas très business.

— Nous sommes une communauté de plus d'un million de personnes implantées dans plus de 80 villes. Nous sommes déjà une marque. Notre modèle est solide.

Toujours commencer par balancer du rêve.

— En fait, il n'y a qu'une seule contrainte. C'est qu'on reverse 2 % de nos recettes à des associations.

Le type se gratte le haut du front en contemplant le plafond décrépi de nos bureaux, redresse ses lunettes et plante à nouveau son regard de requin dans le mien.

— Mais attendez, les gars. Si j'ai bien compris le concept, toute votre communication découle des actions de solidarité que vous soutenez.

— Oui, c'est exactement ça. C'est ce qui nous permet de mettre en avant les valeurs du café.

— Et comment avez-vous décidé du chiffre de 2 % ?

— Euh… À vrai dire, on n'y a pas trop réfléchi.

Et merde, on ne l'avait pas préparée, celle-là. J'ai l'impression d'être devant un prof de maths qui me demande de lui expliquer comment je suis parvenu à ce résultat, sans savoir d'ailleurs si le résultat est bon ou mauvais.

— Mais vous savez que 2 %, c'est exactement ce que paie un franchisé en publicité ?

— Ah bon…

— Avec votre modèle, vous reversez cet argent à des associations pour réaliser des actions solidaires et, par ricochets, vous récoltez les bienfaits de cette communication positive.

— Bah ouais… C'est un peu ça…

— Putain, mais il est dingue votre système, les gars !

Renaud
30 novembre 2018

Salut la communauté ! J'ai pu constater que le groupe faisait des miracles alors voilà J'essaye à mon tour 🙂 , bon voilà je suis à la recherche de ma petite soeur que je n'ai pas vue depuis mes 5 ans suite au divorce de mes parents seulement voilà plus de 20 ans se sont écoulé depuis et malgré toutes mes tentatives je n ai jamais réussi à la retrouver donc voilà je m'attend pas spécialement à un miracle mais bon faut essayer pour savoir .🙂
Tout se que je sais sur elle c est qu'elle est née à Dreux en Eure et Loir le 7 Janvier 1996 et son nom qui est Gwenaël Lenaïc Bernard. Voilà voilà je vous remercie d avance la populasse et prenez soin de vous

Mp no soucis 😁🙏 merci les amis

189 171 commentaires

- 23 -

Vous vous demandez ce que l'on fait avec un million de dollars ? Nous aussi. Et il va falloir que l'on trouve une réponse sérieuse parce que le programme de bourses de Facebook n'est pas un chèque en blanc. L'argent ne nous sera versé que lorsque nous aurons présenté un projet qui tient la route. Heureusement, nous savons déjà ce que l'on souhaite réaliser à moyen terme : développer notre communauté et ouvrir des cafés solidaires dans de nouvelles villes.

Par ailleurs, nous avons un rêve un peu fou, inspiré par les personnes en difficulté que nous accueillons tous les jours au *Wanted Café* et qui nous donnent à voir un monde où tout devient compliqué et apeurant. Ces femmes et ces hommes qui livrent quotidiennement bataille pour rester en vie dans un réel qui ne veut plus d'eux ressemblent à des soldats courant sous les balles sans répit, sans zone de repli et sans perspective d'armistice. Manger, dormir, se laver, se soigner, se protéger ou faire ses besoins, toutes ces actions que nous accomplissons chaque jour sans réfléchir, comme s'il s'agissait de respirer ou de marcher, leur demandent à eux une hypervigilance et un niveau de logistique inimaginable. Pourtant, la source de tous leurs problèmes, ou du moins celui duquel découlent tous les autres, est largement connue. Le logement. Sans logement, on ne dort que d'un œil ; sans logement, on ne se lave qu'à l'occasion ; sans logement, on connaît toutes les toilettes publiques de la ville. Sans logement, pas d'adresse. Sans adresse, pas de courrier. Sans logement, impossible de remplir le moindre document administratif, impossible de renouveler ses papiers d'identité ou de Sécurité sociale, impossible de signer un contrat de travail. Sans logement, non seulement vous risquez de mourir de froid, mais en plus vous perdez tous les acquis de la vie en société. Sans logement, on retourne à l'âge de la pierre. S'attaquer au problème du logement, c'est donc s'attaquer à la mère de toutes les misères. Et nous songeons à créer une structure, un lieu pour servir ce combat. Seulement, là encore, nous en discutons tous les trois sans la moindre connaissance. Quel type d'hébergement ? Quelle surface ? Quelle durée ? Pour quel type de population ? Pour y voir plus clair, nous devons entrer en contact avec ceux dont c'est le métier.

Nous commençons, Jérémie et moi, par le CADA (Centre d'accueil des demandeurs d'asile) du Diaconat de Bordeaux, qui regroupe 130 places d'hébergement réparties sur toute l'agglomération. Le Diaconat est une association d'entraide protestante fondée en 1805. Tarik Bellefqih, salarié de l'association et coordinateur du couloir humanitaire de la Fédération de l'entraide protestante, nous fait visiter le bâtiment des Capucins, dans lequel sont logés une vingtaine d'hommes. Soudanais, Afghans, Albanais, Syriens, Érythréens et Pakistanais cohabitent dans ce bâtiment. Une grande colocation où chacun dispose d'une chambre individuelle avec cuisine et salon collectifs. Intoxiqué par les images de misère que l'on nous sert à longueur de journée dans les médias, je m'étonne de la propreté des lieux.

— Si on accueille les gens dans de bonnes conditions,

ça se passe très bien, me répond Tarik. C'est comme dans n'importe quelle colocation. Il y a des gens plus respectueux que d'autres. Il faut juste fixer les règles.

— Est-ce qu'il y a des problèmes de sécurité ?

— Nous avons des caméras de surveillance. Mais encore une fois, il n'y a pas plus de problèmes que dans une colocation d'étudiants.

Je repense en me marrant à mon année de coloc en Belgique. Si les « problèmes » dont parle Tarik ressemblent à ce que j'ai vu à Louvain-la-Neuve, il y a moyen de rigoler !

— Le plus important, c'est de veiller à la mixité des nationalités pour qu'il y ait toujours un bon équilibre culturel.

Les réfugiés accueillis ici reçoivent des cours de français, une assistance juridique avec des avocats, des bénévoles leur proposent des ateliers cuisine, théâtre, etc. L'ambiance est détendue. Des éclats de rire montent du salon où un groupe de jeunes hommes jouent à la PlayStation. Quelques minutes plus tard, l'un d'eux, soudanais, nous raconte comment il a été vendu et torturé en Libye. Le décalage entre leurs rires et le récit des horreurs qu'ils ont dû affronter me provoque un violent vertige. D'où viennent-ils exactement ? Je l'ignore mais visiblement d'un monde où le pire est toujours possible et la bienveillance une denrée très rare. Un monde dans lequel, à leur place, je ne survivrais certainement pas plus d'une heure. Mais pourquoi ces hommes pour qui nous devrions nourrir une admiration sans bornes sont-ils totalement invisibles ? Je comprends qu'ils vivent à moins de 50 mètres de notre café. Nous nous croisons peut-être tous les jours. Et pourtant, ici aussi, un océan nous sépare. J'ai envie de connaître leurs histoires, leur passé, leur présent, découvrir leurs besoins et leurs ambitions. Ces types étaient peut-être médecin, flic, avocat, prof de maths, charpentier, facteur ou géographe. Pourquoi sont-ils partis ? Qui ont-ils laissé derrière eux ? Comment ont-ils traversé les déserts et les mers ? Et par quel miracle ont-ils atterri à Bordeaux ? Et surtout, de quel club de foot sont-ils supporteurs ?! Si ça se trouve, nous avons la même passion pour le ballon rond ! En rentrant du CADA, Jérémie est du même avis que moi. C'est exactement la population à qui nous avons envie de tendre la main.

— Je pense qu'il faudrait garder le concept du café, me dit Jérémie.

— C'est-à-dire ?

— Un lieu économiquement viable, dont le fonds de roulement ne dépend pas de subventions privées ou publiques.

— Je suis d'accord avec toi. L'idée que l'on se fait du monde associatif, peut-être à tort, c'est justement un fonctionnement très dépendant des subventions. Mais on doit pouvoir faire autrement.

— On a quand même besoin de subventions pour la création du lieu.

— Oui. Mais pas pour son fonctionnement.

— Comme au *Wanted Café*, il faut attirer les gens qui ont le pouvoir d'achat nécessaire pour financer le reste.

— Tu crois que ça existe, un lieu d'hébergement sur ce modèle-là ?

Le *Study Hôtel*, à Lormont, inauguré en mai 2015 affiche une note de 7,9/10 sur Booking. Sur le site, on découvre la description suivante : « *Situé à seulement*

20 minutes de Bordeaux en tramway, Study Hôtel *vous propose des studios climatisés et entièrement équipés. Dans chaque studio, une télévision à écran plat, une kitchenette équipée d'un réfrigérateur et d'un micro-ondes, une salle de bain privative ainsi que d'une connexion Internet individuelle. L'hôtel est à 15 kilomètres de l'aéroport et à seulement 7 kilomètres du Nouveau Stade Matmut Atlantique.* Study Hôtel *est au pied du tram qui dessert directement le centre-ville de Bordeaux. Un parking privé et sécurisé situé en sous-sol est également disponible.* »

Ce que ne précise pas ce descriptif, c'est qu'il s'agit d'une RHVS. Une résidence hôtelière à vocation sociale. Pendant la période scolaire de septembre à juin, 70 % des chambres sont louées à des étudiants précaires, des prisonniers en réinsertion ou des travailleurs pauvres pour environ 20 euros la nuit. Les 30 % restants sont réservés pour des clients ordinaires avec un tarif autour de 40 euros la nuit. L'été, le pourcentage s'inverse. Ce dispositif développé dans le cadre de la loi du 5 mars 2007 instituant le droit au logement opposable ressemble sur le papier à ce que nous voudrions faire. Invités encore une fois par le Diaconat de Bordeaux, nous partons à la découverte de ce lieu.

La directrice – une petite nana de 25 ans avec une coupe afro spectaculaire et un rire à dérider une communauté amish – nous fait la visite. Des chambres impeccables, une terrasse sur le toit avec une vue imprenable sur toute la ville, nous sommes à des années-lumière de ce que je m'attendais à voir. Et le plus intéressant, c'est que leurs comptes sont à l'équilibre.

— Et vous avez un service de sécurité ? demande Jérémie.

— Non, pourquoi ? On a juste des réceptionnistes formés à l'écoute…

— Bah, c'est une population un peu atypique quand même !

— Non mais, les gars, on est un hôtel. Bon, je ne vous cache pas que je suis sept jours sur sept sur le pont. Je vois même plus mes potes. Mais mon but, tous les étés, c'est de remplir au maximum les chambres pour les touristes. C'est ce qui garantit mes places pour les personnes aidées, le restant de l'année.

Ce que je trouve génial dans ce concept, c'est que rien ne laisse entrevoir qu'il s'agit d'un hôtel solidaire. Ni sur Booking, ni sur place. Et ils font le plein quasiment toute l'année. Mais il y a quand même un truc qui m'échappe.

— Pourquoi vous ne précisez pas sur Booking que c'est un hôtel solidaire ?

— Parce que ça peut faire peur à ceux qui ne connaissent pas.

— Et ils disent quoi, les clients, quand ils s'en aperçoivent ?

— On leur explique le fonctionnement et ils trouvent ça super de séjourner dans un lieu agréable, bien tenu, qui en plus leur permet d'avoir un impact social positif pendant leurs vacances.

Pour faire simple, cet hôtel nous prouve que le concept de solidarité appliqué au logement existe déjà. C'est donc possible ! Et nos aspirations grandissent au fil de nos discussions. Désormais nous rêvons de créer un véritable lieu de vie avec, en plus de l'hébergement, des ateliers de formation, des artisans, des commerçants, des restaurants, des bars… Bref, un espace de vie total où toutes les classes sociales se mélangent, et toutes les conditions favorables à la réinsertion sont rassemblées pour tirer les personnes en difficulté vers le haut. Est-ce que ce modèle existe déjà ? Le complexe des Grands Voisins dans le 14e arrondissement de Paris en est un bon exemple : 3,4 hectares au sol, 52 000 mètres carrés d'espaces couverts, 250 entreprises et associations, 500 salariés et 600 personnes hébergées en deux ans. Ces chiffres nous donnent le tournis. Pour réaliser cette prouesse, les coordinateurs du projet (Aurore, Yes We Camp et Plateau Urbain) ont pris possession de l'ancien hôpital Saint-Vincent-de-Paul. C'est donc ça le secret : l'espace !

Comme Les Grands Voisins, il nous faudrait un lieu très vaste, plusieurs milliers de mètres carrés. Ce n'est pas un trois-pièces cuisine, mais ça doit se trouver. Ne nous fixons pas de limites. L'année où Facebook nous lâche des ronds, il faut voir les choses en grand. Et puis nous représentons un habitant sur six dans l'agglomération bordelaise. Nous avons du poids.

Afin de pousser notre réflexion et de voir si ce projet est envisageable, nous commençons par faire croire à tous les agents immobiliers que l'on est pétés d'oseille et ils nous organisent des visites sur des friches à 7, 10 ou 12 millions d'euros. La scène nous fait marrer à chaque fois. À deux sur le petit scooter 50 cm^3 de Jérémie, nous traversons la ville sous la bruine bordelaise en priant pour que cette saleté de bécane ne nous plante pas en chemin. Nous débarquons, trempés jusqu'aux os, je retire mon casque. Une antiquité retrouvée par hasard dans les débris du café, fendue sur le haut, avec des petits autocollants partout. Systématiquement, les agents commencent par étudier notre look de préados sous toutes ses coutures, puis ils nous invitent du bout des lèvres à passer à l'intérieur. Nous, on joue les Américains. On ne parle même pas du prix. À quoi bon ? De toute façon, on n'a aucune notion des prix. Et puis, surtout, l'argent on ne l'a pas. Notre seule force, c'est que l'on est persuadés que l'on arrivera à lever les fonds nécessaires le jour dit. Sur le retour, on se met des claques sur le casque comme des joueurs de football américain. *Si un jour on y arrive, on se souviendra de cette scène et de ce scooter tout pourri qu'on met toujours dix bonnes minutes à démarrer.*

En faisant courir le bruit que nous cherchons un lieu aux dimensions colossales, notre petite aventure parvient jusqu'aux oreilles des élus et des services de la ville. Et l'on nous accorde un rendez-vous, l'occasion d'exposer notre projet pour la première fois aux pouvoirs publics. Sur un coin de table au café, Jérémie entame la conversation, explique notre projet, la philosophie de Wanted.

— Nous avons créé un café solidaire en face du marché des Capucins. Cela nous a permis de tisser un maillage très efficace avec les associations bordelaises. Des partenariats à travers lesquels nous sommes régulièrement confrontés aux situations d'extrême précarité à Bordeaux. Et nous avons pris conscience que même si notre café permet de tendre la main à quelques personnes tous les jours, ce n'est pas suffisant. Nous aimerions aller plus loin. Offrir de la nourriture, c'est important, mais nous souhaiterions créer un endroit avec de l'hébergement, un accompagnement vers l'emploi, de la formation, un travail de réinsertion dans la société via des activités culinaires, culturelles, sportives. Nous voudrions en outre que ce lieu soit socialement inclusif, avec une mixité de population totale. Comme dans notre café, nous voudrions que ce lieu fonctionne économiquement. Nous cherchons donc un site de plusieurs milliers de mètres carrés, dans lequel nous comptons accueillir un marché couvert, un bar, des chambres d'hôtel, une salle de concert, des ateliers d'artisans (boucher, boulanger, pâtissier…), des bureaux de *coworking*, une salle d'exposition, un potager solidaire. Nous voudrions aussi pouvoir accueillir des animaux parce que pour se reconstruire, pour prendre soin de soi-même, il vaut mieux commencer par prendre soin d'un animal. Et puis, enfin, nous voudrions que ce lieu soit autosuffisant en énergie, écoresponsable, avec des panneaux photovoltaïques, assainissement des eaux usées, recyclage des déchets organiques pour le potager…

— En gros, vous voulez créer une ville.

— Euh… plutôt un village. Mais pas refermé sur lui-même comme celui d'Astérix. Un village ouvert !

Le déroulé de nos ambitions est vertigineux. Forcément, on ne s'interdit rien. Pourtant cet élu nous écoute sans sourciller. Nous venons d'entrer dans la sphère des politiques municipales, et apparemment dans ce monde-là le gigantisme n'est pas un problème.

— Vous savez que Bordeaux est une des villes les plus attractives de France. Il y a énormément de promoteurs qui cherchent à investir dans la métropole.

— Oui.

— Je dois quand même reconnaître que votre projet est intéressant.

Le rythme ralentit, la conversation marque le pas. Arrive le ronron des phrases sans conséquence, et j'entrevois déjà les allers-retours, les petits messages, les e-mails et les *reply*, la danse berçante autour du pot pendant des mois. Je bous intérieurement. Hors de question que l'on sorte de ce rendez-vous sans une réponse claire !

— Écoutez, c'est assez simple, il faut juste nous dire si vous avez quelque chose pour nous. Sinon on retourne travailler avec les agences immobilières.

Mercedes
3 h

Tellement fière d’avoir retrouvé mon frère hâte de rattraper le temps perdu après 22 ans d’absence!. ? ❤️

7 personnes — 2 commentaires

Renaud
30 novembre 2018

UN GRAND MERCI À TOUS !!! Je l'ai enfin retrouvé actuellement on échange sur messenger
je vous remercie encore mille fois pour votre soutien et vos conseils je confirme ce groupe est vraiment magique 🙏🙏🙏 😁😁 désolé de pas répondre avant mais je suis surexcité et légèrement effrayé 😅

👍❤️😮 210 — 26 réponses

Jul C

Waouh le miracle Wanted a encore frappé 😊😊😊
Trop content pour vous 😊

👍 4 — 26 réponses

- 24 -

Le lieu le plus étonnant que nous visitons lors de nos recherches est un bâtiment mythique de Bordeaux. Un monstre de 42000 mètres carrés de béton et d'acier construit entre 1941 et 1943 par l'armée allemande sur une berge des Bassins à flot: la base sous-marine. Avant de nous rendre sur place, nous jetons un coup d'œil à la fiche Wikipédia de ce site. Le descriptif de la construction n'est déjà pas très excitant.

« Le bâtiment est constitué d'un bloc de béton armé de 245 mètres de long sur 162 mètres de large et 20 mètres de haut. Une tour bunker de 48 × 73 mètres lui est adjointe. Il abrite 11 alvéoles de 100 à 115 mètres de long, 7 de celles-ci pouvant accueillir un sous-marin et 4 pouvant en accueillir 2.

L'ensemble était couvert par un premier toit en béton armé de 3,5 mètres d'épaisseur. Il fut recouvert par une seconde dalle de 2,10 mètres d'épaisseur. À partir de 1943, avec la portée accrue des bombardiers alliés délivrant des bombes plus puissantes, les Allemands décidèrent de renforcer le toit en posant au-dessus une structure dite Fangrost. Il s'agit d'un ensemble de poutres en béton de 32 tonnes placées parallèlement, espacées de 5 à 6 mètres et recouvertes d'autres poutres plus petites placées perpendiculairement aux premières.

600 000 mètres cubes de béton furent nécessaires pour la construction. L'organisation Todt [groupe de génie civil et militaire du IIIe Reich] employa plusieurs milliers d'ouvriers. Certains servaient volontairement, la plupart étant prisonniers de guerre ou requis dont plus de 3 000 républicains espagnols, [...] mais également des Français, des Italiens, des Belges et des Néerlandais. »

La lecture du paragraphe sur la vie de ce bâtiment militaire pendant la Seconde Guerre mondiale nous achève. Son héritage historique est tout simplement glaçant.

« Le 17 mai 1943 vit un raid aérien américain d'importance. Une information de la Résistance avait indiqué aux Alliés une forte concentration de sous-marins. Le bombardement imprécis, effectué à l'altitude trop élevée de 22 000 pieds, affecta peu la [base : une porte] détruite et 5 sous-marins échoués. [Mais l]es dégâts civils furent importants, plus de 200 immeubles touchés, 184 Bordelais tués et 249 blessés. »

Pourtant, cet édifice nous attire plus que les autres. Un lieu de guerre que l'on transformerait en lieu de vie, cette symbolique présente un défi formidablement exaltant. Et puis ce gros bloc de béton, nous le connaissons bien puisque sur la berge opposée se trouve l'*Iboat*, un vieux ferry transformé en club techno que nous avons beaucoup fréquenté ces dernières années. Avant de nous rendre sur place, nous prenons rendez-vous avec notre copain Jérôme Gutierrez, alias Gut. Il est architecte à 4A, une des agences les plus prestigieuses du Sud-Ouest, qui a réalisé, entre autres, la restructuration de l'actuel

Grand Hôtel de Bordeaux & Spa, petit bijou d'architecture XVIIIe juste en face du Grand Théâtre. Une fois de plus, nous n'avons ni l'argent, ni le lieu, ni même les connaissances pour réaliser un tel projet. Mais nous sommes rodés à l'exercice qui consiste à faire rêver les gens. Nous dégageons une énergie et des convictions communicatives, en vingt minutes à peine nous embarquons systématiquement toutes les bonnes volontés.

— OK, les gars ! C'est parti ! On vous suit ! nous lance Michel Pétuaud-Létang, le président fondateur de 4A.

La silhouette de la base sous-marine est visible à plusieurs centaines de mètres. Toujours à bord du scooter de Jérémie, je prends conscience avec amusement que nous n'avons pas souvent contemplé cette bâtisse de jour. Nos amis architectes sont là. Les représentants de la ville également, curieux de nous voir exposer notre projet, à titre informel, au milieu de ce monstre en béton. C'est encore plus massif que dans mon souvenir. Imaginez un bunker de 20 mètres de haut, aussi imposant que le Parc des Princes, ouvert à tous les vents. Des grues toutes déglinguées, des carcasses de bateaux rouillées, et des inscriptions en allemand un peu partout, le décor est digne d'une dystopie post-apocalyptique. Sur les 11 alvéoles que compte le site, la mairie en utilise 3 comme espaces de stockage logistique et 4 ont déjà été attribuées pour des événements culturels. Les 4 dernières sont encore inexploitées. Une surface aménageable d'environ un hectare. Nous montons par un escalier sur le toit du bâtiment. Une vue spectaculaire sur toute la ville. Nous visualisons déjà le potager, les guinguettes et le *rooftop*. En redescendant, nous longeons les murs afin d'éviter une voie d'eau qui coule en cascade à l'intérieur du bâtiment.

— Bah voilà, on n'a même pas besoin d'installer la douche, s'esclaffe Jérémie.

— Est-ce qu'il y a déjà eu une estimation pour refaire le toit ? demandent les deux architectes.

— On doit être autour de 5 millions d'euros, répond le fonctionnaire.

Gut me jette un regard inquiet, l'air de dire « là, mon pote, on n'est pas rendus ! » Jérémie me lâche un grand sourire. Les enjeux sont énormes ? Et alors ! On ira les chercher, les 5 millions ! Et même 15, 20, 30 ! Nous avons choisi le camp des artistes, des créatifs, pas celui des pisse-tiède. Ce n'est plus le moment de reculer. À la fin de la visite, nous remercions les deux agents de la mairie. Ils nous précisent qu'il y aura soit un appel d'offres, soit un appel à manifestation d'intérêt, probablement fin 2019 ou début 2020.

— Et on peut postuler ?

— Comme tout porteur de projet, lorsque ce sera public, vous pourrez déposer votre dossier.

En regagnant nos pénates, Gut propose de nous montrer un premier croquis de la base sur lequel il a commencé à plancher.

— J'ai dessiné quelques idées en fonction de ce que vous m'avez dit. Et voilà ce que je vous propose. Nous pourrions recycler des conteneurs, empilés sur 2 étages sur toute la longueur des alvéoles. Au rez-de-chaussée, il y aurait des commerces, et les étages seraient aménagés avec salles de bain et kitchenettes pour faire de l'hébergement transitoire. Là, il y aurait une salle de concert. Ici, un marché couvert avec des petits stands pour manger, un peu comme le marché des Enfants-Rouges à Paris. Dans ce coin-là, j'ai mis les salles pour les ateliers de formation. Et j'ai pensé qu'on pouvait garder un espace d'exposition et de création pour des collectifs d'artistes. Sur le toit, des chambres d'hôtel et de l'hébergement avec la vue sur tout Bordeaux, le potager, les ruches, deux ou trois guinguettes pour boire un coup. Au bout de chaque alvéole, il y aurait un espace vert sur pilotis au milieu de l'eau. Et je voudrais mettre aussi un grand bateau dans la dernière alvéole. Ça fera un lien avec le port et ça pourrait servir de chantier de réinsertion pour réparer les bateaux. Qu'est-ce que vous en pensez ?

— C'est pas mal pour un premier jet. De toute façon ça va bouger mille fois.

— Et il y aurait combien de places d'hébergement dans ce projet ?

— À vue de nez, je pense qu'on doit pouvoir vous faire 25 logements.

— 25 places d'hébergement ?

— Oui, environ.

— Ah mais, Gut, on n'y est pas du tout là. Pour nous, ce projet, c'est avant tout un centre de réinsertion sociale. Il nous faudrait au moins 100 places. Au-dessous de 100, ce serait ridicule au regard de la montagne d'argent que l'on va devoir lever.

— OK, les gars. Il faut regarder ça. Il y a du boulot. Là, on monte pas un kebab à Bobigny !

Sur le chemin du retour, alors qu'il est en train de conduire, je secoue Jérémie dans tous les sens en lui collant des tartes sur le casque. Nous sommes arrivés exactement au moment le plus enivrant de l'aventure. Cet instant où tu n'as pas encore échoué, ni réussi. Tu regardes tes potes, ceux avec qui tu as tout traversé, tout ressenti, tout partagé, les rêves débiles, les idées de merde, les engueulades, les temps amers, et puis d'un seul coup ça y est, tout devient possible. Nous sommes l'équipe de France qui chante «La Marseillaise» juste avant la finale contre le Brésil. L'accomplissement personnel dans la réussite collective. Cette sensation-là vaut tous les salaires de la terre, toutes les drogues du monde. Je ne connais rien de meilleur. Et je veux que ça dure toute la vie. Seulement, le chemin est encore long. Le match n'est pas encore joué, et nous allons peut-être le perdre. Nous poursuivons donc notre apprentissage auprès des structures existantes d'aide aux plus démunis. Troisième étape de notre immersion après le CADA et le *Study Hôtel*: le centre Trégey. Un des centres d'accueil d'urgence vers lesquels sont envoyés les SDF qui contactent le 115. Et cette fois-ci, nous allons prendre la claque qui nous manquait.

Le bâtiment sur deux niveaux tout en longueur est situé au milieu du quartier de la Bastide, sur la rive droite de la Garonne. 67 places d'hébergement disponibles pour des durées de quinze jours renouvelables une fois. Le directeur nous propose de passer l'après-midi sur les lieux et de participer au service du soir avec les travailleurs sociaux. Pour la première fois, nous plongeons dans le quotidien de ces professionnels qui consacrent leur vie à la survie des plus défavorisés. À nos yeux, ces gens-là sont les véritables héros du monde moderne, et c'est avec cet a priori d'admiration que nous faisons leur connaissance. Hélas, notre look parle avant nous. Baskets, jean retroussé et tee-shirt de la dernière collection Uniqlo. Plus bobo que ça, tu meurs. J'ai l'impression de voir dans leurs yeux tout l'agacement de ceux qui reçoivent les petits-bourgeois en quête de frisson chez les pauvres. Peut-être que j'interprète mal. Mais c'est exactement ce que je ressentirais à leur place.

Dans le regard implacable de Romuald, une armoire à glace qui tutoie les 2 mètres, il y a des années d'expérience au contact des plus miséreux.

— Faut pas qu'on dérape ! me dit Jérémie avec un petit sourire en coin.

Il a raison de blaguer, il faut se détendre. Nous sommes des pieds nickelés, inutile de faire semblant, nous sommes là pour apprendre. Les sachants, ce soir, ce sont les travailleurs sociaux et les gens que nous allons servir. Les ignorants, les plus faibles, c'est nous. Et il n'y a aucun bouquin de management pour gérer ce genre de situation. C'est Sofia qui va nous faire la leçon – 25 ans à tout casser, la main sûre, le geste ferme. Très directive, extrêmement précise, jamais un angle mort, jamais un mot de trop, elle gère son réfectoire comme un chef d'orchestre.

Dans la salle, le junkie côtoie la mamie, le taulard engueule les clochards, et quelques réfugiés tentent de s'y retrouver. Nous entrons avec Jérémie en poussant le chariot de nourriture. La consigne de Sofia est claire : l'un sert à droite, l'autre à gauche, et c'est une louche par personne, pas plus. J'ai la tremblote. La première assiette, je tombe à côté. Les petits pois carottes roulent sous la table. Je demande pardon. Je passe aux suivants. Tout le monde se marre. Je me fais doser. Et ça commence à râler au bout de la rangée.

— Alors, ça vient ? On a faim !

Je cours servir les révoltés. À leur tour, ceux que je viens de lâcher se mettent à gueuler.

— J'en veux plus que ça ! me lance un grand costaud en jogging, claquettes, marcel blanc et pas tout à fait trente-deux dents.

— Moi, je veux que des carottes, me dit Marilyn, petit bout de femme avec une voix à peine audible, emmitouflée dans son tricot.

À trier les petits pois des carottes au milieu du fatras, j'ai le sentiment de bien faire. Marilyn n'aime pas les petits pois. Et alors… Les autres peuvent bien attendre deux minutes. Sofia arrive. D'abord souriante, voire moqueuse, elle observe notre bizutage quelques instants, avant de nous remettre sur les rails.

— Maintenant, vous allez servir les tables de droite. Quand ce sera fini, vous passerez à celles de gauche. Et vous respectez les rations ! nous ordonne-t-elle.

Puis, d'une voix claire et puissante, elle s'adresse aux fortes têtes :

— Et vous les gars, maintenant vous arrêtez de profiter des petits nouveaux !

Avec Jérémie, on se donne à 200 %. Service, cuisson, vaisselle. On court dans tous les sens. Hors de question que l'on nous prenne pour des branleurs. Je me brûle les paluches en sortant le gratin du four. Sofia me chambre. Des pieds nickelés, OK, mais des branleurs, jamais ! Je suis dix fois plus concentré que lors de mon premier jour chez Iwaï.

Et puis « juste un petit rab de viande », me demande Marilyn.

— J'ai besoin de force. Je n'ai pas mangé de la journée.

Voilà, c'était sympa, on a bien rigolé avec les petits pois. Mais maintenant on est dans le dur. Marilyn, elle a la dalle. Je vais demander l'avis de Sofia. Et ce sera «non». Soudain, je touche du doigt toute la violence de ce métier. Le travailleur social est obligé de dire non des dizaines de fois par jour. Tout simplement parce que le oui coûte trop cher. Marilyn aura son rab de viande. Mais à la fin du repas, quand toutes les assiettes auront été servies. Trouver chaque jour le plus petit dénominateur de faim chez les miséreux, voilà à quoi ressemble l'aide aux plus démunis aujourd'hui en France. Je suis à la fois écœuré par ce constat et fasciné par le courage de ces professionnels. Je serais incapable d'encaisser cette réalité.

Heureusement que leur métier ne se résume pas à cela. Romuald débarque en cuisine :

— Il faut que je monte à l'étage. Il y en a un qui a étendu son linge mouillé au-dessus du lit de son voisin. En guise de représailles, l'autre menace de pisser sur son plumard.

Je regarde mon binôme.

— Tu entends ça, Jérém' ? C'est pas con. Imagine si pour régler tous nos problèmes dans la vie on pouvait pisser sur les choses qui nous déplaisent.

Fou rire général. Le grand Romuald se déride.

— Arrêtez, les gars ! Mais que vous êtes cons !

Alors que nous entamons le nettoyage de la salle, un grand gaillard aux mâchoires serrées s'approche de moi.

— Tu peux m'ouvrir le portail ? me demande-t-il.

Je vais demander à Sofia.

— C'est pas l'heure. Il va attendre, me répond-elle.

En transmettant l'information, tout penaud, je prends mon premier bouillon. Le type cherche à m'intimider, pour me faire céder.

— Ah ouais, mais là il faut que je sorte ! J'ai des trucs à faire moi !

J'essaie de rester droit dans mes bottes, mais je n'en mène pas large. Je retourne voir Sofia.

— C'est pas lui qui décide ! tranche-t-elle. Attends-moi là, je vais lui parler.

Du fond de la salle, j'observe la scène. Droite comme un I, le regard planté dans les yeux vitreux de cet homme qui me ferait changer de trottoir, elle résume calmement mais avec fermeté les règles du centre. Le type tourne les talons en maugréant dans sa barbe. Quelques secondes plus tard, de retour en cuisine, la petite Sofia a changé de visage. Avec un grand sourire, elle taquine un autre bénéficiaire qui jette ses restes dans la poubelle. Le type rigole et lui offre un clin d'œil. Je lui fais remarquer qu'elle a la cote.

— Moi aussi, je les aime bien, me répond-elle. Ils sont tellement isolés qu'ils ont perdu le sens de la vie en groupe. C'est pour ça qu'il faut être directive. Mais il y en a que je côtoie ici depuis des années. Et forcément, tu finis par t'attacher. Ça me fait toujours mal au cœur de les voir repartir au bout de quinze jours.

Lorsque tout s'achève, que le calme revient dans la salle, nous nous installons à table pour dîner avec l'équipe. La même nourriture que nous servions aux bénéficiaires quelques instants auparavant, évidemment. Nous leur parlons de notre projet de centre d'hébergement et de réinsertion. Je suis soulagé de constater que tous nos interlocuteurs connaissent Wanted et nous écoutent avec bienveillance. L'idée leur paraît séduisante, néanmoins ils pointent quelques obstacles auxquels nous n'avions pas pensé.

— Nous voudrions proposer des programmes de réinsertion sur douze mois. Le temps pour les bénéficiaires de reprendre contact avec la vie en société, apprendre un nouveau métier et engranger une première expérience professionnelle au sein du centre. Ce que l'on veut, c'est un lieu sur lequel ils pourront tout faire et tout réapprendre : échanger, s'amuser, se cultiver, travailler et dormir.

— Attention, les gars, un an, ça passe très vite, nous prévient Sofia. Faire dormir un SDF au même endroit pendant un an, c'est déjà un challenge en soi. Certains vont mettre six mois à s'habituer. La réinsertion, ça peut prendre un an et demi, deux ans selon les personnes. Voire beaucoup plus.

— Et puis un lieu sur lequel ils vont pouvoir tout faire, ajoute Romuald, ça ne crée pas les conditions favorables à leur autonomisation. Il faut que les gars apprennent à se rendre à un rendez-vous extérieur, prévoir le temps de trajet, prendre un tramway. Si vous faites un centre duquel ils n'ont plus besoin de sortir, vous risquez de générer de nouveaux problèmes.

Jérémie et moi sommes partagés entre deux modèles. Le modèle libertaire, à l'image de l'association « Un chez-soi d'abord », qui met à disposition des logements pour les plus démunis avec une liberté totale, en partant du principe qu'un cadre trop rigide est contre-productif avec ces personnes éprises de liberté. L'autre modèle est celui que l'on pourrait qualifier d'« encadré », avec des heures d'entrée et de sortie, des activités, des horaires précis, etc. Ce modèle part du principe que les bénéficiaires ont, au contraire, besoin d'un cadre pour se structurer et réapprendre les règles élémentaires de la vie en société. Créer une structure sociale qui convienne à tout le monde est impossible. Mais pour le moment, nous nous inspirons des deux courants, sans savoir s'il existe un juste milieu.

Soudain, la conversation est interrompue par la sonnette. À la porte, un couple qui cherche un hébergement pour la nuit. Le problème, c'est que le 115 n'avait qu'une seule place à leur proposer.

— On ne peut pas prendre les deux, on n'a pas de lit, se désole Sofia.

Madame dormira au chaud, mais monsieur va devoir passer une nouvelle nuit dehors.

En quittant le centre Trégey ce soir-là, j'ai le cœur lourd mais les idées claires. Nous ne sommes pas des travailleurs sociaux. Et nous allons avoir besoin d'eux pour atteindre l'objectif que nous nous sommes fixé. Par ailleurs, le mélange de populations que nous accueillerons devra être savamment étudié. Les gens que nous avons rencontrés aujourd'hui ont atteint un niveau de désocialisation très élevé. Ceux-là ne peuvent pas être majoritaires dans notre centre, sinon nous courons à la catastrophe. Il va falloir qu'il y ait des bénéficiaires moteurs comme des travailleurs pauvres, des réfugiés, des chômeurs de longue durée, en clair des personnes qui vivent encore en société. Notre objectif n'est pas de créer un nouveau centre du 115. Mais plutôt de désengorger le 115 de toutes les personnes qui n'ont rien à y faire, et donc de libérer des places dans ces centres. Nous servirons des repas, bien sûr, nos bénéficiaires mangeront, mais ils seront assis à la même table que les touristes. Le projet que nous portons vise à rétablir une égalité toute bête, celle de montrer ce que l'on vaut. Nous ne voulons pas « aider » les gens, nous voulons les « encourager ». Nous voulons créer un lieu où, qui que l'on soit, « s'accomplir » redevient un horizon possible.

Quant à la question de l'autonomie soulevée par Romuald, nous devons la creuser, mais il nous vient d'ores et déjà une idée : le partenariat d'entreprise. Au moment où le bénéficiaire se présente pour obtenir une place dans notre centre, il pourrait signer deux contrats, le premier avec un employeur spécialisé dans la réinsertion et le second avec un bailleur social. Ensuite, son parcours pourrait être découpé en deux parties, d'abord l'apprentissage sur la base sous-marine et puis une immersion totale au sein d'une entreprise partenaire. Il pourrait également jouir de nos partenariats avec des associations culturelles et sportives, comme Ovale Citoyen qui se sert du rugby comme outil d'intégration. Et au terme du parcours, dans l'idéal, la personne accède à une nouvelle vie avec un emploi, un logement et même, éventuellement, une nouvelle passion pour le rugby.

On n'avait pas dit : « PAS DE POLITIQUE » ?
Oui, mais bon, là c'est un cas de force majeure 😂😂😜.

Ruby
il y a 3 minutes

Oyé, Oyé !
Je suis à la recherche d'un manifestant gilet jaune hyper canon !
Je travaille au magasin Okaïdi de Saint-Lazare, nous étions bloquées dans le magasin suite aux manifestations, nous regardions la manifestation quand avec ton bonnet et ton gilet jaune tu t'est arrêté devant notre vitrine avec ton groupe, tu nous a fait coucou, si tu te reconnais, tu peux revenir nous faire coucou demain, le magasin est ouvert 😜😸.

- 25 -

New York, 24 septembre 2018. C'est le grand jour. Les 5 lauréats du chèque à 100 patates seront présentés en grande pompe lors du Social Good Summit, un événement organisé par le média numérique Mashable, en partenariat avec Facebook et la Fondation pour les Nations unies. Nous avons réussi à garder le secret jusque-là. Un secret plutôt confortable d'ailleurs. Je ne suis vraiment pas pressé d'enfiler la casquette de millionnaire. Que vont en penser les wantediens ? Que nous courons après l'argent ? Qu'on a vendu notre âme au diable, et notre cul à Facebook ? Que l'on va bosser pour eux ? Et si la communauté nous tournait le dos à cause de cette bourse… Ce serait catastrophique. Est-ce que l'on doit refuser cet argent ? Franchement, cela aurait un certain panache et nous aurions tous les honneurs de la presse anti-Facebook. Mais après, quoi ? Nous ne sommes pas des militants politiques. Nous sommes une bande de potes dont le but est de favoriser l'entraide à grande échelle. Et pour cela il faut des fonds. Trouver les financements ailleurs ? Demander aux grandes entreprises françaises pour éviter de servir la soupe aux GAFA ? Oui, d'accord. Seulement, pour le moment on ne peut pas dire que les donateurs se bousculent pour nous soutenir. Et puis, entre nous, s'il y a bien une boîte à qui il faut braquer un million, c'est Facebook, non ?

Dans mon petit autobus, direction l'aéroport de

Mérignac, j'examine la photo de mon nouveau passeport avec ma tignasse d'illuminé de Katmandou. Je repense en me marrant à la fille de la mairie qui s'est bien payé ma tronche derrière son guichet: «Ah ben vous alors, on peut dire que vous avez changé de tête!» Un tour de cadran plus tard, je fais la queue pour récupérer ma valise devant les tapis roulants de JFK. J'ai les cheveux collés au front et l'haleine d'un poney au réveil. Un chauffeur en smoking m'invite à monter dans sa berline noire.

— *What kind of music would you like to listen to?* me demande-t-il avec les intonations d'un clip de rap.

— «Money Trees» from Kendrick Lamar...

C'est le seul truc qui me vient à l'esprit. Le type est ravi et, tandis qu'il dodeline nonchalamment dans les embouteillages, j'essaie de visualiser ce qu'il va se passer dans les jours à venir. Facebook, le million, les caméras, les interviews... Il faut que je sois à la hauteur, ne serait-ce que pour mes deux potes restés à Bordeaux.

Le chauffeur me dépose à l'*Ace Hotel*, à l'angle de Broadway et de la 29e Rue. «Une déco rétro, cool et funky», promet leur site Internet. Des platines vinyles, des fauteuils club en cuir vieilli, un photomaton en noir et blanc, et un escalier en marbre avec cette phrase gravée sur la contremarche en lettres capitales: *Everything is going to be alright*. J'ai quitté la pyramide Iwaï à Paris pour me retrouver tout en haut de la pyramide du cool à New York. Petite précision: j'émarge toujours à Pôle emploi.

Brianna Lerman, manageuse chez Facebook, m'accueille dans un *hug* tonitruant.

— *Hiiiiii, Christian!!!*

De grands yeux de chat cendré, encadrés par une

épaisse chevelure tout en bouclettes brunes savamment désordonnées et un sourire à la « Beverly Hills », notre nounou pour les sept prochains jours est tout simplement parfaite. Le temps de présenter mon passeport au réceptionniste, je la suis jusqu'au bar à cocktails où nous attendent les quatre lauréats, « résidents » comme on dit chez Facebook, avec qui je vais partager la scène dans quelques jours. En un clin d'œil, j'ai l'impression de faire le tour de la Terre. Nous sommes trois femmes et deux hommes, un représentant pour chaque continent.

Adhunika Prakash est indienne. Sa communauté, « Breastfeeding Support for Indian Mothers », rassemble pas loin de 100 000 personnes autour des problématiques liées à l'allaitement en Inde. Paula Pfeifer, la Brésilienne, a fondé « Crônicas da Surdez », une communauté de 9 600 personnes malentendantes qui cherchent à partager solutions et conseils sur leur handicap. Latasha Morrison est afro-américaine. Sa communauté, « Be the Bridge », rassemble 15 000 personnes autour du concept de « *racial reconciliation* ». Son objectif : trouver et former les futurs ambassadeurs d'un dialogue apaisé entre les races. Et enfin, le Kényan Noah Nasiali. Révolté par le sort des agriculteurs dans son pays, il a fondé le « Africa Farmers Club », un groupe dont le but est d'apporter des conseils fiables et applicables aux paysans africains pour les aider à augmenter intelligemment leurs rendements. Sa communauté regroupe plus de 125 000 personnes. Quant à moi, je suis le cadet de la bande et je dois dire que je suis très impressionné par les combats des uns et des autres. Leurs communautés ne rassemblent pas autant de monde que Wanted, mais l'énergie qu'ils dégagent et leur dévouement aux causes qu'ils défendent décuplent l'engagement de leurs membres, ce qui rend toutes leurs actions très efficaces.

Moi qui avais peur d'être cadenassé par la communication, les avocats et des clauses de confidentialité à signer matin, midi et soir, le programme annoncé par Brianna nous propose tout l'inverse.

— Au cours de ces sept jours ensemble, nous aurons une demi-journée de travail et la conférence du Social Good Summit. En dehors de ces deux obligations, nous sommes là pour apprendre à nous connaître. *Have fun guys!*

Et nous voilà partis pour une jolie colonie de vacances, à la découverte de New York, Central Park, Brooklyn, les hot dogs, les musées, les clubs, les restos les plus *trendy* du moment.

Le deuxième jour, nous sommes invités dans les bureaux de Facebook au milieu de Greenwich Village. Vous vous souvenez de l'ambiance à Londres ? Leur quartier général à New York pousse le curseur de l'extravagance encore plus loin. Dès 8 heures du matin, les employés sont accueillis en musique. Rap ou électro à un niveau sonore digne d'une salle de fitness. Et partout sur les tables, les comptoirs, les rebords : un breakfast gargantuesque. Végane, *healthy*, « détox », sans porc, sans sucre, sans sel, sans gras, sans lait, hypocalorique, hyperprotéiné, régime pour diabétiques, sans gluten ou macrobiotique… il y en a pour tous les goûts, même ceux dont vous n'avez jamais entendu parler. Passé cet océan du petit déj' à volonté, si jamais vous n'avez pas d'appétit, pas de panique. Vous pourrez toujours vous rabattre sur un snack-bar où les boissons, gâteaux et confiseries sont en libre-service. Il y en a à tous les étages avec des

Les cinq nouveaux heureux «millionnaires». De gauche à droite: Christian Delachet (France), Latasha Morrison (États-Unis), Adhunika Prakash (Inde), Noah Nasiali (Kenya) et Paula Pfeifer (Brésil).

tunnels à bonbons, du pop-corn, des fontaines à sodas et des panières de fruits frais. Chez Facebook, il paraît que si au bout d'un mois tu n'as pas pris dix kilos, on commence à s'inquiéter pour toi 😂. Au détour d'un couloir, nous tombons sur une petite bibliothèque tout en contreplaqué avec quelques fauteuils en cuir. Très calme, rien d'extraordinaire. Mais Brianna nous entraîne au fond de la pièce, fait glisser un panneau en bois et derrière : un bar ! Un vrai bar façon pub irlandais avec un comptoir, des verres, des bouteilles, et une vue spectaculaire sur la ville, avec Manhattan en toile de fond. J'ai l'impression d'être dans *Harry Potter* à l'envers. Ici les passages secrets ne se trouvent pas dans les bars, ce sont les bars que l'on trouve derrière les passages secrets ! Quelques minutes plus tard, nous improvisons une séance photo, cheveux au vent sur le *rooftop*, en gloussant comme des ados. Les apparences sont néanmoins trompeuses. Sous des atours empreints de décontraction, les règles de sécurité sont en fait extrêmement strictes. Impossible de circuler sans Brianna. Le visiteur ne se déplace qu'en présence de sa nounou. Et les photos sont autorisées, sauf si des ordinateurs apparaissent dans le champ du photographe. Autrement dit, à part sur le toit du bâtiment, les occasions de sortir son appareil sont plutôt rares. La visite se poursuit. Partout, des éléments de décoration déroutants, des tags, des sculptures. Une installation de câbles de toutes les couleurs qui tombent à la verticale au milieu d'une cage d'escalier. Par une illusion d'optique, l'œuvre semble prendre vie au fur et à mesure que l'on monte. Un peu plus loin, un mur de fleurs dessinant une série de cœurs concentriques me rappelle le motif en spirale psychédélique des tee-shirts délavés des hippies. Dans une salle de travail, une carcasse de bagnole décapotable sert de canapé. Et partout, des jeux, des consoles, des écrans, des baby-foot, des tables de ping-pong, des paniers de basket, le divertissement sous toutes les formes possibles et imaginables. Comment résister ? Nous goûtons, essayons, tripotons tout ce qui nous tombe sous la main. Me voilà en train de faire des bonds pour attraper des oiseaux avec un casque de réalité virtuelle sur le nez. Nous sommes à la fête foraine, alors qu'à quelques mètres, devant leur ordinateur, des gens travaillent sans cligner des yeux depuis des heures. Je les regarde. Ils ont l'air totalement indifférents à nos gamineries. Que fabriquent-ils ? Chacun travaille-t-il comme un artisan libre et indépendant au service du développement de la firme ? Ou bien sont-ils les microrouages d'une énorme machine dont l'objectif leur échappe ? Facebook emploie plus de 35 000 personnes dans le monde. Alors, malgré l'atmosphère très arty/créa que dégage la décoration de ces bureaux, je pencherais plutôt pour la version moderne du taylorisme, celle où chacun travaille sur un petit bout de code, comme Charlie Chaplin sur ses boulons, et finalement très loin du produit final. Nos déambulations reprennent. Derrière une colonne, je découvre un dressing rempli de déguisements. WTF DES DÉ-GUI-SE-MENTS ! 🤔

— Et ça, c'est quoi ?

— Bah, si quelqu'un veut se déguiser, me répond Brianna en toute nonchalance.

C'est trop tentant. J'enfile le costume de banane et me mets à sautiller dans les couloirs comme un abruti devant mes petits camarades. Toujours aucun commentaire, aucune réaction dans les bureaux alentour. Ce décalage entre l'extrême dérision du décor et l'extrême sérieux des gens me perturbe. J'ai la sensation que ces locaux genre Foire du Trône n'ont aucun impact sur le travail des gens. En revanche, d'après ce que j'ai lu, ils ont pour effet d'attirer les meilleurs éléments dans le monde des développeurs informatiques. En fait, plutôt qu'à mieux travailler, toute cette débauche de loisirs servirait surtout à mieux recruter. Qu'est-ce que cela révèle des gens qui travaillent ici ? Que ce sont de grands enfants ? Mais alors pourquoi je ne vois personne se divertir comme nous le faisons avec mes quatre partenaires de jeu ? Est-ce qu'ils sont blasés ? Ou bien trop occupés ? En rentrant à l'hôtel, je repense à nos locaux à Bordeaux, sans lumière extérieure, mon fauteuil qui grince aussi fort qu'une hanche de Johnny, je travaille sur une planche posée sur deux tréteaux, mon écran d'ordinateur, dont le pied est cassé, tient en équilibre sur une caisse de pinard. Et pourtant, je crois que rien ne pourrait me faire quitter cet inconfort. C'est comme une vieille paire de pantoufles. Elles sont moches et pourraient être poursuivies pour crime contre l'ergonomie, mais qu'est-ce qu'on est bien dedans !

— La conférence sera diffusée en *live*. Il y aura un chronomètre et chacun de vous dispose de deux minutes pour se présenter et décrire sa communauté. *Guys, you have two minutes to inspire people!*

Je ne suis jamais monté sur scène de ma vie. Dire tout ce que j'ai à dire, faire rêver les gens, en deux minutes : ils sont fous. Afin de nous préparer, Brianna nous invite au restaurant, en présence d'une responsable de la communication de Facebook que je ne connais pas. Deepti Doshi, la directrice Monde du programme que j'avais rencontrée à Paris, est là également. C'est elle qui nous présentera.

— *Let's do a quick rehearsal!* lance Brianna.

Un quoi ? « *A rehearsal.* » *Une répétition, banane.* Deepti nous fait une petite démonstration. « Bonjour à tous. Nous vous présentons les cinq gagnants de notre programme bla-bla-bla… » Je n'entends plus rien. Je suis pétrifié. Et nous montons sur scène dans deux heures. Latasha prend la parole. C'est *fluent*, *inspiring*, *perfect*. Pareil pour les autres, quels que soient les accents.

— À toi, Christian.

— I'm sorry for my English.

— Alors ça, tu éviteras de le dire sur scène.

— OK.

— *Go on.*

— Hello. My name is Christian. I am the cofounder of Wanted Community. And I… Euh… And I…

Merde, il me manque un mot. Je pars en bafouille, je cherche un regard compatissant.

— Can we do it later?

— *Later? What do you mean?*

— I don't feel good. I don't like that…

— *Don't worry, Christian. Let's do this after the meal. What do you want to eat?*

À la fin du repas, comme promis, Deepti me relance et tente de me faire passer courage et confiance dans un regard bienveillant. Je tente une improvisation sur le thème de l'entraide. Et je vois le visage de la chargée de com' se décomposer. Je ferais mieux d'apprendre ma poésie, sinon je vais me faire gronder. Quoi ? C'est déjà l'heure ? Mais je ne suis pas du tout prêt. Dans notre van Uber vitres teintées, l'électricité est palpable. Les gens rient fort, remuent, écarquillent les yeux. Nous arrivons devant le 92Y, dans l'Upper East Side de Manhattan, à l'angle de Lexington Avenue et de la 92e Rue. Un immeuble de la fin du XIXe siècle, dont la façade ornée du drapeau américain me transporte dans une scène de film catastrophe où Bruce Willis me collerait des tartes pour me remotiver à sauver le monde. À l'intérieur, un théâtre aux murs couverts de boiseries, et des sièges en velours vert. Au-dessus de la scène, gravés dans le bois en lettres dorées : Einstein, Beethoven, Lincoln, Washington, Moses, David, Isaiah, Jefferson, Shakespeare, Dante, Goethe. On les a prévenus, tous ces grands noms, que sur scène ce soir c'est Kiki Delachet ? Partout des journalistes, des caméras, des écrans de retour qui diffusent les images de la scène, et des princesses en robe de soirée façon *Gatsby le Magnifique*. Mon look ! Putain, je m'aperçois que tout le monde est en tenue de soirée. Et moi ? Jean retroussé, baskets colorées imitation Nike, chaussettes en laine bordeaux, un sweat à capuche et une veste en jean par-dessus. Ah, ça vaut le détour !

Il faut que je sorte prendre l'air. Je fume trois clopes d'affilée, le mégot de l'une allumant l'autre. Soudain, j'entends la voix affolée de Brianna. Tout le monde me cherche.

— *Christian! What do you do? You should rehearse one more time. Don't you think?*

— Si je répète encore une fois, ce sera pire. Je vais avoir envie de me faire la malle.

— *OK...*

Mes quatre *friends* me regardent comme si j'étais sur le point de m'évanouir. Adhunika, l'Indienne, me prend dans ses bras. Les trois autres s'approchent à leur tour. Ils me tendent leurs mains pour former une ronde. Adhunika nous demande de fermer les yeux. *Attendez, c'est quoi ce délire ? Le trip new age, ce n'est pas ma came, les gars. J'ai les mains moites, la tête qui va exploser, mais je n'ai pas l'intention de chanter « Hare Krishna ».* Je me laisse faire tout en gardant les yeux ouverts. Un type rompt la magie pour poser les micros HF sur chaque intervenant. Ah, bah non. En fait, il n'y en a pas pour tout le monde. Noah et moi, nous devrons attendre que quelqu'un quitte la scène pour récupérer son micro. Rien ne va. *C'est par où la sortie de secours ?* On est déjà en coulisses. Les applaudissements de la salle me font suer des genoux. Tiens, je vais m'attacher les cheveux en chignon, ça fera plus sérieux. Enfin, on m'apporte un micro. Il faut que j'aille m'asseoir avec les autres sur le canapé blanc au milieu de la scène. Derrière nous, un grand écran bleu avec ce hashtag: #2030NOW. Ça y est, c'est mort, je ne peux plus reculer. La parole circule, Deepti joue la cheffe d'orchestre à merveille, chaque résident fait son petit speech de deux minutes. Je n'entends plus rien.

— *And now, representing Europe, Christian Delachet. Tell us about your amazing community…*

À son regard, je comprends que Deepti vient de me donner la parole. Je crois qu'elle a mal pour moi. Sur ma droite, Brianna me fait un grand sourire avec la tête légèrement penchée, l'air de dire « oh, mon pauvre chou, ne t'inquiète pas, ça va aller ». Juste derrière, les yeux de la chargée de com' me tiennent en joue. Mes lèvres bougent, ma mâchoire s'articule et des sons sortent de ma bouche. Apparemment, je parle.

Quelques instants plus tard, je suis de nouveau en coulisses. Qu'est-ce que j'ai raconté ? Aucun souvenir. Je suis totalement amnésique, assommé. Ce sont les vibrations de mon téléphone qui me sortent de la torpeur. Il y a une heure, nous n'étions personne. Désormais, nous sommes les petits Français qui viennent de décrocher un million de dollars chez Facebook. Et des dizaines de personnes cherchent à nous joindre. Des journalistes de France Inter, RTL, TF1, des copains qui ont suivi l'aventure, ma mère qui comprend enfin que tout cela est bien réel, et aussi plein de numéros inconnus. Sur Wanted, c'est le festival de la vanne. « Je vous envoie mon RIB ! » étant le message le plus récurrent. Moi qui avais peur des réactions de la communauté, je suis agréablement surpris. « Super », « génial », « mérité », « bravo », « *congrats* ». Le gif de DiCaprio qui applaudit me rappelle cette formule d'un vieux pote qui se fout de ma gueule tout le temps : « Ta vie, c'est *Le Loup de Wall Street* qui devient l'abbé Pierre. »

Je n'ai jamais eu la fortune ni le train de vie du premier. Et inutile de mesurer la distance qui sépare notre petit chantier solidaire de l'œuvre historique du second.

S'il n'y a qu'une chose à retenir de cette vanne, c'est le verbe « devenir ». Ce changement de vie, je l'ai choisi. Non par altruisme ou parce que je voulais devenir un saint homme, mais parce que j'ai cru flairer la bonne opportunité. L'opportunité de quitter un boulot qui ne me plaisait plus, et l'opportunité de devenir un acteur du monde de demain. J'ai eu la démarche de l'entrepreneur qui parie sur le fait que le concept d'entraide va façonner notre avenir. Et dans ma tête, il s'agissait bien d'un concept. Rien de plus. Ce que j'ignorais, c'est à quel point je me ferais happer par le pouvoir de l'entraide. Je me suis fait piéger. J'étais un avocat fiscaliste très égoïste. Pour parvenir à me faire faire quelque chose pour les autres gratuitement, je peux vous dire qu'il fallait se lever de bonne heure. Mais j'ai découvert les miracles de l'entraide sur Wanted. J'ai aussi rencontré nos modérateurs bénévoles. Des gens que je n'aurais jamais croisés autrement et qui sont devenus une nouvelle famille. La première fois, c'était au cours d'un dîner que nous avions organisé pour les remercier. J'avais l'impression que l'on se connaissait. Nous partagions des valeurs communes. En écoutant leurs histoires, j'ai pris conscience de la force de notre outil sur la vie des gens. Certains, avant de nous rejoindre, avaient subi la violence du monde, le harcèlement et l'isolement. Pourtant, un jour, ils ont choisi d'aider les autres et se sont retrouvés à gérer des centaines d'interactions numériques avec des gens qu'ils ne connaissaient pas. Aujourd'hui, ils dînent ensemble, font la fête ensemble, partent en vacances ensemble. Ils forment une bande de potes. Voilà comment l'entraide a, petit à petit, grignoté les fondations de mon égoïsme. Et puis, il y a eu Sabrina.

Les Maraudeurs by Wanted > Wanted Community Paris

7 mars

Hello la communauté Wanted 😊

Il y a bien longtemps que je n'ai pas partagé les photos de nos dernières maraudes 💪

Voilà un an que nous nous sommes regroupés pour offrir un repas chaque vendredi aux personnes démunies 😓
Malheureusement la demande ayant augmentée nous sommes passés de 45 repas à 100 repas chaque semaine, nous avons ajoutés des kits d'hygiène et tentons de répondre à leurs besoins grâce au lien que nous avons créés tout au long de cette année 😅
Les paniers repas sont composées de sandwichs frais préparés sur place, eau, briques de jus, oeufs, fromages, chips, gâteaux, compotes, fruits et kits d'hygiènes 😊
Malheureusement nous rencontrons des difficultés depuis quelques semaines pour collecter toutes les denrées nécessaires 😓😓
Pour la distribution de demain il nous manquent :

- 50 baguettes 🥖
- 10 paquets de salades vertes
- 6 pots de mayonnaise
- 6 kilos de tomates
- 100 fruits

Nous vous serions reconnaissants si vous pouviez nous aider pour l'achat de ces denrées afin de maintenir notre distribution de demain 🙏🙏 ou même pour les prochaines maraudes 😉
Tu peux aussi venir donner un coup de mal pendant la préparation et distribution, l'occasion de rencontrer d'autres habitants de la communauté Wanted 😉 tout en faisant une action solidaire.
Nous sommes toujours à la recherche d'un super local pour les préparations et le stockage, alors si tu as une piste ont est preneurs 😅
Place aux photos 😉 je vous souhaite une très bonne soirée 😊
avant departir laisse un petit 🆙 stp

Merci 😅

Pour participer à la maraude de demain cnedt par ici 👉

- 26 -

« Les gens oublieront ce que vous avez dit,
ils oublieront ce que vous avez fait,
mais ils n'oublieront jamais
ce que vous leur avez fait ressentir. »
Maya Angelou

Je vous l'ai présentée dans le premier chapitre de ce livre. Sabrina a changé ma vie. Voilà comment.

Lorsqu'elle décide de lancer une maraude en janvier 2018, Sabrina n'a qu'une seule ambition : tendre la main aux plus démunis. Pour le reste, c'est l'improvisation totale. Un petit message sur Wanted : « Salut, je m'appelle Sabrina. Je vais distribuer des repas aux SDF qui dorment près de la gare d'Austerlitz vendredi soir. Est-ce que quelqu'un veut m'accompagner ? » Sa démarche est abondamment commentée par les wantediens. Le premier soir, elle est rejointe par cinq personnes, dont son mari.

Cette nouvelle démarche solidaire sur Wanted réveille en nous un formidable enthousiasme. Mais dans un premier temps, il faut garder la tête froide, rester professionnels, respecter la procédure. Sabrina fait des appels aux dons pour concocter ses paniers-repas. Nous demandons à nos modérateurs de vérifier qu'il ne s'agit pas d'une arnaque. Vérification faite, la deuxième étape consiste à supprimer les quelques commentaires désagréables et contribuer à la multiplication des messages de soutien.

Bref, comme d'habitude, nous sécurisons et nous encourageons. Notre équipe de modos bénévoles fait formidablement bien son travail.

Sabrina et moi commençons à échanger sur Messenger. Ma première interrogation concerne sa motivation.

— Moi, j'ai envie de faire ça toutes les semaines ! me dit-elle.

Je lui propose mon aide pour rédiger les annonces de manière à générer encore plus d'adhésion sur la communauté.

— Il faudrait que tu postes des photos de vous, de votre préparation et des sacs de nourriture. C'est toujours mieux de mettre des photos.

La semaine suivante, le groupe s'étoffe avec l'arrivée de nouveaux maraudeurs. Et, en à peine un mois, Sabrina parvient à fédérer un noyau dur de quinze personnes. La solidarité s'organise. Seulement, je découvre que la nourriture distribuée est achetée par les maraudeurs eux-mêmes. Ces gens-là consacrent non seulement leur vendredi soir à la distribution de repas, mais aussi leur argent. La plupart des personnes qui adhèrent au projet proposent leur présence, leurs bras et leur porte-monnaie. Mais il faut les aider, sinon ça ne durera pas.

— Bonjour, Sabrina. Tu sais, la communauté est grande, on peut obtenir plein de choses. Il faudrait nous envoyer une liste de tout ce dont vous avez besoin. On ne pourra sûrement pas tout faire. Mais on va vous aider de toute façon 😉.

Au mois de mars, notre coopération a porté ses fruits. Les maraudeurs ont acquis une excellente réputation sur Wanted, Sabrina croule sous les dons. Chacune de ses publications génère des vagues de commentaires toujours plus grandes. Elle reçoit aussi énormément de messages privés et je prends de ses nouvelles régulièrement pour éviter qu'elle ne se sente submergée.

Début avril, nous échangeons depuis plus de trois mois maintenant. Il est temps que l'on se fasse des sourires *in real life*. Je demande à Sabrina si, éventuellement, elle pourrait m'accueillir pour participer à une maraude.

— Évidemment ! Avec grand plaisir ! Veux-tu l'annoncer sur Wanted ? Je suppose que beaucoup de membres vont vouloir te rencontrer.

— Le but, c'est que la maraude soit constructive pour les sans-abri, pas que les gens viennent me rencontrer. C'est moi qui viens vous remercier pour ce que vous faites 😉.

Vendredi 6 avril 2018. Je rejoins Sabrina chez elle dans le 13e arrondissement. Je suis accueilli par sa fille de 13 ans. Une quinzaine de bénévoles préparent des sandwichs dans le salon. Tous les regards se tournent vers moi, les gens sourient mais personne ne lâche son outil de travail, sa fourchette, son couteau ou son bout de pain. Je me présente du bout des lèvres, je veux me faire discret. Mais il est déjà l'heure. Nous descendons pour préparer les sacs sur une grande table installée dans la cour de l'immeuble. Chaque sac doit comporter un paquet de chips, un jus d'orange, des clémentines, une barquette de taboulé et un paquet de biscuits. Il y a également les thermos, thé ou café. Les produits d'hygiène, brosses à dents, tubes de dentifrice, déodorants. Je m'approche d'un petit groupe de personnes qui semblent se connaître depuis toujours. Nassira, Ahmed, Bernard, Aïssatou… Des gens de tous horizons, de toutes classes sociales. Au centre du raout, dansante, rayonnante, petit bout de femme de 1,55 mètre, Sabrina dirige les opérations.

— La moitié des sacs dans le coffre de Bernard. L'autre moitié dans ma voiture. Je prends aussi les vêtements. Nassira, tu prends les thermos. Attention à ne pas les renverser.

Je me retrouve en bagnole avec Bernard. Quinze minutes de trajet en tête à tête. On ne se connaît pas mais le courant passe. C'est l'avantage de partager des valeurs communes avant même de se rencontrer. J'engage la conversation.

— Alors, tu en fais souvent des maraudes ?

— Oui, j'essaie d'être là tous les vendredis. Et toi ?

— C'est la première fois.

— La première fois, c'est difficile. Mais ne t'inquiète pas, les nouveaux, on ne les laisse jamais seuls. Ce qu'il faut comprendre, c'est qu'on n'est pas là simplement pour donner un sac de bouffe. Je resterai avec toi pour faciliter le contact.

J'ai le trac. Comme ça, sans prévenir. J'ai le trac. Je ne m'y attendais pas du tout. Les mots de Bernard m'ont réveillé : on n'est pas là pour faire un pique-nique, on est là pour entrer en contact avec des sans-abri. La conversation dérive sur le football. La pression retombe un peu. Il est supporteur du PSG. Ça chambre, ça rapproche, on rigole. Et déjà nous arrivons à quelques pas d'Austerlitz. Nous sortons les sacs du coffre.

— À partir de maintenant, tu ouvres les yeux. Si tu vois un sans-abri, tu me le dis. Je t'accompagnerai. L'idée, c'est de discuter. On est là pour créer du lien.

Nous marchons en direction du lieu où tous les

maraudeurs se rassemblent, sur le parvis entre la gare et le pont Charles-de-Gaulle.

— Bonjour !

Bernard vient de s'arrêter pour saluer une petite dame en velours côtelé, avec un sac à dos Quechua et un sac plastique à la main.

— Bonjour. Vous n'auriez pas une petite pièce ? nous dit-elle. J'aimerais bien pouvoir prendre le métro pour rejoindre mon centre d'hébergement. Et je n'ai pas d'argent.

Je suis sidéré. Si Bernard ne s'était pas arrêté, je serais passé à côté de cette dame sans lui prêter la moindre attention. Jamais je n'aurais soupçonné qu'elle puisse être à la rue.

— Mais voyons, madame, montez dans le métro ! Personne ne vous contrôlera !

— Ah non ! Moi, je paie mon métro, me répond-elle.

— Est-ce que vous voulez un repas ?

— Ah oui, c'est gentil.

La petite dame est sympathique et cohérente. Le dialogue est facile. Mais Bernard intervient.

— Est-ce que vous avez tout ce que vous voulez en vêtements ?

— Je vais avoir besoin de chaussures.

— Venez avec nous.

— Quelle heure est-il ?

Nous reprenons tous les trois notre marche vers le point de rendez-vous. Je masque ma nervosité par quelques blagues. La petite mamie sourit.

— Vous voulez des baskets pour piquer un 100 mètres ?

— Ah non ! À mon âge, on ne peut plus trop courir !

— Bah, comment ça, à votre âge ? Mais vous êtes

toute jeune ! Et dites-moi, l'argent, c'était vraiment pour le métro ?

— Ah oui ! Je ne fraude jamais le métro ! Quelle heure est-il ?

Son attitude traduit une inquiétude grandissante. La chambre au centre d'hébergement est accessible jusqu'à 21 heures. Au-delà de cet horaire, ils la donneront à quelqu'un d'autre et elle dormira dehors. Loin de moi l'idée de fouiller son intimité, mais la situation de cette dame tout à fait normale me perturbe.

— Et qu'est-ce qui vous est arrivé ? Si ce n'est pas trop indiscret…

— Mon mari est décédé. J'avais un héritage et j'ai tout dépensé. J'ai habité à Aix-en-Provence, vous savez, j'avais la belle vie…

Ses yeux sont partis très loin en évoquant ses souvenirs d'opulence. Je n'en saurai pas plus. Arrivée au point de rendez-vous, la petite dame nous demande l'heure une dernière fois, puis disparaît dans la nuit, sa paire de baskets sous le bras. Les maraudeurs sont en train de se partager la nourriture et les secteurs. Je pars avec Sabrina et Bernard vers la partie sud de la gare. Et nous commençons par le parking à motos. Je les vois s'enfoncer de plus en plus loin dans l'obscurité.

— Vous allez où ?

— Il y a un SDF qui vit là-bas, au fond du parking, me répond Sabrina.

— Vous rigolez ? Il n'y a personne là !

— Si je t'assure. Tu vas voir.

Alors que nous ne pouvons aller plus loin, Bernard se penche en tendant un repas par-dessus le dernier scooter. Et là, une main toute noire, sortie de l'ombre comme elle sortirait de terre, attrape le sac de nourriture. Je suis paralysé. Sous le choc. Comment est-il arrivé là, au fond d'un parking, entre un scooter et un mur ? Pourquoi ? Si je fais un pas de plus, c'est du voyeurisme. Je fais demi-tour péniblement. Chancelant. Je n'étais pas préparé à vivre *in real life* une scène aussi violente. Je reprends mes esprits afin de poursuivre la maraude. Mais je sens déjà que quelque chose est en train de bouger au fond de moi.

La gare commence à fermer. Bernard et Sabrina s'approchent d'une mamie qui somnole sur un banc, les deux jambes tendues sur sa valise. Une fois de plus, c'est l'incrédulité qui domine mes sentiments. Cette personne n'est pas à la rue. Ce n'est pas possible. Et pourtant si. Elle accepte pudiquement le repas que lui offre Sabrina. L'invisibilité de ces gens me heurte. Mon indifférence depuis des années me saute au visage. C'est insupportable.

Nous sortons de la gare sur le boulevard de l'Hôpital. Il n'est pas loin de 23 heures. La circulation est encore dense des Parisiens qui partent en week-end profiter des premiers rayons de soleil du printemps. Sous le métro aérien, assis sur un banc, Guigui et Patrick, un duo de la rue. Guigui, le grand dadais avec ses petites lunettes de chercheur en botanique, refait le monde en regardant au loin. Patrick, un physique de père Noël, écoute sans broncher. Sabrina leur tape la bise. Bernard leur serre la pogne. Je reste en retrait, gêné. *Les clochards, ça pue, c'est crade et c'est plein de maladies.* Seulement, je suis gêné d'être gêné. Alors, comme avec la petite dame en début de soirée, je tente de dissimuler mon malaise sous une bonne couche de vannes plus ou moins bien senties.

— Merci pour les repas, sourit Guigui. Est-ce que vous auriez des semelles ?

— Ouh là ! Il y en a un des deux qui refoule des petons !

— Oui, enfin, moi au moins je ne ronfle pas comme un bœuf ! s'esclaffe Patrick.

Nous parlons de la Coupe du monde, de Karim Benzema, de l'arbitrage vidéo, du chantier qui vient de démarrer juste derrière l'endroit où ils ont planté leur tente et qui les réveille tous les matins. La conversation se fluidifie et l'on se marre de bon cœur.

— Profite bien de ton repas, mon copain, parce que moi j'ai le ventre qui gargouille !

Mais quelle vanne de merde ! Honteuse ! Déplacée ! Pourtant, Patrick et Guigui se bidonnent toujours. Par gentillesse ? Peut-être. Oui, peut-être que les rôles se sont inversés. Peut-être qu'ils rient pour ne pas me mettre mal à l'aise. Peut-être que la gêne a changé de camp. Derrière ma façade de gouailleur, c'est le grand cyclone émotionnel. J'ai tellement honte de moi, de ma frilosité hygiéniste, de ce pas de recul irrépressible il y a vingt minutes. Soudain, ce Kiki tout en retenue me devient étranger. Je ne le reconnais plus. Ses peurs, ses biais, ses préjugés de petit-bourgeois, tout cela m'apparaît *en dehors*.

Nous sommes sur le point de partir. Et parce que l'on vient de tailler le bout de gras, parce que l'on a ri, parce que, putain, on est humains, et que c'est ce que font les gens normaux pour se dire ciao, je tends ma main. Patrick sourit, m'offre la sienne. Et notre poignée de main m'envoie en l'air, comme si je venais de m'asseoir sur une ligne à haute tension. Je sais, à cet instant précis, que je ne serai plus jamais le même.

Minuit passé. Nous terminons la maraude tout au fond du square Marie-Curie. Gabriel dort sur une plaque de métro. Sabrina le connaît bien. D'après Bernard, elle est la seule à qui il parle encore. Galvanisé par Guigui et Patrick, prêt à embrasser toute l'humanité, je m'approche de lui, mais Sabrina s'interpose.

— Surtout ne le touche pas, me dit-elle. Il a des cafards sur lui.

Gabriel a des problèmes aux pieds. Il ne peut plus bouger depuis des mois. Tout ce qu'il avait, on le lui a volé.

Il n'a plus aucun moyen de défense, aucune hygiène, aucun soin. Sa vie ne tient plus qu'à un fil. Pourtant, Sabrina lui parle comme s'il sortait du boulot. Elle le sermonne gentiment parce qu'il a encore trop bu. Il lui demande pardon, promet que c'est la dernière fois, et de cette conversation anodine, au fin fond de la misère, rejaillissent deux sourires, aussi simples qu'une poignée de main.

Il est 1 heure du matin. Je déambule tout seul sur les quais, encore secoué par ce que je viens de vivre. Ces gens ne sont pas des travailleurs sociaux. Ils ont un boulot, serveur, fonctionnaire, entrepreneur ou secrétaire, une famille, un mari, des gosses à nourrir, des problèmes de bagnole, de la paperasse à remplir. Personne ne leur avait demandé de faire des maraudes, d'ailleurs certains n'en avaient jamais fait de leur vie. Et pourtant, ils se rassemblent tous les vendredis devant la gare d'Austerlitz, pour aider les plus démunis, se confrontant parfois à des situations d'une extrême violence. Ils ont fondé une famille, en dehors de toute structure, autour d'une seule valeur : la solidarité. Je mesure ma chance d'avoir fait leur rencontre. Mais j'éprouve également un profond sentiment de dégoût en repensant à toutes ces personnes dont j'ignorais jusqu'à l'existence, tous ces SDF que l'on ne regarde jamais, ou pire, dont on détourne le regard. La fierté d'avoir participé à cet acte de solidarité est totalement étouffée par la culpabilité. Depuis des années, j'enjambe ces gens, je les évite. J'appelle Jérémie.

— Mec, c'est complètement fou !

— Quoi ? Qu'est-ce qui t'arrive ?

— Je viens de prendre un camion en pleine tronche ?

— Mais de quoi tu parles ? De la maraude avec Sabrina ?

— Jérém', écoute-moi bien : c'est ça la vie. C'est ÇA Wanted !

Je suis ému, grandiloquent, confus, et fatigué. Je pars dans tous les sens. Je ris, je pleure. Des trois lascars, j'étais le plus égoïste. Je n'avais pas plus d'empathie qu'une tomate séchée. Jusqu'à cette rencontre avec Sabrina. Depuis, je ne rate pas une occasion de les rejoindre. Impossible de passer un week-end à Paris sans prévoir de leur filer un coup de main. Un petit frisson de bobo bordelais ? Vous pouvez penser ce que vous voulez. En attendant, nous, on avance. En 2018, sans la moindre subvention publique ou privée, « Les Maraudeurs by Wanted Community » ont distribué plus de 6 000 repas, et tout cela sans qu'aucun de ces bénévoles ait signé le moindre contrat. Il y a les passionnés, ceux qui ne rateraient la maraude pour rien au monde. Qu'il pleuve ou qu'il neige, à l'Aïd comme à Noël, ils seront toujours là. Et puis, il y a tous les autres. Ceux qui comme moi participent une fois de temps en temps, lorsque leur emploi du temps le leur permet. Ceux qui viennent pendant deux mois et qui disparaissent sans donner de nouvelles. Ceux que l'on ne voit qu'une seule fois. Et enfin, tous ceux qui ne peuvent pas se déplacer mais qui souhaitent apporter leur contribution par le don de vêtements, nourriture ou produits d'hygiène. Chacun s'engage comme il le veut, quand il le veut, au rythme qu'il veut. Et ça marche parce que l'on est des milliers. Avec 500 000 membres sur le groupe de Paris, la communauté Wanted est devenue suffisamment vaste pour que chaque vendredi les absences soient compensées par l'arrivée de nouvelles recrues. Ce système de solidarité « sans engagement » ne repose que sur deux choses : le nombre, et le sourire de Sabrina.

Merci, Sabrina.

- Épilogue -

L'entraide n'est pas une destination mais un voyage qui nécessite de faire preuve de persévérance, d'agilité et de résilience. L'aventure Wanted Community est donc un chantier permanent, une base d'expérimentations sociales qui tourne 24 heures sur 24, 7 jours sur 7, à laquelle nous apportons sans cesse des améliorations. Voici donc, à l'heure où je termine ce livre, l'état d'avancement de tout ce que nous réalisons.

Le million de Facebook va servir à plusieurs choses. Monter une équipe dédiée au développement de la communauté, à la fois digitale et physique, qui encadrera et fédérera les centaines de bénévoles qui nous aident quotidiennement et qui accompagnera les initiatives solidaires de nos membres ; créer un deuxième *Wanted Café* en France, le premier à Paris. Le budget de ce nouvel espace tourne entre 1 et 1,5 million d'euros, 30 % issus de la dotation de Facebook et 70 % liés à un prêt bancaire dont nous serons cautions personnelles et solidaires en qualité de fondateurs.

Nous souhaitons évidemment renforcer l'impact de nos groupes Facebook et pérenniser la communauté actuelle. Aujourd'hui, notre communauté compte 1 million de membres répartis dans 84 groupes localisés, dont 81 en France (Wanted Community Paris, Bordeaux, Lyon, Marseille, Toulouse…). « Wanted Community Paris » (470 000 membres) et « Wanted Community Bordeaux »

(150000 membres) sont les deux communautés locales les plus importantes au monde. La communauté génère un million de publications, 5 millions de commentaires et plus de 8 millions de réactions sur Facebook par an. 80 % des membres sont actifs dans le mois. 80 % des membres ont entre 18 et 35 ans. 56 % des membres sont des femmes et 44 % sont des hommes. Depuis quatre ans, 10000 nouveaux membres ont rejoint la communauté chaque mois uniquement grâce au bouche-à-oreille.

Pour développer la communauté vers toujours plus de solidarité, nous mettons en avant les wantediens réalisant des initiatives sociales ou écologiques. Nous réalisons pour cela des « Wanted *stories* », des vidéos mettant en valeur les belles actions portées par nos membres générant lien et mixité sociale. Nous organisons des vidéos *live* sur Facebook avec la communauté afin de construire ensemble notre futur. Et pour continuer à croître, nous accentuons le développement des groupes à fort potentiel comme ceux de Wanted Community Lyon, Marseille, Toulouse, Lille ou Nantes. Notre objectif : au moins 200000 nouveaux membres d'ici la fin 2020.

Au sujet de l'impact social, et parce que malheureusement les besoins ne cessent de grandir, nous pensons que « Les Maraudeurs by Wanted Community » vont passer la barre des 10000 repas et kits d'hygiène distribués aux sans-abri de Paris pour l'année 2020. Nous en sommes déjà à 16000 repas distribués entre janvier 2018 et octobre 2019. Par ailleurs, d'autres initiatives inspirantes sont apparues récemment sur Wanted comme le nettoyage des rues organisé spontanément par des membres à Paris, Orléans et Tunis. Nous soutiendrons au maximum ces initiatives et tenterons de les faire fleurir sur d'autres groupes, dans de nouvelles villes. Selon les estimations que nous avons établies en observant les statistiques de ce type d'actions, nous pensons pouvoir mobiliser 5000 personnes autour d'initiatives sociales ou environnementales avant la fin 2020.

En ce qui concerne nos espaces physiques, les choses évoluent dans le bon sens et à un rythme qui ne cesse de nous surprendre. Le *Wanted Café* à Bordeaux a d'ores et déjà accueilli plus de 20000 clients cette année et nous reversons toujours (évidemment) 2 % de notre chiffre d'affaires mensuel à des associations locales bordelaises choisies par les membres de la communauté (entre 600 et 800 euros par mois, soit plus de 8000 euros sur l'année). Entre 800 et 1000 repas et 2500 à 3000 cafés ont été mis à disposition de personnes dans le besoin, orientées par les membres de notre communauté ou des associations locales partenaires. Notre carte de fidélité solidaire, dont le 10e repas n'est pas offert au client mais à une personne en situation de précarité, est victime de son succès et nous devons régulièrement en commander (plus de 1000 cette année). Plus d'une tonne de vêtements ont été collectés et redistribués à des associations organisant des maraudes. Une fois par mois, nous organisons une rencontre avec une vingtaine de représentants associatifs locaux pour dialoguer, s'épauler et mutualiser les ressources.

Par ailleurs, une quinzaine d'événements solidaires ont été organisés au *Wanted Café* avec des associations et leurs bénéficiaires. Les tablées solidaires du dimanche : la dernière en date a permis de servir 130 repas à des personnes plongées dans la très grande précarité à la suite d'expulsions. « La soupe impopulaire » avec Le Carillon :

un repas est préparé par les personnes dans le besoin à destination des clients du café. « Le karaoké solidaire » avec Le Carillon : des clients du café et des personnes en situation de précarité s'affrontent lors d'un concours hilarant de Goldman, Johnny ou Aznavour. « L'expo solidartistique » : des œuvres d'artistes locaux sont exposées sur les murs du café, pour faciliter l'accès des bénéficiaires des associations à la culture. Les recettes liées à la vente de ces œuvres sont reversées aux associations partenaires. Le Noël de Wanted avec *La Jeune Garde* : un repas de réveillon destiné à des personnes isolées. Le brunch musical avec Bordeaux Open Air : un bon DJ et de bons petits plats pour un moment de partage entre clients du Wanted Café et bénéficiaires d'associations partenaires. Les goûters ludiques avec Ovale Citoyen et Ubisoft : des viennoiseries, de la confiture, du café et des parties endiablées de *Just Dance* entre clients du Wanted Café, employés d'Ubisoft et jeunes en situation d'exclusion, réfugiés ou mineurs isolés.

En partenariat avec des avocats du barreau de Bordeaux, nous avons mis en place des permanences juridiques pour aider les personnes en difficulté à faire valoir leurs droits. Plus généralement, des permanences hebdomadaires sont organisées pour accompagner ceux qui en ont besoin dans leurs démarches administratives (comptabilité, communication, CV). Enfin, toujours à la recherche d'initiatives sociales, nous étudions la possibilité de pouvoir livrer des repas à des personnes dans le besoin. N'hésite pas à nous contacter sur la page Facebook du café si tu as une idée solidaire en tête.

Quant au *Wanted Café* à Paris, il doit sortir de terre dans les mois qui viennent. Mais, pour le moment, nous avons visité plusieurs dizaines de fonds de commerce sans trouver notre bonheur. Souvent, ils sont trop chers ou non adaptés à nos aspirations solidaires. Nous tentons également de nous rapprocher des pouvoirs publics afin de voir si un espace vacant pourrait nous être loué sous forme de concession, notre programme s'inscrivant parfaitement dans la politique de résilience et de cohésion sociale de la ville de Paris. Notre objectif est de co-construire ce nouvel espace avec les wantediens et les associations locales parisiennes, afin de créer un véritable lieu de vie à fort impact social. Aussi, en plus des innovations sociales déjà présentes au *Wanted Café* à Bordeaux, nous avons décidé d'ajouter de nouvelles installations suggérées par des membres, comme des douches, une laverie et une bagagerie à disposition des personnes dans le besoin. Nous espérons ouvrir cet espace fin 2019 ou début 2020.

À propos du village hybride qui mêlerait activités économiques et impact social, ce lieu d'un hectare que nous rêvons de construire sur la base sous-marine de Bordeaux, il s'agirait d'un projet développé en dehors du Community Leadership Program de Facebook. Si cela se concrétise un jour, sa construction sera réalisée avec l'appui de notre communauté bordelaise et financée par une levée de fonds classique.

Comme vous l'aurez compris à la lecture de ce livre, toutes nos démarches sont d'abord expérimentales. Mais notre objectif reste toujours de trouver et d'éprouver un modèle alternatif, qui respecte nos valeurs sociales tout en assurant la pérennité économique du projet. L'idée d'inciter les marques ou les pouvoirs publics à accompagner des initiatives sociales réalisées par les membres de la communauté est quelque chose que nous allons étudier et expérimenter. L'organisation de 12 événements inclusifs et solidaires autour du jeu vidéo avec Ubisoft sur les 12 prochains mois est déjà un premier aperçu de notre capacité à embarquer les marques dans nos initiatives sociales.

Quelques précisions au sujet de l'équipe Wanted Community. Il est temps de vous présenter nos nouvelles recrues. Audrey, alias Dey Esse, a été recrutée pour prendre la direction du pôle Modération. Sixtine, Théophile et Clément, tous trois membres de la communauté, ont quant à eux décidé de quitter leur carrière professionnelle ou universitaire pour faire le pari de développer le projet avec nous. Bravo à eux car, à leur âge, j'aurais été incapable de m'engager dans une aventure solidaire dont la santé financière n'est pas encore assurée. J'en profite au passage pour rappeler que Wanted Community tourne grâce à plus de 80 modérateurs bénévoles sans qui rien ne serait possible. Et si toi aussi tu veux rejoindre la famille, n'hésite pas à nous contacter sur la page de Wanted Community.

Pour ce qui est de nos rémunérations, Luc, Jérémie, Louis et moi nous versons un salaire de 1 800 euros net par mois, soit l'équivalent du salaire médian des Français. Depuis huit ans que nous travaillons au développement de Wanted, c'est la première année que nous pouvons nous verser un salaire. Luc se rémunère via les revenus générés par le *Wanted Café* à Bordeaux. Jérémie, Louis et moi nous rémunérerons, pour les douze mois à venir, sur les fonds octroyés par Facebook. Mais ces fonds ne peuvent être utilisés que sur une période de douze mois glissants. Voici donc une première date butoir pour trouver ce fameux modèle économique qui respectera nos valeurs et générera les recettes suffisantes pour supporter les rémunérations de tous les membres de l'équipe.

Je tiens à préciser que mes droits d'auteur pour ce livre seront intégralement reversés à L'Amicale Wanted, une association loi 1901 dont ni Luc, ni Jérémie, ni moi ne sommes salariés. Le chèque d'à-valoir reçu pour l'écriture sert, d'ores et déjà, à payer la location sur une année d'un local aux Grands Voisins dans lequel « Les Maraudeurs by Wanted Community » stockent la nourriture et les vêtements qu'ils distribuent aux sans-abri de Paris. Le but est de financer d'autres actions sociales qui seront portées par des membres de la communauté. « Toujours solidaire, jamais solitaire. »

Enfin, sur le plan personnel, malgré les responsabilités et la pression que peut générer un projet aussi incertain que Wanted Community, je ne me suis jamais senti aussi épanoui. L'aventure humaine que je vis avec mes amis, ma *team* et les membres de la communauté a comblé un vide que je ne soupçonnais même pas jusque-là. J'aime toujours autant la fête, les clubs techno et les ambiances de comptoir, mais je n'ai plus besoin des artifices qui accompagnaient mes nuits par le passé. Aujourd'hui, ma plus grande fierté est d'avoir emmené ma mère à une maraude organisée par nos bénévoles et d'avoir préparé avec elle plus de 130 repas un vendredi soir pluvieux sur le parvis de la gare d'Austerlitz. Merci d'avoir toujours été là pour moi, Maman. Wanted a peut-être changé ma vie, mais sans ton indéfectible soutien rien de tout ça ne serait advenu. Je t'aime.

Un grand merci à :

Élodie Berthet, Suzana Sheeran, Elisabeth Goher, Lucille Aia, Sylvie Cerbelle, Narimen Doré, Maria Sikkal, Alexandra Igoile, Abiola Chatudeau, Guillaume Quelen, Marie Proust, Audrey Esteves, Louis LF, Guillaume Nox, Estemaia RX, Gregory Ducom, Claudia Sanders, Florentin Evrard, Carine Raynier, Carina Waza, Antonello Cgn, Lubin Regnault, Allan Lecointe, Rodolphe Mauléon, Eijul Em, Guillaume Labat, Bahiiou LJ, Laurent Le Crabe, Hamdi Kharrat, Johanne Jo, Juliette Passeron, Sonia Nejjoum, Milaine BA, Virg Yny, Claire Partiot, Shayna Nessa, Sébastien Hache, Antony Pillet, Medhi Chaabi, Christian Kazzi, Yannick Nguimatsia, Julie Goumy, Mathilde Duton, Louis Chico, Kevin Mathout, Eva Bertin, Guillaume Commagnac, Michael Diaha, Justine Broihanne, Maxime Dufour, Emerelle Soira, Lucie Hunin, Patrick DS Cruz, Lauriane François Marie, Juju Mpc, Cali Na, Tiphaine Curry, Kim Baudin, Selene Laetitia Peyza, Laetitia Foyart, Jalel Le Djal, Thibaut Hivs, Pascal Bellanger, Hti Louiza, Hou Da, Imane Miette, Zineb Nachit, Zineb Bennis, Camille Duboy, Cin'Dy, Patricia Yang, Nicolas Husson, Alix Rousselette, Fabrice Fernandez, Ingrid Bénard, Soso SH, Frédéric Bourges, Maeva Hg, Guillaume Fernandez, Marion Viale, Rizlaine Sandra, Miniouz N'diaye Kamara, Priss Ilya,

Romain Roig, Hervé Tram, Thibaut Terney, Christine Freydier, Eren Atolgan, Suriz Zirus, Jane Akon O, Georges Waxin, Mélodia Aime, Pop Poppy, Pauline Marcon, Lili Rio, Alessandrovitch Popov, Francois Legros, Anissa Ouchibou, Hicham Ou, You ssef van Jupp, Sanae Ali, Annick Perrin, Lily Stark, Tnerual Nessuohadif, Guiom Bdn, Vannessa Patru, Audrey Bernard, Pierre El Bandido, Guillaume Bob Barbeau, Emma Steele, Sabrina Garcia, Charly Tounsend, Arnaud Henry de Villeneuve, Hélène Luc, Anissa Blk, Kevin Goess, Zoya Fayad, Nicolas Kuppel, Bruno Lamothe, Anna Kane, Estelle Hitte, Anthony Brice, Sonya Aumis, Ophé Ta, Vincent Labise, Ambre NotDisturb, Emir Txctz, Aurélien Feuillard, Charlotte Korobkoff, Benjamin Audoux, Tiphaine Anais Bcn, Spécimen cinq, Andréa Sawadogo, Camille Duboy, Baptiste Chatellier, Ben ParisNeuf, Thomas Vitry, Mathieu Razemon, Raphael Gonin, Yasmina Encelade, Boualem Aissaoui, Lucas Baudoin, Iker Morales, Talita Perez, Jordan Vidal, Vincent Blazquez, Djalili Jean Philippe, Maxime Bielmann, Anoushka Casset-Padovani.

Les modérateurs by Wanted 💪💪😍

Et aussi un grand merci à :

Ahmed Mouhsine, Bernard Bizet, Brina Ina, Nassira Bent Amaïer, Amine et Linda l'Algérienne, André Cédric Ambassa, Amina Oussadit, AS Fallouki, Nadia Lewis, Chakib Baille, Charlotte LC, Chris Machado, Claudia Sander, Elana Schtolmann, Farah Boubou, Geoffrey Morel, Hervé Tram, Insaf Hanafi, Aisseta Sissoko, Omur Demur, Latifa Titi Didi Zaza, Lamia Benmessaoud, Linda Mokeddem, Link Art, Mahd Ami, Marie-Laure Nollet, Massoda, Marie-Christine Bouyssou, Menoua Amel Claude, Nadia Reguigne, Naima, Nadia Nanouh, Nathalie Cohen Bacri, Nasteho Aden, Nidhal Azizi, Noe Peria, Nouarra Lalioui, Oanh Hoang, Olivier Matty, Oualid Bach, P'tit Larousse, Rockefeller Clotilde, Sami Sami, Sachi Yoshii, Samira Rafik, Sarah Bnd, Se Lim, Sébastien Dwane, Siham Tayah, Sol Zwina, Soumia Bouzekri, Stéphane de Morais, Yasmina, Younesse Soumati, Zakia Dilmi… et aussi tous ceux qui sont passés filer un coup de main sans prendre le temps de donner leur blaze !

Les Maraudeurs by Wanted Community 😍❤❤

Enfin un grand merci à :

Ambre de Saint-Denis, Ammar Khodja, Francis Baumhauer, Ariane Cartel, Thomas Gabillet, Didier Hardes, Luc Le Moal, Mona Marouen, Clément Martin, Alizée Miralles, Lisa Monteillet, Ophélie Tardu-Boulfroy, Nicolas Vecciani.

L'équipe du *Wanted Café* à Bordeaux 🍺😘🍾

ANNEXE

CHARTE WANTED COMMUNITY

Cher.e Wantedien.e,

La communauté dont tu fais partie repose sur quelques principes afin que les échanges entre ses centaines de milliers de membres se déroulent dans le respect et la bienveillance. Nous te remercions par avance d'en prendre connaissance.

Sur Wanted Community tu ne peux pas :

- faire un post faisant la promotion ou la publicité d'un produit, d'un service, d'une marque, d'un site, d'une entreprise, d'un travail, d'une association, etc.
- faire un post faisant la promotion d'un événement.
- faire un post proposant remises, bons de réduction ou codes promotionnels. Ceci n'est possible qu'en commentaire sous le post officiel « Code Promo ».
- faire un post faisant la promotion d'autres pages ou groupes Facebook.
- faire la promotion d'une cagnotte. Seules les cagnottes à vocation solidaire et provenant de plateformes 100 % sécurisées sont autorisées.
- faire un post appelant aux likes, aux votes ou toutes autres techniques de clickbait.

- proposer des jeux/concours.
- relayer des articles de presse, des vidéos, Facebook Live, etc.
- faire des publications diffamantes au sujet d'entreprises, d'associations ou de particuliers.
- faire des publications à connotation politique ou religieuse (prosélytisme).
- venir polémiquer si la publication n'offre aucun débat.
- faire un appel à manifestation.
- poser des questions liées à la sexualité.
- proposer des castings TV (TF1, M6, etc.), des appels à témoignages presse/radio ou des shootings photo non rémunérés.
- poster un sondage ou un questionnaire si tu n'es pas étudiant.
- faire du recrutement VDI ou MLM ou bien vendre des produits de cette activité.
- poster sur les problématiques de santé ou demander des conseils médicaux (= risque de mauvais conseils, mauvais traitements… engage notre responsabilité 😉😉)
- poster une annonce de sous-location de moins d'une semaine, de colocation de moins d'un mois ou bien d'une location saisonnière (sauf en réponse en commentaire à une demande précise).
- proposer une action illégale (action personnelle, vengeance, harcèlement, affichage public, etc.). Référez-vous plutôt aux autorités compétentes

(associations de protection animale, police, gendarmerie).

- signaler la présence de contrôleurs dans les transports en commun, les radars ou bien la police.
- poster un appel à témoins sauf si celui-ci est officiel et émanant de la police/gendarmerie.
- demander ou proposer un lien de streaming.
- proposer tes services au black.
- te croire sur un service de rencontres amoureuses.

Redirections groupes thématiques :

- Pour tout ce qui se réfère aux animaux ou bien à la mode/beauté c'est sur nos groupes spécialisés qu'il faudra poster -> « Wanted Community Animaux » & « Wanted Community Vide Dressing et Beauté »

Ventes non autorisées :

- vendre un article sans indiquer son prix de vente. Aussi, le prix indiqué doit être égal au prix d'achat ou inférieur à celui-ci, c'est un principe du groupe.
- vendre ou proposer des services rémunérés.
- vendre de la fourrure ou de la contrefaçon.
- vendre un billet de train si celui-ci est nominatif et non cessible.
- revendre des tickets-restaurants, chèques-vacances ou chèques-cadeaux.

- vendre de l'alcool, des cigarettes, des liquides-e/chicha ou bien des médicaments.
- vendre des denrées alimentaires (seuls les dons sont acceptés).
- vendre des pièces détachées de voiture ou une voiture sans CT de moins de six mois.

Les lois du pays dans lequel tu vis sont bien évidemment les mêmes que celles des groupes « Wanted Community ». D'autres propres à l'esprit du groupe viennent s'ajouter.

Nous te rappelons que tes commentaires et tes annonces doivent respecter les règles Wanted Community basées sur le respect, la confiance, l'entraide. Il n'est pas permis de tenir des propos insultants, violents, discriminatoires, ou bien diffamatoires.

Merci de ta compréhension 🙂 ^_^

L'équipe Wanted Community

Christian, Jérémie et Luc.

L'exemplaire que vous tenez entre les mains
a été rendu possible grâce au travail de toute une équipe.

Édition : Jean-Baptiste Bourrat
Couverture : Mélina Bourgoin
Mise en page : Jean-Philippe Meier, Sébastien De Poortere, Pixellence
Correction: Fabrice Emont, Audrey Guillemet et Isabelle Paccalet
Photogravure : Point11
Fabrication : Maude Sapin avec Lucie Le Bon
Commercial : Pierre Bottura
Relations libraires : Jean-Baptiste Noailhat
Presse/communication : Françoise Doux

Diffusion : Élise Lacaze (Rue Jacob diffusion), Katia Berry (grand Sud-Est), François-Marie Bironneau (Nord et Est), Charlotte Jeunesse (Paris et région parisienne), Christelle Guilleminot et Pascal Hostein (grand Sud-Ouest), Laure Sagot (grand Ouest), Diane Maretheu (coordination) et Charlotte Knibiehly (ventes directes), avec Christine Lagarde (Pro Livre), Béatrice Cousin et Laurence Demurger (équipe Enseignes), Fabienne Audinet (LDS), Bernadette Gildemyn et Richard Van Overbroeck (Belgique), Nathalie Laroche et Alodie Auderset (Suisse), Mansour Mezher (grand Export)

Distribution : Hachette

Droits France et juridique : Geoffroy Fauchier-Magnan
Droits étrangers : Sophie Langlais avec Anne Zunino
Librairie : Laurence Zarra
Animation : Sophie Quetteville
Envois aux journalistes et libraires : Vidal Ruiz Martinez
Comptabilité et droits d'auteur : Christelle Lemonnier, Camille Breynaert et Christine Blaise
Services généraux : Isadora Monteiro Dos Reis

Achevé d'imprimer sur les presses de l'imprimerie Laballery
à Clamecy en septembre 2019.

ISBN : 978-2-7112-0151-8
N° d'impression : 908274
Dépôt légal : Octobre 2019